형태의 문화사

The Shape of Us: The Forms of
Body, Objects and Culture

by Seo Kyung Wook

Published by Hangilsa Publishing Co. Ltd., Korea, 2026

형태의 문화사

사물의 생김새로 읽는 인간과 문명 이야기

서경욱

한길사

형태를 바라보는 새로운 시선

• 프롤로그

잉글랜드 북동부 뉴캐슬의 겨울은 해가 짧다. 오후 4시인데도 창밖이 벌써 깜깜하다. 나는 지어진 지 100년도 더 된 빅토리아풍 주택의 창가에 앉아 이 글을 쓰고 있다. 십여 년 전까지만 해도 전혀 상상하지 못했던 일이다. 당시 나는 한국의 대학에서 건축을 가르쳤다. 그렇게 익숙한 환경 속에서 큰 변화 없이 살 줄 알았다.

서울에서 개최된 학회에 참석한 영국인 교수와 주고받은 대화가 발단이었다. 그녀는 얼마 전 이직한 학교와 이사한 집 사진을 보여주며 무척 마음에 든다고 했다. 내 딴에는 농담 삼아 그렇게 좋은 곳이라면 나도 가고 싶다고 말했다. 몇 주 후 영국에서 메일이 왔다. 마침 교수 채용 공고가 나왔으니 지원해보라는 내용이었다.

별생각 없이 지원했는데 뜻밖에 캠퍼스 인터뷰를 하러 오라는 연락을 받았다. 뉴캐슬이라는 도시를 그때 처음 가봤다. 1박 2일의 인터뷰 일정이 끝나자 그녀는 살 만한 동네를 보여주겠다고 했다. 지

<그림 1> 창가에서 내려다본 영국 뉴캐슬 주택가의 풍경
1890년대에 지어진 빅토리아풍 테라스 하우스.
건물은 고풍스러우나 겨울에는 무척 춥다.

금 사는 집 앞길을 함께 걸으면서도 내가 이 먼 곳에 정착하게 되리라는 것을 예상하지 못했다.

우리 동네 집들은 빅토리아 여왕 시기인 1890년대에 지어졌다. 측벽을 공유하면서 옆으로 길게 연결된, 영화 「빌리 엘리어트」에 나오는 전형적인 영국 테라스 하우스다. 단열재 없이 벽돌만으로 지어져 겨울에는 무척 춥고 옆집 소음도 잘 들린다. 100년이 넘은 낡은 집이라 늘 고치고 수리할 일투성이다.

그럼에도 고풍스러운 집에서 산다는 자부심 때문에 영국인들은 이런 불편함을 기꺼이 받아들인다. 초인종 없이 문 위쪽에 달린 도어노커로 문을 두드리고, 디지털 도어락이 아닌 열쇠로 문을 잠근다. 보일러가 있지만 추운 날은 벽난로에 장작을 태운다. 그래도 추우면 머리에서 발끝까지 덮는 일체형 잠옷을 입고 지낸다. 밤에는 뜨거운 물을 넣은 고무주머니를 품에 안고 잔다. 너무나 다른 삶의 방식과 문화를 경험하면서 내가 속했던 곳의 특징을 새로운 눈으로 바라보게 되었다. 그렇게 이 책에 대한 아이디어가 조금씩 만들어졌다.

뉴캐슬의 노섬브리아(Northumbria) 대학에서 지난 수년간 '문화적 맥락'(Cultural Context)이라는 과목을 가르치면서 책의 내용이 비로소 구체화되었다. 과목의 목적은 건축디자인을 전공하는 학생들이 과학·인문학·예술 등 다양한 주변 학문으로부터 디자인 창작을 위한 영감을 얻게 하는 것이다. 사물의 형태에 대한 내 기존 관심은 타 전공과의 접점을 모색하면서 '형태의 문화사'라는 더 넓은 개념으로 확장되었다.

이 책은 우리 몸을 포함한 주변 사물의 형태를 새롭게 바라볼 수 있도록 돕는 안내서다. 하지만 그 중심에는 건축가와 예술가를 포함한 모든 디자이너가 창작 작업 이전에 알아야 할 형태의 발생학적·물리적·문화적 구성 원리를 알기 쉽게 설명하려는 의도를 담았다.

우리말 '생김새'는 '생기다'의 명사형인 '생김'과 모양이나 상태를 뜻하는 접미사 '새'가 결합한 단어로, 사람이나 사물의 외형적 특징을 말할 때 사용한다. '생기다'는 '없던 것이 새로 있게 되다'라는 뜻이기 때문에 '생김새'라는 말에는 그것이 만들어지는 과정이 함축되어 있다.

이 책의 의도는 주변 사물의 생김새를 가까이 들여다봄으로써 그 안에 숨은 발생학적 유래를 탐구하는 것이다. 모든 것은 형태(形態)를 가지고 있다. 손과 발, 동전과 지폐, 승용차와 기차는 왜 하필 그러한 형태로 만들어져야만 했을까? 아름다움은 어떤 형태인가? 이러한 질문에 답을 구할 수 있다면 무심코 지나치던 주변 사물들을 흥미로운 눈으로 바라보게 될 것이다.

스코틀랜드의 생물학자 다시 톰슨(D'Arcy Thomson)에 의하면 "사

〈그림 2〉 힘의 다이어그램이 동일한 세 개의 사물
오른쪽으로 무너지려는 무게중심을
버팀목이 밀어 올리고 있다.

물의 형태는 힘들이 만드는 다이어그램"이다.[1] 즉, 여러 힘이 평형 상태를 이루는 도해(圖解)다. 비눗물을 둥근 테에 묻혀 입으로 불면, 처음에는 럭비공처럼 길쭉한 형태로 튀어나가지만 곧 완벽한 대칭의 구형으로 수축한다. 비누 막을 안쪽으로 당기는 표면장력과 밖으로 미는 내부 공기압의 상호작용이 만든 다이어그램이다. 〈그림 2〉 속 해적, 건물, 나무는 다른 재료와 형태로 이루어져 있지만 힘의 다이어그램은 동일하다. 오른쪽으로 무너지려는 무게중심을 버팀목이 밀어 올리고 있다. 사물의 도해적 속성을 분석하면 그 형태가 생겨난 이유를 알 수 있다.

인류는 주변 형태를 관찰하면서 그 특징을 활용해 문명을 발전시켰다. 생명체는 세포 단위부터 전체 형태에 이르기까지 대체로 곡면으로 구성되고, 결정성 광물은 원자 배열의 규칙성으로 인해 평면과 모서리가 두드러진다.[2] 곡면의 동식물성 재료는 부드럽고 유연해 가공이 용이했다. 따라서 음식, 의복, 거처 등 초기 인류 생존의 기본 재료가 되었다. 각진 광물은 단단하고 다루기가 어려웠다. 하지만 돌을 다듬고 금속을 주조하는 기술을 발견하면서 인류 문명은 획기적 도약을 이루었다.

형태는 영원하지 않다. 모든 것은 에너지를 흡수하면서 태어나고 자라지만 곧 낡고 허물어져 원자 단위로 흩어진다. 모든 것이 사라지는 허무함 속에서 영원함을 갈망하던 인간은 원형(原型, archetype)

이라는 개념을 만들어냈다. 플라톤은 영원불변의 형태를 이데아로 규정하고, 현실 세계의 형상과 개념들은 여기서 파생된 개체라 했다. 괴테(Goethe)는 그의 저서 『식물변형론』에서 '원형식물'이 세상 어딘가에 존재할 것이라고 말했다.[3] 1848년 리처드 오웬(Richard Owen)은 포유류의 골격이 서로 유사한 것은 하나의 원형이 존재하기 때문이라고 주장하며 원형의 가상 이미지를 제시했다.

　원형이 존재한다는 생각은 개별적 특수성을 배제하고 하나의 이상적 표준을 강요하는 구조주의적 한계를 갖는다. 그럼에도 불구하고 복잡한 세상 속에서 하나의 기준을 찾고자 하는 것은 어쩔 수 없는 인간의 본능이다. 우리는 원조 맛집을 찾고, 소맥의 황금비율을 찾고, 보디빌딩 대회와 미인 대회를 통해 육체의 원형을 찾는다. 이 책의 목적은 하나의 이상적인 원형을 찾는 것이 아니다. 그보다는 이론적으로 가능한 수많은 형태 중 특정 형태로 귀결될 수밖에 없었던 원인을 찾는 것이다.[4]

　동물들이 생물학적 진화를 통해 생존에 적합한 형태로 신체를 변형시켰다면, 인간은 자연을 자기 몸에 맞도록 변형시켜 거대한 인공물의 세계를 창조했다. 새로운 물건은 새로운 삶의 방식을 낳고, 이것은 또 다른 물건의 필요를 만들면서 인류는 점차 더 복잡한 물건을 만들어냈다. 인공물도 생물처럼 형태적으로 진화한다.[5]

　인간에 의해 건조된 문명은 단순한 배경이 아닌 인간 실존의 확장된 영역이다.[6] '확장된 정신 이론'(Extended Mind Theory)에 의하면 우리의 인지 과정은 외부의 도구와 주변 환경에 언어적 혹은 비언어적으로 기록된 정보와의 상호작용을 통해 이루어진다. 이에 따라 인간의 마음은 피부와 뼈로 둘러싸인 신체의 경계를 넘어 외부 환경과 기술을 포함하는 더 큰 범위로 확대된다.[7] 형태학적으로도 인간이 창조한 인공물의 세상은 인체의 형태와 비율이 나뭇가지처럼 뻗어나간 거대한 인공신체라고 규정할 수 있다. 따라서 세상의 형태를 이해한다는 것은 결국 인간을 이해하는 것이다.

이 책은 과학과 문화라는 두 개의 큰 틀 안에서 사물의 형태를 설명한다. 과학적 틀을 통해 발생학적 원인을 보여주었고, 문화적 틀을 통해 그것이 사회적으로 수용되는 과정을 보여주었다. 그 안에서 다양한 학문과 이론을 소개하고자 했다. 하지만 끝없이 헤쳐가기에 학문의 숲은 너무 깊었다. 매번 필요한 만큼의 열매를 따고 길을 돌아 나왔다. 효과적인 전달을 위해 이론을 선별하고 설명을 단순화했다. 그 과정에서 일반화의 한계가 드러날 수 있음을 인정한다. 하지만 곁가지를 쳐내지 않고는 큰 줄기를 볼 수 없음을 독자들이 이해해주시리라 믿는다.

원고 교정부터 책 디자인에 이르는 출판 과정을 무리 없이 이끌어준 박홍민 편집자에게 고마운 마음을 전한다. 밝은 눈으로 원고의 가능성을 알아봐주신 한길사 김언호 대표님께 감사를 드린다.

외로운 타국 생활에 버팀목이 되어준 가족이 없었다면 이 책은 완성되지 못했다. 틀에 얽매이지 말라는 고 서남춘 교수님과 강정주 선생님의 가르침이 없었다면 이 책은 시작되지 못했다. 형체 없는 생각이 책의 형태로 만들어지기까지 많은 사람의 마음이 모여야 한다는 것을 배웠다.

2025년 12월
영국 뉴캐슬에서
서경욱

형태의 문화사

제1부
몸의 형태

1. 손
다섯 개의 손가락이 만든 디지털 세상

손가락, 접을 것인가 펼 것인가

배우 이병헌과 고 이은주가 주연을 맡았고, 영화 좀 봤다는 사람들 사이에서 숨겨진 명작으로 자주 거론되는 「번지점프를 하다」(2001)에 다음과 같은 장면이 나온다. 국문학과 82학번 서인우(이병헌)는 자신이 짝사랑하는 조소과 82학번 안태희(이은주) 옆을 지나다가 쭈뼛거리며 어렵게 말을 꺼낸다.

"그거 알아요? 제가 태희 씨한테 마법 걸었어요. 물건 줄 때 이렇게 새끼손가락 펴라고요."

평소에 태희가 물건을 잡을 때 새끼손가락을 펴는 버릇이 있다는 것을 알고 관심을 끌기 위해 한 말이었다. 그후 태희는 자판기 커피를 마시다 문득 자신이 정말로 새끼손가락을 펴고 있는 걸 보고 인우의 말을 다시 떠올린다.

사실 태희의 버릇은 전혀 특별한 것이 아니다. 주의 깊게 살펴보면 꽤 많은 사람이 종이컵, 술잔, 음료수 캔을 잡을 때 새끼손가락을 뗀다. 심지어 마이크를 이렇게 잡고 노래하는 사람도 많다. 손가락을 펴고 접는 데 특별한 이유가 숨겨져 있는 걸까?

인간의 손은 나무 위에서 나뭇가지를 붙잡고 생활하던 영장류의 오랜 습성 때문에 안쪽으로 자연스럽게 말려 있다. 손을 쪽 펴기가 오히려 힘들다. 나뭇가지를 말아 쥐던 손은 현대사회에서 다양한 도구와 제품을 쥐는 역할을 한다. 다섯 손가락은 나뭇가지처럼 길다란 물건을 힘껏 잡아야 할 때 다섯 개 지점에서 동시에 압력을 가해 특정 손가락에 몰리는 과도한 부담을 분산한다. 철봉에 매달릴 때 손가락을 한두 개 떼면 훨씬 힘들고 불편한 것은 이런 이유다.

그런데 작거나 가볍거나 짧은 물체를 쥐고 섬세하게 움직일 때는 상황이 달라진다. 다섯 손가락을 다 사용하는 것은 오히려 불필요한 에너지를 발생시키고 자유로운 움직임을 제한한다. 따라서 촉각 민감도가 가장 높은 엄지-검지-중지를 활용하는 '삼각 잡기', 엄지와 검지 혹은 엄지와 중지를 활용하는 '집게 잡기'를 사용하는 것이 더 효율적이다.[1]

가장 쉬운 예로 연필이나 젓가락을 잡을 때를 생각해보자. 다섯 손가락을 다 동원해 연필을 잡으면 글씨는 엉성하게 써지고, 젓가락을 잡으면 반찬을 집기 어려워진다. 정확도를 높이기 위해 운동 능력과 감각이 가장 떨어지는 새끼손가락과 약손가락은 업무에서

〈그림 1〉 종이컵을 들어올리는 손
종이컵처럼 작고 가벼운 물건을
손끝 감각으로 섬세하게 움직이기 위해서는
운동능력과 감각이 가장 떨어지는
새끼손가락을 사용하지 않는 것이 효율적이다.

잠시 배제해야 한다. 동전이나 볼펜처럼 작고 가는 물체를 집어 드는 동작도 마찬가지다. 작은 목표물을 정확히 조준하여 손끝 감각으로 들어올리기 위해서는 우선 새끼손가락을 떼게 될 것이고, 물건이 더 작아지면 약손가락을 떼게 될 것이다.

테슬라에서 만든 옵티머스 로봇이 계란을 옮기기 위해 엄지와 검지만 사용하는 훈련을 반복하는 것도, 약하고 작은 물체를 잡을 때 힘은 줄이고 정밀도는 높여야 하기 때문이다. 힘이 필요한 작업에는 모든 손가락을 동원하고, 기교가 필요한 작업에는 엄지와 그 옆의 한두 개 손가락만 이용하는 것이 손이 작동하는 원리다.

다시 영화로 돌아가보자. 태희가 새끼손가락을 컵에서 뗀 것은 작고 얇은 종이컵을 조심스럽게 잡고 움직이기 위한 준비 자세라고 할 수 있다. 종이컵에 담긴 뜨거운 커피를 입 가까이 들어 올려 한 모금 마시는 것은 생각보다 섬세한 연속 동작이다. 너무 많이 흘러들어 입천장을 데거나 입 바깥으로 흐르지 않도록 컵의 속도와 각도를 정밀하게 제어해야 한다. 따라서 엄지-검지-중지로 세 지점에서 컵의 움직임을 제어하는 것이 가장 효율적이다. 물론 모든 사람이 컵을 잡을 때 새끼손가락을 떼지는 않는다. 하지만 나뭇가지를 꽉 움켜쥘 때와 달리 힘을 빼야 한다는 것을 누구나 무의식적으로 안다.

인간의 손은 놀랄 만큼 섬세하게 진화했지만, 동시에 폭력성을 내재하고 있다. 인간의 손이 가진 영장류와 다른 또 하나의 특징은 모든 손가락을 접어 한데 모았을 때 타격용 무기로 변한다는 것이다. 손은 자칫 부러지거나 꺾이기 쉬운 얇은 뼈들로 이루어졌지만 인간은 손가락을 모아 안으로 말고 엄지로 결속시킴으로써 뼈를 보호하면서 주먹을 꽉 쥐는 방법을 터득했다. 다른 어떤 동물도 주먹을 휘둘러 싸우지 않는다. 침팬지나 고릴라는 밀치고 발로 밟거나 이빨로 물어뜯으며 싸운다.

인간의 손가락과 손바닥은 주먹을 잘 쥘 수 있게 진화했다.[2] 특히 다른 영장류와 달리 손바닥 아래쪽에 두터운 살이 발달하여 손가락으로 전해지는 충격을 완충한다. 주먹을 쥐어보면 가장 강한 힘이 가해지는 검지와 중지 밑을 가장 두툼한 엄지 밑 살이 받쳐준다는 것을 알 수 있다. 인간의 손은 음악, 예술, 스포츠, 수학, 과학 같은 눈부신 문명 발전의 근원이었지만, 동시에 타인에 대한 공격성을 키워온 폭력의 역사를 그 진화 과정에 담고 있는 것이다.

손은 발과 더불어 뼈마디의 개수가 가장 많은 부위로, 몸 전체 뼈 개수의 절반이 손과 발에 위치해 있다.[3] 그만큼 손과 발은 다른 신체 부위보다 더 섬세하고 다양한 움직임을 만들어낼 수 있다. 하지만 손과 발은 전혀 다른 진화의 길을 걸었다. 인간의 손은 나뭇가지를 움켜쥐던 영장류의 기본적인 기능을 넘어 놀랄 만큼 다양한 기능을 수행할 수 있도록 진화했다. 반면, 인간의 발은 영장류가 공통적으로 가진 움켜쥐는 기능마저도 안정적인 이족보행을 위해 포기

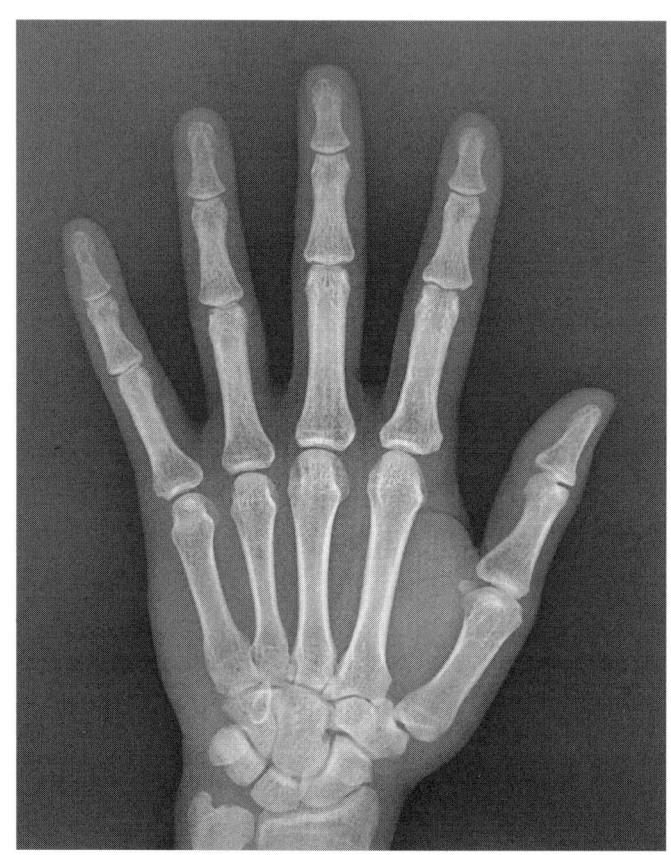

<그림 2> 인간 손 엑스레이
손은 발과 더불어 뼈마디 개수가 가장 많은 부위로,
몸 전체 뼈 개수의 절반이 손과 발에 위치해 있다.

하며 퇴화의 길을 걸어왔다.

인간의 손은 스물일곱 개 내외의 뼈로 구성되어 있으며, 각각의 관절이 움직이는 방식을 모두 합하면 스물일곱 가지인데, 이것을 27 자유도(27 Degrees of Freedom)라고 부른다.[4] 다른 영장류도 손뼈 개수는 비슷하지만 인간과 비교하면 자유도가 현저히 떨어진다. 스물일곱 개의 뼈는 바느질이나 뜨개질 같은 고도로 섬세한 손작업을 가능하게 하며, 동시에 외부의 힘과 강하게 충돌할 때 충격을 분산시켜 부상을 방지한다.

손 없이 문명은 없었다. 직립보행으로 이동 수단에서 해방된 손은 다양한 사물을 섬세하게 다루면서 인간의 두뇌 활동을 자극하고 지능을 발달시켰다. 부드럽게 펼친 손은 악수와 박수와 다독임을 통해 사회적 유대를 만들지만, 움켜쥔 주먹은 폭력과 대립의 역사를 만들어왔다.

왜 하필 다섯 개인가

디지털(digital)이란 단어가 손가락과 발가락을 뜻하는 영단어 'digit'에서 파생된 것은 우연이 아니다. 찬란한 21세기 디지털 문명은 사실 먼 옛날 원시인류가 손가락을 사용해 수를 셈하면서 시작되었다. 수학의 셈법이 12진법이나 8진법이 아닌 10진법으로 정착한 것도 열 개의 손가락으로 셈을 하던 인류의 긴 관습 때문이다.

이집트인이 낮과 밤을 열두 시간으로 나눈 것도 검지부터 소지까지 각 손가락의 세 마디를 엄지로 짚어가며 열두 개의 마디를 활용한 셈법에서 비롯되었다는 견해가 유력하다.[5] 이렇듯 우리 손 모양은 가장 원시적인 셈법의 틀을 제공했고 현재와 같은 첨단 문명을 이끌었으므로, 디지털 세상은 글자 그대로 손가락이 이룩한 세상인 셈이다.

그렇다면 왜 인간의 손가락은 다섯 개가 되었을까? 세 개, 네 개 혹은 여섯 개일 수도 있지 않았을까? 두더지와 판다의 여섯 번째 손가락은 손목뼈가 돌출되어 생겨난 것으로 진짜 손가락처럼 기능하지 않는다. 인간과 같은 영장류인 고릴라나 침팬지의 손 역시 다섯 개의 손가락이 붙어 있다. 다섯 손가락은 필연인가 우연인가?

인류가 직립보행을 시작한 원인에 대해 많은 학설이 존재하지만, 최근 유력한 학설은 수컷이 먼 곳에서 식량을 운반해 옴으로써 암컷의 선택을 받고자 한 것이 그 동기라고 추정한다.[6] 이른바 '짝짓기를 위한 직립보행'(Walk for Sex) 가설이다. 이 학설에 따르면, 기후변화로 식량이 귀해지자 원시인류는 생활 터전이었던 나무 위에서 땅으로 내려와 식량을 찾아야 했다. 먼 곳까지 이동해 사냥과 채집을 해야 했던 수컷들은 식량을 손으로 들고 돌아오기 위해서 필사적으로 두 발만으로 걸어야 했다는 것이다.

더 오래 두 발로 걸을 수 있는 수컷은 무리의 환영을 받고 암컷에게 선택받아 후손을 남기게 됐고, 초기 인류의 몸은 점차 직립보행에 적합한 형태로 변화했을 것이다. 자유로워진 손으로 인류는 도구를 만들었고, 글자를 발명해 펜으로 종이에 지식을 기록하면서 몇십 년밖에 살지 못하는 삶의 한계를 넘어 세대를 넘어서는 지식을 축적할 수 있었다.

오늘날 턱뼈를 가진 척추동물인 유악류 대부분은 손·발가락이 다섯 개 이하다. 하지만 3억 6,000만 년 전 후기 석탄기로 거슬러 올라가면 손가락이 일고여덟 개인 조상을 만날 수 있다.[7] 그러나 이들의 손가락은 우리 손가락보다는 고래나 돌고래의 지느러미와 비슷한 형태였다. 고대 생물들이 육상에서 생활하게 되면서 최적의 운동 능력을 위해 관절이 전문화되고 정교해짐에 따라 필요 없는 여분의 손가락을 줄이는 방향으로 진화했을 것이다.

진화는 불필요한 신체 부분을 탈락시키는 방향으로 더 빠르게 진행한다. 오늘날 영장류의 손가락이 대부분 다섯 개로 자리 잡았지만 특이하게도 거미원숭이는 하나가 더 줄어 네 개다. 나무 타는 솜씨가 탁월한 이 동물은 나뭇가지를 잡을 때의 효율성을 위해 엄지손가락을 포기했다. 맨발로 집안을 걸어 다니다가 새끼발가락으로 가구 모서리를 걷어찼을 때 순간적으로 전해지는 그 찌릿한 고통을 우린 모두 알고 있다. 나뭇가지에 갈고리처럼 손가락을 걸고 매달려 시계추처럼 이 나무 저 나무로 계속 이동하는 거미원숭이에게,

〈그림 3〉 나무 위에 앉은 거미원숭이

영장류 중 예외적으로 거미원숭이의 손가락은
엄지 없이 네 개다. 꽉 쥐는 기능보다 나뭇가지에
손을 갈고리처럼 거는 데 특화된 구조다.
대신 꼬리로 나뭇가지를 말아 쥘 수 있다.

다른 손가락과 달리 옆으로 뻗어 나온 엄지손가락은 이와 비슷한 고통과 불편함을 주었을 것이다. 그렇게 거미원숭이는 엄지손가락을 포기한 대신 손과 함께 나뭇가지를 말아 쥘 수 있는 섬세한 꼬리를 진화시켰다. 그렇다면 인간의 다섯 손가락도 생존을 위해 가장 유리한 숫자일까?

엄지를 영어로 'thumb'이라고 하고 좀더 설명적으로는 'opposable thumb'라고 부른다. 네 개의 손가락과 반대 방향으로 접힌다는 뜻으로, 물건을 놓치지 않고 꽉 쥐는 데 유용한 구조다. 인간은 다른 영장류보다 이 엄지가 길고 근육이 발달되어 있다. 즉 도구를 집어 들고 휘두르는 데 가장 적합한 방향으로 진화한 것이다. 다른 영장류의 손바닥과 손가락은 인간보다 길지만 엄지는 오히려 작다. 침팬지나 고릴라도 물건을 집어 들 수 있지만, 인간처럼 오랫동안 강한 힘을 가해 원하는 방향으로 도구를 움직일 수는 없다.

엄지는 손가락 중 가장 두껍고 힘이 세다. 벽에 압정을 박을 때 엄지만큼 폭발적인 힘을 발휘할 수 있는 손가락은 없다. 일이 잘되거나 최고라고 치켜세울 때 엄지를 위로 세우는 'thumbs up' 제스처는 힘에 있어서 다른 손가락을 압도하는 엄지의 상징적 파워가 만들어낸 문화적 산물이다.

엄지 옆 검지를 뜻하는 영어 단어는 무엇을 가리킨다는 의미인 'index finger'다. 사물을 가리키고 방향을 표시할 때 검지만큼 단독으로 쉽게 쭉 뻗을 수 있는 손가락은 없다. 이렇게 활동이 자유로운 검지는 엄지와 함께 집게를 구성한다. 작은 물건을 집을 때는 이 두 손가락이면 충분하다. 나머지 중지, 약지, 소지는 손바닥과 함께 더 큰 물건을 잡을 때 접촉면을 넓혀 안정적으로 움켜쥐게 하는 보조적 역할이다.

그러나 왜 하필 다섯 개의 손가락으로 진화했는지에 대한 명확한 연구 결과는 아직 없다. 손가락의 굵기만 생각했을 때, 지금보다 더 굵다면 섬세함이 떨어질 것이고 더 가늘다면 뼈, 핏줄, 근육 등의 단면이 작아져 힘과 효율성이 줄어들 것이다. 날씨가 추울 때 다른 부위보다 손가락이 먼저 시린 것도 다른 부위보다 가늘어 열 손실이 많기 때문이다. 지금보다 손가락이 더 가늘다면 쉽게 동상에 걸리고 부러지는 등 수많은 불편함을 겪게 될 것이다.

개인별로 차이는 있지만, 손바닥의 형태를 살펴보면 대체로 가로세로의 비례가 1 대 1에 가까운 정사각형 혹은 원형에 가까운 형태다.[8] 물건을 받치는 데 유용한 모양이다. 동전이나 콩알 같은 물체를 친구에게 건네줄 때 우리는 손바닥 가장자리보다 중앙에 조심스레 놓아준다. 이때 손바닥은 접시 역할을 하는데, 길쭉한 모양보다는 원형이나 정사각형같이 가로세로 비례가 일정한 무방향성 형태가 물건을 놓기에 더 안정적이다.

두 손이 협력할 때도 이 무방향성 비례는 유지된다. 한 손을 쭉 펴면 손바닥과 손가락을 합한 면적은 대략 정사각형 두 개를 연결한 1 대 2 비례의 직사각형이 된다. 오른손과 왼손을 펴서 옆으로 붙이면 열 개의 손가락과 두 개의 손바닥은 1 대 1에 근접한 큰 정사각형을 만든다. 받아야 할 콩알의 수가 많아지면 우리는 두 손을 모아 넓고 안정적인 형태의 면을 접시처럼 만든다. 콩알 개수가 더 많아지면 흘러내리지 못하게 두 손을 오므려 오목한 바가지 형태를 만든다. 우리가 세수할 때 흐르는 물을 받기 위해 취하는 동작이다.

그렇다면 손가락이 늘어나 여섯 개나 일곱 개가 되고 손바닥도 따라서 더 커지고 넓어지면 물건을 받치고 잡는 데 더 유리하지 않을까? 옆으로 나란히 배열된 네 개의 손가락은 손바닥 너비를 결정한다. 손가락 개수가 다섯 개에서 여섯 개로 늘어나는 경우, 손가락 굵기가 가늘어지지 않는 한 손바닥 크기도 반드시 함께 커진다. 그런데 이렇게 손이 커지면 팔목 굵기에 비해 손이 훨씬 커져 생존에 불리해진다. 팔은 손의 유용성을 공간적으로 확장시킨다. 특히 깊고 좁은 틈으로 손을 깊숙이 집어넣을 수 있게 해준다. 이때 팔이 통과할 수 있는 크기의 구멍이나 틈에 손이 들어가지 않으면 생존에 절대적으로 불리할 것이다.

손은 폈을 때 팔목의 지름보다 폭이 넓지만, 손가락을 길게 모아 오므리면 폭이 줄어든다. 우리가 긴팔 셔츠나 재킷에 팔을 넣을 때 손을 오므리는 것은 손의 폭을 줄여 옷에 걸리지 않게 하기 위함이

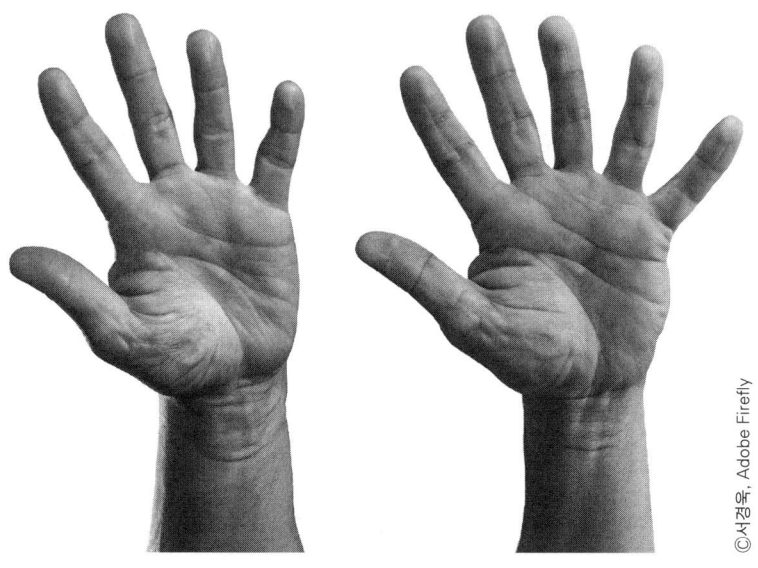

〈그림 4〉 손가락 개수

손가락이 하나만 늘어나도
손의 크기가 눈에 띄게 커진다.
팔과 함께 틈을 통과하기 위한
최대 면적을 고려할 때,
다섯 개의 손가락은 영장류의
삶의 방식에 가장 적절하다.

다. 만약 손가락 개수가 다섯보다 많아지고 따라서 손바닥 면적이 커진다면 손을 오므린다고 해도 좁은 틈새의 물건을 잡기 어렵다. 잡는다 해도 도로 빼내기 어려울 것이다. 목이 좁은 단지 속 사탕을 너무 많이 잡으면 손의 부피가 커져서 사탕을 뺄 수 없는 것과 같은 원리다.

손가락 개수는 진화의 우연한 선택에 따라 지금보다 더 많을 수도 적을 수도 있었다. 그러나 물건을 받쳐 들기 위한 최소 면적 그리고 팔과 함께 틈을 통과하기 위한 최대 면적을 고려할 때, 현재와 같은 다섯 개의 손가락은 영장류의 삶의 방식에 가장 적절해 보인다.

손에 잡히는 세상

우여곡절 끝에 다섯 개로 진화한 손가락 개수는 인류의 문명에 어떤 영향을 미쳤을까? 음악과 스포츠만 보더라도 다섯 손가락의 영향은 절대적이다. 현악기, 관악기, 건반악기를 포함한 모든 악기는 열 개의 손가락을 최대한 활용하는 방식으로 고안되고 발전해왔다. 특히 관악기를 연주할 때 엄지는 무게를 받쳐주거나 악기가 손에서 빠지지 않도록 도와주며, 나머지 여덟 개의 손가락은 관에 달린 구멍을 여닫아 칠음계의 변화를 만들어낸다. 어릴 적 불던 리코더를 떠올려보면 모든 손가락을 활용했음을 기억할 수 있다.

기타를 연주할 때 왼손바닥과 엄지는 넥을 받치고 나머지 네 개의 손가락으로 여섯 개의 줄을 다양한 조합으로 눌러 필요한 코드와 음을 만든다. 오른손의 다섯 손가락은 줄을 한꺼번에 스트로크로 내리치거나 각각의 손가락이 다른 줄을 연달아 뜯는 아르페지오 연주를 한다. 만약 인간의 손가락이 다섯 개보다 적었다면 이렇게 다양한 악기 형태와 현란한 연주 기법이 발전하지 못했을 것이다. 물론 손가락이 다섯 개보다 많았다면 지금보다 더 다양하고 복잡한 연주 방법과 악기가 개발되었을 것이다.

스포츠의 구기 종목은 지름 3.95센티미터로 가장 작은 스쿼시 공부터 23.9센티미터로 가장 큰 농구공까지 사용하는 공의 크기에 따라 경기 규칙이 달라진다. 그중에서도 야구는 가장 섬세한 손가락 기술을 요구하는 스포츠다. 야구가 투수 중심의 스포츠로 발전하게 된 것은, 지름 7.4센티미터의 야구공이 성인 남성의 손가락으로 컨트롤하기에 가장 이상적인 크기이기 때문이다. 초창기 야구 경기에서 투수는 타자가 공을 잘 칠 수 있도록 잘 던져주는 수동적인 역할이었다. 그러나 시간이 지나면서 투수들은 공을 쥐는 손가락의 위치를 바꾸고 손목을 이용하면 공의 궤적을 변화시킬 수 있다는 사실을 깨달았다.

야구 역사에서 누가 커브볼을 던진 최초의 투수였는지는 논란의 여지가 있지만, 커브볼은 1866년에서 1872년 사이에 최초로 시도되었다.[9] 이후 야구공 표면의 실밥을 이용하면 주변 공기의 흐름을

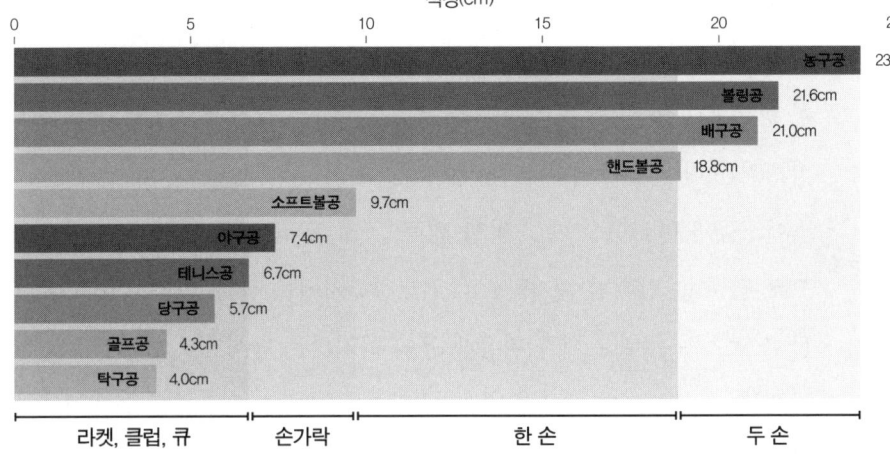

직경(cm)

<그림 5> 공의 크기별 제어 방법
공이 커질수록 라켓에서 시작해 손가락,
한 손, 두 손으로 제어한다.
손가락으로 섬세하게 제어할 수 있는 유일한 공은
7.4센티미터 지름의 야구공이다.

조절해 공이 휘어지는 각도를 더 섬세하게 조절할 수 있다는 것이 알려지면서 변화구 기술이 폭발적으로 발전했다. 결과적으로 다양한 방식으로 쥘 수 있는 야구공의 크기가 야구를 인기 스포츠로 격상시키는 데 중요한 역할을 한 것이다.

야구공과 비교했을 때 스쿼시, 탁구, 골프, 당구, 테니스 공은 손으로 쥘 수는 있지만 손가락으로 컨트롤하기에는 작다. 따라서 이들 스포츠는 손보다 채를 활용해 공을 타격하는 방식으로 발전했다. 반면 야구공보다 큰 소프트볼, 핸드볼 등은 한 손으로 잡을 수는 있지만 변화구같이 손가락을 활용한 기술을 적용하기에는 너무 크다. 핸드볼보다 더 큰 농구공이나 배구공의 경우 손으로 쳐서 튕기거나 양손을 함께 쓰는 방식으로 공을 제어한다. 볼링공은 예외적인 경우다. 한 손으로 잡을 수 없는 크기와 무게를 극복하기 위해 엄지, 중지, 약지 세 손가락이 들어가는 구멍을 공 표면에 파 넣었다.

공 크기에 따라 잡는 방식의 변화를 보면, 다섯 손가락으로 쉽게 감싸 쥐고 세밀한 컨트롤을 하기 위한 공 크기는 야구공보다 크지 않아야 한다는 걸 알 수 있다. 우리가 매일 쥐고 돌리는 문고리의 지름은 야구공 크기인 7.4센티미터보다 당연히 작아야 하고, 편하게 잡기에 너무 작은 골프공 크기 4.3센티미터보다 커야 한다. 실제로 동그란 회전형 문손잡이의 크기는 5-7센티미터 사이가 대다수다.

같은 이유로 손가락으로 돌리고 누르고 쥐는 수많은 일상용품,

예를 들어 컴퓨터 마우스나 물컵, 비누, 휴대전화도 직경이나 너비가 5~7센티미터 사이에서 정해지는 경우가 많다. 물컵은 직경이 7센티미터보다 커지면 안정적으로 쥘 수 있도록 손잡이를 단다. 시중에서 파는 음료수 캔의 지름이 6.5센티미터 내외가 가장 많은 것도, 세계 각국 지폐의 짧은 변 길이가 6.5~7.5센티미터(한국은 6.8센티미터) 사이인 것도 한 손으로 안정적으로 감싸 쥐기 위해서다. 이렇게 손으로 집어 들고 위치를 쉽고 빠르게 옮겨야 하는 모든 제품은 직경 5-7센티미터 범위에서 디자인된다.

반면 손으로 꽉 움켜쥐어 최대한 많은 힘을 전달해야 하는 물건들은 2.5~3.5센티미터 직경에 단면이 원형인 봉 형태로 만들어진다. 올림픽 체조 종목의 철봉 지름은 2.8센티미터고 메이저리그 야구 배트의 손잡이 부분은 2.54~2.86센티미터다. 테니스 라켓의 손잡이 직경은 3.25~3.6센티미터, 탁구 라켓은 3~3.5센티미터, 올림픽 투창의 그립 직경도 여성 2.5센티미터 남성 3센티미터다.

손으로 꽉 잡고 무게를 안전하게 지탱해야 하는 생활용품들도 유사한 모양의 손잡이를 달고 있다. 자전거, 커피포트, 프라이팬, 망치, 삽, 낫 등 손에서 놓치면 위험을 초래할 수 있는 제품들에도 2.5~3.5센티미터 직경에 단면이 둥근 긴 손잡이가 붙어 있다. 버스나 지하철에 붙어 있는 철제 핸드레일 역시 안전기준을 3~3.5센티미터로 정하고 있다.[10]

그렇다면 버스나 지하철 안에 줄로 매달려 있는 도넛 모양의 둥근 손잡이는 왜 얇은 걸까? 고정된 핸드레일과 달리 손잡이는 차의 진동에 맞춰 추처럼 흔들리기 때문에 손으로 움켜잡는 힘과 각도가 시시각각 변한다. 이때 두께를 얇게 하면 마치 경첩처럼 손안에서 쉽게 움직일 수 있어서 오히려 유리하다. 골프채 그립 직경이 성인용 기준 2.2~2.3센티미터로 다른 스포츠 라켓보다 얇은 이유도, 하나의 스윙 동작 안에서 채를 움켜쥐는 힘의 강도와 손목을 비트는 정도가 연속적으로 변하기 때문이다. 채가 손안에서 약간 헐거워야 유리하다.

검지에서 엄지로, 그다음은?

인간의 손은 다가오는 미래에 어떻게 진화할 것인가? 최근 혁명적으로 달라진 엄지의 역할에 주목해보자. 엄지는 다른 손가락에 비해 힘은 세지만 섬세함이 떨어진다. 그래서 다른 손가락을 보조하거나 받쳐주는 역할을 주로 맡아왔다. 지난 세기, 다른 네 개의 손가락이 타자기의 자판을 현란하게 두드릴 때 고작 스페이스바를 누르는 것이 유일한 역할이었던 엄지는 스마트폰의 등장으로 놀라운 신분 상승을 이루었다. 가느다란 네 개의 손가락이 타자기 자판 위의 주연에서 하루아침에 스마트폰을 움켜쥐는 엑스트라로 전락한 것과는 대조적이다.

엄지는 정보 검색과 타이핑을 위해 하루 종일 스마트폰 터치스크린 위를 두드리고 미끄러져 다니는 전례 없이 바쁜 중책을 부여받았다. 일본에서는 이미 1990년대 후반 쉴 새 없이 엄지로 문자를 전송하는 젊은 세대를 일컫는 '엄지세대'라는 말이 등장했다. 20세기가 검지의 시대였다면 21세기는 엄지의 시대다. 엄지의 촉각을 담당하는 인간의 두뇌 영역은 지금 이 순간 점점 더 활성화되고 있으며, 다가올 미래에는 가장 힘이 셀 뿐 아니라 가장 빠르고 섬세한 슈퍼 만능 손가락으로 지위가 격상될 수도 있다.[11]

또 다른 시나리오는 인간이 가진 정교한 손의 기능이 점차 도태되는 것이다. 인간의 손이 수백만 년 동안 섬세한 작업이 가능한 방향으로 형태적 진화를 해왔다면, 인공지능과 휴머노이드 로봇으로 대변되는 미래 세상에서는 그 유용성과 사용처가 점차 사라질 가능성이 있다. 이미 많은 첨단 로봇 업체에서 다섯 손가락을 가진 로봇을 개발하고 있고 이미 상용화하고 있다.

로봇이 인간과 같이 자유롭게 움직이는 다섯 개의 손가락을 가진다는 것은 인류 문명사에서 중대한 의미다. 인간이 이룩한 문명은 대부분 손과 손가락의 움직임을 기반으로 설계되었다. 따라서 인공지능을 탑재한 로봇이 손가락을 정교하게 움직인다는 것은 노동, 예술, 스포츠를 포함해 인간이 하는 모든 행위를 대체할 수 있게 된다는 뜻이다.

〈그림 6〉 영국 섀도 로봇 컴퍼니의 섀도 덱스터러스 핸드
손 하나의 판매가는 2025년 현재 1억 원 내외로
섬세한 물체 조작이 가능하며
의사가 현장에 없어도 로봇 팔로
원격 수술하는 기술을 개발하고 있다.

2025년 현재 계란을 조심스럽게 두 손가락으로 들어 옮기고 빨래를 갤 수 있는 테슬라 옵티머스(Tesla Optimus) 로봇은 22 자유도를 가진 것으로 보도되었다. 로봇 손 부문에서 가장 기술이 앞선 영국 새도 로봇 컴퍼니(Shadow Robot Company)의 새도 덱스터러스 핸드(Shadow Dexterous Hand)는 힘과 위치를 제어할 뿐 아니라 촉각센서를 장착함으로써 손목 움직임을 제외하고도 무려 20 자유도에 해당하는 섬세한 물체 조작이 가능하며, 의사가 현장에 없어도 로봇 팔로 원격 수술하는 기술을 개발하는 데 이미 활용되고 있다.[12]

인간은 복잡한 작업을 수행하기 위해 장기간의 숙련과 지식 습득이 필요하다. 반면 첨단 로봇 손과 인체 구조를 구현한 휴머노이드는 인공지능과 머신러닝 시스템의 통합으로 투입된 즉시 복잡한 작업을 수행할 수 있다. 이렇게 점차 인간은 손기술을 습득할 의욕과 동기를 상실한 채 생존에 필요한 가장 기본적인 작업에 스스로를 가두게 될 수 있다.

로봇이 많은 영역에서 인간의 일을 대체한 후 수십 수백만 년이 흐른 먼 미래, 쓰임이 줄어든 인간의 손은 섬세함을 잃어 버튼을 누르고 레버를 당기는 가장 단순한 작업에 최적화된, 최소한의 자유도만을 가진 기관으로 전락할 수도 있다. 물건을 움켜쥘 수 있었던 발이 직립보행을 시작하고 수백만 년 후 땅을 딛기 위한 도구로 퇴화한 것처럼.

2. 발
싸움에 끼지 말고 걷기만 하라

박찬호의 용서받지 못할 행동

1999년 6월 6일 미국 로스앤젤레스 다저스타디움. 투수 박찬호는 타석에서 희생 번트를 대고 1루로 달려가다 상대 팀인 애너하임 에인절스의 투수 팀 벨처에게 태그 아웃을 당한다. 이때 벨처가 필요 이상으로 강하게 쳤다고 생각한 박찬호는 항의했고, 박찬호의 주장에 따르면 벨처는 인종차별적 발언으로 응수한다. 격분한 박찬호는 곧바로 그에게 이단 옆차기를 날린다.

한동안 잊혀진 이 사건은 2011년 미국의 스포츠 전문지 『블리처 리포트』가 "메이저리그 야구 역사상 가장 용서받지 못할 행동 50"에 박찬호의 이단 옆차기를 44위로 올리면서 다시 한번 팬들의 주목을 받았다. 발을 치켜든 행위가 왜 미국에서는 그렇게 큰 논란거리가 되는가? 야구화에 박힌 스파이크가 위험하기 때문인가? 이 논란의 이면에는 수천 년 동안 지속되어온 동서양의 발에 대한 관념

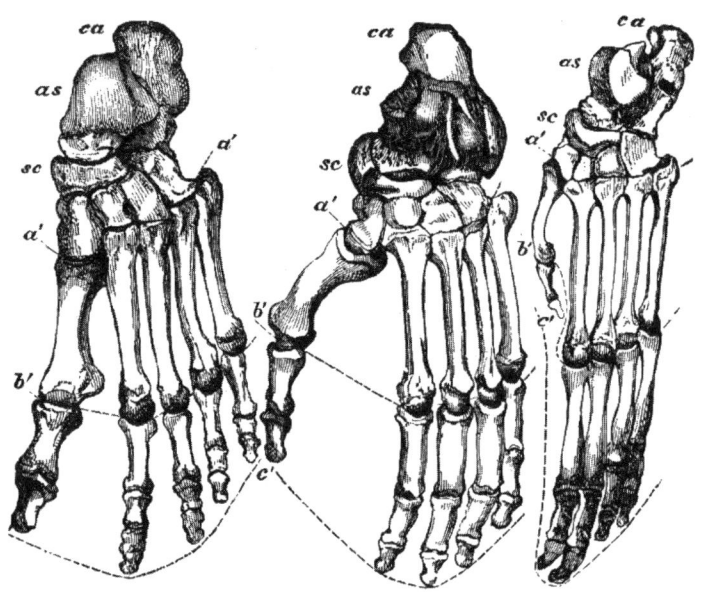

〈그림 1〉 토마스 헉슬리, 사람-고릴라-오랑우탄의 발뼈 비교(왼쪽부터), 1894
발은 본래 뼈 구조가 지닌 움켜쥐는 기능을 버리고,
무게를 지탱하고 중심을 잡는 데 적합한 구조로 다듬어졌다.

의 차이가 깊숙이 자리하고 있다.

〈그림 1〉은 사람, 고릴라, 오랑우탄의 발뼈 구조를 보여준다. 세 개의 발을 잇는 점선은 각 뼈의 해부학적 연관 관계를 보여준다. 놀랍게도 고릴라와 오랑우탄 사이의 유사성보다 고릴라와 사람 사이의 유사성이 더 크다. 하지만 고릴라와 달리 사람의 뼈는 대부분 발바닥 살로 덮여 끝부분 발가락만 제한적으로 움직이도록 진화했다.

진화의 방향은 개선과 진보를 향하기도 하지만 퇴보로 연결되기도 한다. 사람 발의 퇴보는 직립보행에 기인한다. 포유류 동물들이 네 발로 걷는 것과 달리 사람은 두 발로 서면서 손과 발이 전혀 다른 진화의 길을 걸었다. 이동 수단이라는 역할에서 완전히 해방된 손은 급속히 커진 뇌의 활동을 도와 매우 세밀한 작업을 할 수 있게 진화했다. 반면 발은 본래 뼈 구조가 지닌 움켜쥐는 기능을 버리고, 무게를 지탱하고 중심을 잡는 데 적합한 구조로 다듬어졌다.

인류의 발이 퇴화하는 또 하나의 역사적 계기는 신발의 발명이다. 신발은 26개의 뼈, 33개의 연결부, 107개의 인대, 19개의 근육으로 이루어진 섬세한 발을 꽁꽁 묶어 단지 걷는 기능으로만 사용하게 만들었다. 그나마 맨발로 걷는 전통이 남아 있던 그리스 시대를 지나면서, 신발은 문명과 신분의 상징이 되었다. 로마 시대에 널리 유행한 샌들 형태의 신발은 제국에서 힘을 상징하는 징표가 되었고 반대로 맨발은 노예나 빈곤층의 상징이 되었다.

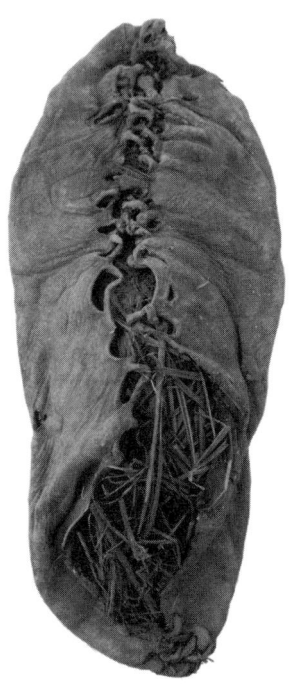

〈그림 2〉 현존하는 가장 오래된 가죽 신발[3]
2010년에 아르메니아의 동굴에서 발견된 5,500년 전 신발이다.
송아지 가죽에 식물성 기름을 염료로 사용했다. 시기적으로는
기자 피라미드보다 1,000년, 스톤헨지보다 400년 앞섰다.

미국 페르난데스 교수 연구팀은 현인류와 원시인류의 발 구조를 비교한 결과 엄지발가락의 형태가 지금과 같이 정착한 것은 인간 진화의 역사에서 가장 나중에 벌어진 일이라는 사실을 밝혀냈다.[1] 직립보행을 시작한 이후에도 인류는 나무 위에서 생활하는 때가 많았고 따라서 다른 유인원과 마찬가지로 엄지발가락의 움켜쥐는 힘이 필요했기 때문이다.

20세기에도 이 같은 발가락의 기능이 유지된 부족의 기록이 남아 있다. 스코틀랜드 해안에서 서쪽으로 180킬로미터 떨어진 세인트킬다섬에는 1930년까지 수천 년간 독립적인 삶을 살던 공동체가 존재했다. 육지와 교류가 전혀 없던 이 섬에서 주민들은 근친혼을 통해 백여 명 내외의 소규모 인구를 유지하고 있었다. 거의 유일한 식량은 섬의 가파른 절벽 위에 서식하는 바닷새와 그 알이었고, 사냥과 채집을 위해서 남자들은 대대로 어린 시절부터 밧줄에 의지해 절벽을 기어오르는 신체 능력을 연마했다. 이들의 발가락은 육지 사람들과 달리 나뭇가지와 풀을 움켜쥘 수 있는 길고 갈라진 구조였다고 기록되어 있다.[2]

발, 바닥을 보이지 마라

수천 년간 서양철학의 흐름을 지배한 그리스 이원론의 논리는 인간의 신체에도 예외 없이 적용되었다. 하늘은 땅보다, 상체는 하체보다, 마음은 신체보다 우월하다는 것이 그 논리였다. 플라톤의 경우 머리는 지혜, 가슴은 용기, 하체는 욕구를 상징한다고 말했다. 그리스인은 여성보다 우월한 남성의 존재는 자세에서도 나타나야 한다고 믿었다. 그들은 의자나 바닥에 앉아 있는 것을 남성답지 못하다고 여긴 반면, 똑바로 서 있는 자세나 긴 보폭으로 걷는 그리스식 걸음걸이를 우월한 남성의 상징이라 생각했다.

고려나 조선 왕들의 초상화가 앉아 있는 모습을 그린 것과 달리, 서양의 왕이나 장군 초상이 서 있는 자세를 주로 그린 것도 이 때문이다. 신체의 위쪽 기관을 우월하게 보는 이러한 사상은 스포츠에서도 나타나는데, 발과 다리를 쓰지 않고 상체만을 사용하는 그리스와 로마의 격투기가 좋은 예다. 현대 레슬링에서 그레코로만형은 말 그대로 그리스(Greco)-로마(Roman)의 격투기 형식을 빌려온 것으로 허리 아래는 쓰지 않고 오로지 상체만으로 상대방을 제압하는 방식이다.

네덜란드 화가 피터르 브뤼헐은 1557년 판화 「학교에 간 당나귀」를 통해서 문명화되지 않은 철부지 어린아이들은 땅바닥에 주저앉은 모습으로, 선생님은 의자에 앉아 있는 것으로 묘사해 땅바닥과 의자를 미개와 문명의 구도로 대조했다. 그림 위쪽에는 학교에서 배움을 통해 문명화된 당나귀가 홀로 책상 앞에 서서 글을 읽고 있다.

〈그림 3〉 아테네의 묘지 장식용 받침 부조, 기원전 500년경
그레코로만 레슬링은 허리 위
상체만을 잡거나 공격할 수 있다.
남자들의 싸움은 상체만으로
이루어져야 한다는 그리스와 로마의 전통을
계승한다는 의미에서 붙은 이름이다.

PARISIOS STOLIDVM SI QVIS TRANSMITTAT ASELLVM·SI HIC EST ASINVS NON ERIT ILLIC EQVVS·
Al reyſt den eſele ter ſcholen om leeren iſt eenen eſele hy en ſal gheen peert weder keeren

〈그림 4〉 피터르 브뤼헐, 「학교에 간 당나귀」, 1557
문명화되지 못한 어린아이들은 가구를
사용하지 않고 땅에 주저앉아 있다.
반면 문명화된 선생님은 의자에 앉아 있고
배움을 얻은 당나귀는 책상에서 글을 읽고 있다.

결국 서양이 추구했던 것은 땅으로 상징되는 미개성과 자연 상태를 극복하는 것이었다. 신발을 신고 똑바로 서 있는 남성의 모습을 가장 바람직한 문명인의 태도로 추앙했으며 바닥에 주저앉는 것은 비문명 상태로, 의자나 책상과 같은 문명의 상징을 통해 극복해야 할 원초적 단계로 보았다.

야만과 원초의 바닥에 직접 붙어 있는 신체 부분은 발바닥이다. 발에도 문명화의 위계가 있다면 발바닥은 가장 낮은 위계의 야만성을 지닌다. 서 있거나 앉아 있는 상태에서는 발바닥이 노출되지 않는다. 바닥에 주저앉아 있을 때 발바닥은 상대방에게 노출된다. 동양의 좌식문화는 서양이 가장 숨기고 싶어 하는 발바닥을 신발까지 벗고 적나라하게 드러내는 생활 방식이다. 이런 관점에서 발을 들어 발바닥을 노출한 박찬호의 이단 옆차기는 신사가 취할 수 있는 싸움의 방식과 가장 거리가 먼 것이다.

발, 런던의 시궁창을 걸어 나오다

1727년 영국 런던, 스코틀랜드 출신의 한 여성이 마녀로 지목받아 화형대 위로 올라간다. 재닛 혼이라는 이 중년 여성은 마귀의 사주를 받아 딸을 망아지로 둔갑시켰다는 죄목으로 활활 타오르는 장작더미 속에서 알 수 없는 미소를 지으며 죽어간다. 그로부터 몇 년 후인 1735년에 '마녀법'이 제정되어 더 이상 마녀라는 허황한 존재가 인정되지 않게 됨으로써 재닛 혼은 영국 법에 의해 처형된 마지막 마녀로 역사에 기록된다.

1727년 같은 해, 영국에서 또 하나의 역사적 죽음이 있었으니 그 주인공은 아이작 뉴턴이었다. 그가 일찍이 1687년에 발표한 만유인력의 법칙은 인류 역사상 가장 중요한 발견 중 하나였다. 이런 획기적 과학의 진보와 마녀사냥이라는 인류사의 가장 우매한 사건이 같은 시간과 공간 속에 교차하고 있었다는 것은 참으로 아이러니하다. 바로 이러한 문명과 비문명의 혼돈은 산업혁명이 막 태동하던 18세기 영국의 사회상을 말해주는 가장 적절한 키워드다.

1666년에 일어난 대화재로 도시의 85퍼센트가 잿더미로 변한 이후, 런던은 폭증하는 도시인구를 수용하기 위해 마구잡이로 건물을 찍어냈다. 법규를 무시한 판잣집이 난무했고 빈 공간에 계속 무허가 건축물이 들어서면서 도시는 점점 더 음침한 공간으로 변해갔다. 환기와 채광이 안 되는 빈민 주거가 도시 곳곳에 빽빽이 들어서면서 도시환경을 악화시켰다.

18세기 초 런던에서 태어난 아기 중 절반은 이런 불결한 환경 속에서 2세 이전에 사망했다. 특히 더러운 곳은 런던의 길바닥이었다. 18세기 유럽 어디에도 화장실과 하수도 시설이 제대로 구비된 도시는 없었으며, 런던은 급속한 도시인구 증가로 비위생의 정도가 심했다. 상류층 주택에도 화장실이 없어서 요강이 침실뿐 아니

〈그림 5〉 작가 미상, 「저녁 식사 후 영국인들」, 1814년경
프랑스인 전쟁포로가 런던에서 그렸다.
식사 테이블 옆에서 요강에 소변을 보는 모습으로,
취한 손님의 소변이 요강 밖으로 떨어지고 있다.

라 식당을 포함한 모든 방에 놓여 있었다. 여성이 없는 방에서 남성들은 대화 중에도 거리낌 없이 요강을 사용했으며, 여성들은 보달루(bourdaloues)라는 길쭉한 형태의 요강을 사용하여 옷을 입은 상태에서도 어디서든 선 채로 소변을 볼 수 있었다.[4]

요강을 사용하면서도 유럽인들은 앉은 자세보다 선 자세를 취했다. 땅에 주저앉는 원시와 미개 상태를 극복하고 일어서려 했던 서양 문화의 단면이 요강 사용법을 통해서도 확인된다. 이렇게 채워진 요강의 오물은 하인들이 수거하여 창문을 열고 쏟아부었다. 이때 길을 가는 행인들이 오물 세례를 받지 않도록 "가디 루!"(gardy loo)라고 외쳤는데 이것은 물 조심하라는 프랑스어 'gare de l'eau'에서 온 것이다. 화장실을 지칭하는 영어 단어 'loo'는 여기에서 유래했다.

런던의 길거리는 이렇게 쏟아져 내린 사람의 배설물에 말, 개, 고양이를 비롯한 각종 동물의 배설물과 시체, 생활 쓰레기로 뒤범벅되어 끔찍한 악취로 몸살을 앓았고 각종 질병이 끊이지 않았다. 이렇게 더러운 길을 걷는 사람들은 한편으로는 위에서 쏟아져 내리는 오물을, 다른 한편으로는 옆으로 지나가는 육중한 마차 바퀴가 웅덩이를 지날 때 튀기는 오물을 피해야 했다. 특히나 비 오는 날은 걷기 매우 힘들었다.

물론 몇 가지 해결책이 있었다. 우산이나 양산을 쓰는 것이다. 햇빛과 비를 가려줄 뿐만 아니라 위에서 쏟아붓는 예기치 못한 오물

세례를 막을 수 있었다. 하지만 현시대에도 우산 쓰는 것을 남자답지 못한 행동으로 여기는 영국 남성들에게 이것은 자존심상 선택할 수 있는 방법이 아니었다.

또 다른 방법은 외출 시 집에서 신는 신발 아래 패튼(patten)이라는 덧신을 겹쳐 신는 것이었다. 집에 들어갈 때 이것만 다시 벗으면 외부의 오물을 끌고 들어오는 일을 방지할 수 있었다.[5] 노동계급은 주로 나무로 만든 바닥 밑에 쇠로 된 동그란 고리를 붙인 패튼을 신었다. 매우 무겁고 걷는 소리도 요란해서 당시 많은 교회 입구에 패튼을 반드시 벗고 내부로 들어오라는 경고문이 붙어 있었다.[6] 노동계급과 달리 주로 마차를 타고 이동하는 귀족 여성들의 경우 가죽으로 만든 세련된 모양의 덧신을 신었다.

한국인의 관점에서 이해가 안 되는 것은 왜 굳이 집 안에서 신발을 신느냐는 것이다. 아무리 신발에 오물이 묻어도 집에서 벗고 생활한다면 두 겹으로 신발을 신는 불편함은 피할 수 있을 텐데 말이다. 사실 그 이유는 집 바닥 역시 깨끗하지 않았기 때문이다. 18세기 영국 주택의 바닥은 각종 생활 오물로 오염되어 있었다. 테이블, 의자, 침대 같은 가구는 우아한 삶을 위해서가 아니라 더러운 집 안 바닥에 신체 접촉을 최소화하기 위한 수단이었다.

〈그림 6〉 18세기 초 영국의 덧신, 런던 빅토리아 알버트 박물관 소장
▲ 나무 바닥과 쇠 링을 연결한 노동계급의 덧 나막신.
매우 무겁고 걸을 때 쨍그랑거리는 소음이 심했다.
▼ 가죽으로 만든 귀족용 덧신. 마차를 이용하는 귀족들은
더러운 길을 오래 걸을 일이 없었으므로
덧신도 기능보다는 장식에 치중하여 만들어졌다.

발, 제3의 길을 갈 것인가

데이비드 핀처 감독이 만들고 브래드 피트와 에드워드 노튼이 주연한 영화 「파이트 클럽」(1999)은 싸움을 취미로 하는 비밀 클럽을 소재로 한다. 클럽 회원들 간의 싸움에 명시된 규칙은 따로 없지만 발을 사용하는 사람은 아무도 없다. 동양의 무술 영화나 갱 영화에서 발을 쓰는 것이 아주 당연한 것과는 매우 대조적이다. 박찬호는 서양의 싸움 문화를 계승하는 미국 경기장의 한복판에서 발을 높이 들어 관중들을 놀라게 했다. 막판에 어정쩡하게 발길질을 자제했으니 망정이지 제대로 걸어찼다면 단박에 용서받을 수 없는 사건 10위 안에 진입했을 것이다.

동아시아인에게 집은 외부보다 바닥이 들어 올려져 있어 그 전체가 하나의 커다란 평상과도 같은 큰 가구로 인식된다. 신을 벗고 올라서는 순간 더러운 바깥세상과 대별되는 깨끗한 방바닥과 만난다. 동양에서 발은 인간적인 대접을 받아왔다. 좌식 생활은 손과 발, 상체와 하체의 구분 없이 몸의 모든 부위가 바닥에 동등하게 밀착될 수 있는 환경을 제공한다. 제자리에 앉아 있다가 약간의 수평 이동이 필요할 때는 발 대신 손, 무릎, 엉덩이 등을 사용해 바닥을 기어가듯 움직이는 창의적 이동 방법도 활용한다. 이렇게 동아시아의 좌식 생활은 자연스럽게 하체를 천대하지 않는 삶의 태도를 만들었다.

인간의 발은 앞으로도 걷고 지탱하는 받침대 역할만을 강요당할 것인가? 발에 한정된 이동 기능을 신체의 다른 기관으로 분산시키는 역방향의 진화는 불가능한 것일까? 인류가 직립보행을 하기 전, 손과 발은 둘 다 이동 능력을 제공하는 전형적인 포유류의 기관이었다. 다른 점은 손이 진행 방향을 잡는 앞발의 기능을, 발은 더 강한 추진력을 발휘하는 뒷발의 기능을 수행했다는 점이다.

많은 사람이 자동차나 오토바이를 운전하는 지금, 손과 발은 나란히 이동을 위한 기관으로 쓰이고 있다. 자동차에서 핸들을 잡은 손은 방향을 제어하는 조타 기능을, 액셀을 밟는 발은 추진력을 담당한다. 오토바이의 경우 손이 두 가지 기능을 제어한다. 문명의 최첨단 기계장치와 연결된 인간의 몸은 수백만 년간 잊고 지냈던 앞발의 기능을 비로소 다시 회복하고 있는 것이다. 게다가 팔과 다리를 같은 방향으로 뻗는 자세도 네발로 걷는 포유류와 닮아 있다.

미국의 비브람(Vibram)이라는 회사는 발가락이 하나하나 갈라져 있는 운동화를 제작하여 판매하면서 이를 통해 주변 환경에 우리 신체가 능동적으로 반응할 수 있다는 개념을 내세우고 있다. 발가락의 움직임이 지난 시절 퇴화의 과정을 겪었다면 이 신발은 다시 그 기능을 활성화하는 계기를 제공한다. 프랑스의 장이브 블론도 (Jean-Yves Blondeau)는 스스로 전신 롤러스케이트 옷을 제작해 발뿐 아니라 몸 구석구석에 바퀴를 달아 다양한 방법으로 이동할 수 있

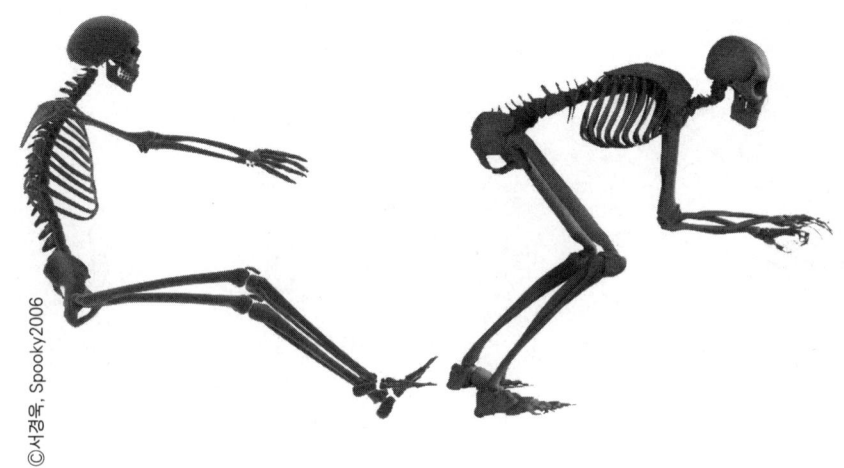

〈그림 7〉 자동차와 오토바이를 운전할 때 인체 골격
운전하는 동안 팔은 방향을 제어하는
포유류 앞발의 기능을 되찾는다.
팔과 다리를 같은 방향으로 뻗는 자세도
포유류의 그것과 동일하다.

©Jean-Yves Blondeau

〈그림 8〉 장이브 블론도가 제작한 전신 롤러스케이트
프랑스에서 미술을 전공한 장이브 블론도는
신체의 무게중심을 옮겨 새로운 방식의 이동을
할 수 있는 개념을 제시한 논문을 썼다.
이를 바탕으로 그는 전신 롤러스케이트를
직접 디자인하고 개발했다.
www.buggy-rollin.com/

는 가능성을 보여주었다. 2024년 파리 하계올림픽에서 시범 종목으로 채택될 만큼 저변이 확대되고 있는 브레이킹(Breaking), 일명 브레이크 댄스도 신체 모든 부위를 활용해 몸을 지탱하고 움직이는, 이전에 존재하지 않았던 신체 활용 방식을 만들어내고 있다.

위와 같은 다양한 움직임이 모여 먼 미래에 발이 걸어온 진화의 방향을 다르게 이끌 수는 없을까? 보다 섬세한 조작 기능을 발에게 맡길 방법은 없을까? 발이 담당하는 이동력을 신체의 다른 부분이 담당해줄 수는 없을까? 각종 전자 조작 장치가 폭발적으로 늘어나는 현대사회에서 손은 너무 바쁘다. 단지 두 개로는 폭주하는 작업량을 감당해내기가 힘들다. 언젠가 미래에는 발을 잘 활용하는 인류가 세상을 지배할 날이 오지 말라는 법도 없다. 문명의 발전과 함께 지속적인 퇴보를 거쳐 지난 18세기 런던에서 가장 더러운 시궁창을 걸어 나와야만 했던 인류의 발, 이제는 어떤 진화의 방향으로 걸어갈 것인가?

3. 눈
과거와 미래를 들여다보는 창

얼굴 없는 눈

「Eyes Without A Face」. 1984년 영국 가수 빌리 아이돌(Billy Idol)
이 불러 미국 빌보드 핫100 4위까지 올라간 팝의 명곡이다. 얼굴 없
는 눈이라는 제목은 모순되게 들린다. 눈은 얼굴의 일부인데 어떻
게 얼굴 없이 눈만 존재할 수 있는가?

1960년 프랑스 공포영화 「Les Yeux Sans Visage」가 영국에서
「Eyes Without A Face」라는 타이틀로 상영되었을 때, 빌리 아이돌
은 큰 영감을 받아 같은 제목의 곡을 만들었다. 영화는 사고로 얼굴
이 심하게 손상돼 무표정한 흰색 가면을 쓴 채 파리 근교의 대저택
에서 은둔 생활을 하는 여성을 다룬다. "내 얼굴이 무서워. 내 마스
크는 더 무서워"라며 절규하는 그녀를 위해 집 안의 거울을 모두 없
애고, 집 주위를 큰 개들이 삼엄하게 지키고 있다. 외과의사인 그녀
의 아버지는 결국 젊은 여성들을 차례로 납치해 딸에게 그들의 피

부를 이식하는 엽기적 범죄를 저지른다.

'얼굴 없는 눈'은 가면으로 얼굴을 가린 딸의 모습을 직접 지칭하지만, 동시에 삶의 의욕을 상실한 '표정 없는 눈동자'를 간접적으로 표현한다. 빌리 아이돌은 자서전에서 자신이 겪은 연인과의 감정적 단절과 진심이 사라진 관계의 공허함을 '얼굴 없는 눈'이라는 메타포로 표현하고 싶었다고 밝혔다.[1] 매혹적인 제목과 탁월한 완성도를 보여준 영화와 노래 모두 오늘날 시대를 초월한 명작이 되었다. 그런데 눈은 정말 얼굴 없이 스스로 표정을 만들어낼 수 있을까.

> 평생 바라던 이상형을 만나자 가슴이 두근거린다. 떨리는 마음을 애써 감추며, 침착하고 편안한 인상을 주려 노력한다. 하지만 여전히 심장은 빠르게 뛰고, 얼굴은 살짝 달아오르고, 손에 땀이 밴다. 그런데 상대도 내가 싫지 않은 눈치다. 왠지 모르게 말투, 표정, 태도에 호감이 담겨 있는 것 같다. 착각인가? 누구에게나 친절하고 너그러운 사람인가? 아직 설레는 마음을 들키고 싶지 않다. 조명 때문인가? 날 바라보는 눈이 별처럼 반짝인다.

어리숙했던 시절, 당신의 러브 스토리는 이렇게 시작되었을 것이다. 그런데 설레던 그 마음을 상대방은 정말 몰랐을까? 말투, 표정, 제스처는 내 마음속 감정을 실체적으로 드러내주는 소통 수단이지만, 우리는 그것을 과장하거나 절제하면서 속마음과 다른 태도를 연출할 수 있다. 하지만 우리가 의도적으로 통제할 수 없는 신체 반응이 있으니, 그것은 눈과 동공의 생리학적 움직임이다. 말과 표정처럼 쉽게 포착하기는 어렵지만, 의도적으로 연출할 수 없는 속마음의 척도다.

인간은 중요한 정보를 탐색하거나 에너지를 집중해야 할 때 주변 자극에 대한 민감도를 높인다. 이때 교감신경계가 활성화되면서 시각 정보를 더 많이 받아들이기 위해 눈이 커지고 동공이 열린다. 이 현상은 위험을 감지하거나 놀랐을 때뿐만이 아니라 관심 있는 대상에 몰입하는 과정에서도 나타난다. 실험 참가자들에게 다양한 사람의 사진을 보여줬을 때, 여성은 아기, 아기를 품에 안은 엄마, 남성 누드를 봤을 때 동공이 커졌고, 남성은 여성 누드를 봤을 때 동공이 커졌다.[2] 이외에도 관심 있는 이성·음식·음악 등 자신의 취향에 맞는 대상을 경험할 때 그리고 어려운 문제를 풀고, 집중하고, 중요한 결정을 내리는 등 인지적 부하가 걸리는 상황에서 동공이 커졌다.[3] 이와는 반대로 슬픔, 이완, 피로, 감정 억제 등의 상황에서는 부교감신경계가 활성화되면서 동공이 수축하는 것이 관찰되었다.[4]

그렇다면 상대방의 동공이 커지고 작아지는 미세한 변화를 관찰자가 감지하고 그 신호를 읽어낼 수 있을까? 조명이나 표정 같은 다른 조건이 동일할 때 우리는 동공이 넓게 열린 얼굴에서 더 큰 신뢰감과 친근함 그리고 매력을 느끼고, 동공이 작게 수축된 얼굴에서는 슬픔이나 우울 같은 감정을 느낀다는 것이 실험을 통해 밝혀졌다.[5] 우리는 무의식적으로 상대방 동공의 변화를 감지하고 해석하는 것이다.

더 흥미로운 사실은 우리가 단지 상대의 동공 크기를 보는 것에 그치지 않고, 그것을 무의식적으로 모방(Pupil Mimicry)하면서 공감과 신뢰를 형성하며, 더 나아가 동공 동기화(Pupillary Synchrony)를 통해 지속적으로 감정의 흐름과 변화를 공유한다는 것이다.[6] 가족이나 친구가 달려와 합격 소식을 전할 때 크게 열린 동공을 보고 내 동공이 함께 열리는 것이 동공 모방이고, 상대방의 이야기에 푹 빠져 위기와 감동이 강조되는 순간마다 내 동공이 따라 커지는 것이 동공 동기화 현상이다.

인간의 눈은 사물을 그저 바라보는 기관이 아니다. 마치 전자기기의 블루투스 기능처럼 다른 사람의 눈과 페어링될 수 있다. 물론 동공 모방이나 동기화가 항상 이론처럼 작동하는 것은 아니다. 언제나 그렇듯 인간 감정과 상호작용에는 수많은 변수와 예외가 있다.

눈은 마음을 비추는 창이고, 눈빛은 감정 전달을 위한 중요한 통로다. 깊은 눈매, 맑은 눈, 그윽한 눈빛, 반짝이는 눈망울, 강렬한 눈빛 등의 관용구는 단순한 언어적·감성적 비유가 아닌, 생리학적 신호를 담고 있는 표현이다. 평생 바라던 이상형을 만났을 때, 당신도 모르게 동공은 크게 열렸을 것이다. 그 미세한 변화를 무의식적으로 감지한 상대의 동공도 따라 커졌을 것이다. 시간 가는 줄 모르고 나누던 대화의 흐름 속에서 두 사람의 동공은 동기화되어 확장과 수축의 리듬을 함께 공유했을 것이다. 내 말에 깊은 공감을 느끼는 순간 상대의 동공은 더 크고 깊어지며, 이때 유입된 빛이 각막과 망막에 반사되면서 순간적으로 더 반짝였을 것이다. 숨기고 싶었던 당신의 두근거리는 마음은 그렇게 눈빛을 타고 상대의 마음에 닿았을 것이다.

동물의 눈, 인간의 눈

포유류의 눈은 크게 두 가지 다른 방식으로 얼굴에 위치한다. 육식동물은 눈이 전면에 나란히 위치해 먹이를 추적할 때 상대의 움직임을 정확히 포착할 수 있게 진화했다. 반면 초식동물은 포식자의 공격을 피하는 것이 생존에 가장 중요한 문제이기 때문에 넓은 주변을 감시할 수 있도록 두 눈이 얼굴 반대쪽에 멀리 떨어져 위치한다. 인간의 눈은 의심할 여지 없이 전형적인 포식자의 것이다. 눈의 위치만이 아니다. 빛이 들어가는 구멍인 동공의 형태도 각 동물의 먹이사슬 속 위치에 따라 변이가 있다.

동물의 동공은 먹이 채집 습성에 따라 크게 가로 방향, 세로 방향, 원형이라는 세 가지 다른 형태로 진화했다.[7] 가로로 길게 찢어진 동공은 파노라마 형태의 가로 방향 시야를 확보하는 데 유리하므로, 넓은 지평선상에서 나타나는 포식자를 늘 감시해야 하는 말·양·염소 같은 초식동물에게 주로 나타난다. 세로로 긴 동공은 매복을 통해 먹이를 한 번에 공격하는 고양이·여우·악어 같은 육식동물에게 많이 나타난다. 주변시야 확보에는 불리하지만, 추적 대상인 먹잇감과의 거리를 밤낮의 광량 차이에 구애받지 않고 정확히 가늠할 수 있다.

마지막으로 원형 동공은 낮에 활동하는 육식동물에게 주로 나타나는데, 매복형 육식동물과 달리 추격으로 먹잇감을 제압하는 치타·코요테 등에서 볼 수 있다. 인간 역시 낮에 동물을 추격하는 원형 동공 포식자다. 땀샘이 있는 유일한 동물인 인간은 뜨거운 태양 아래서도 땀으로 체온을 냉각하며 장시간 추격하는 사냥법으로 자신보다 월등히 빠른 동물들을 굴복시켰다.

동물은 동공 형태뿐 아니라 안구의 크기를 자신의 생존 환경에 맞게 변화시켰다. 안경원숭이는 10센티미터 내외의 작은 체구에도 불구하고 육식동물로 분류된다. 주로 밤에 사냥하며 이때 더 많은 빛을 받아들이기 위해 안구가 다른 동물보다 더 크게 진화했다. 안경원숭이의 거대한 안구는 두개골에서 차지하는 체적이 뇌보다도 크기 때문에 눈알을 회전시키지 못하지만, 고개를 좌우로 180도 돌리는 방식으로 이를 극복한다. 아프리카에서 지구 곳곳으로 진출한

〈그림 1〉 초식동물의 가로 방향 동공과 육식동물의 세로 방향 동공
가로 방향 동공은 넓은 지평선상의 포식자를 감시하기에 적합하다.
세로 방향 동공은 주변시야 확보에 불리하지만,
먹잇감과의 거리를 정확히 가늠할 수 있는 장점이 있다.

〈그림 2〉 안경원숭이
밤에 사냥하는 안경원숭이의 눈은 뇌보다 크기 때문에
눈알을 회전시키지 못하지만 고개를 움직여 이를 극복한다.

초기 인류도 정착한 지역의 태양 광량에 따라 안구 크기가 다르게 진화했다. 빛이 부족한 극지방 인류의 자손은 적도 인류의 자손보다 대략 20퍼센트 큰 안구를 가졌다.[8]

동물과 구분되는 인간 눈의 가장 큰 특징은 흰자, 즉 공막이 차지하는 비율이 크고 하얀색이어서 짙은 색인 홍채와 뚜렷하게 구분된다는 것이다. 이에 따라 눈동자의 움직임과 시선 방향이 잘 드러난다. 인간은 눈동자를 한쪽으로 휙 움직이는 것만으로도 말 없이 상대에게 방향을 지시할 수 있다. 유인원을 포함한 대부분의 척추동물도 공막을 가지고 있지만 그 노출 비율이 적고 홍채와 구분이 잘 안될 만큼 색이 짙어서 눈동자의 움직임을 파악하기 힘들다.

많은 학자는 인간의 생존에 타인과 협력하고 비언어적으로 소통하는 일이 매우 중요했기 때문에 시선이 잘 보이도록 눈의 구조가 진화했다는 '협동 시선 가설'을 지지한다.[9] 유인원도 집단생활을 하지만, 그들의 공막 구조에는 진화 압력이 정반대로 작용한다. 유인원에게 같은 종끼리의 눈 마주침은 공격성을 드러내는 것이기에 이를 피하는 것이 유리했고,[10] 맹수에게 공격받는 상황에서도 맹수가 자신의 시선을 파악하지 못하게 하는 것이 생존 가능성을 높였다. 따라서 유인원의 경우 시선을 알기 힘든 오늘날의 공막 구조로 진화했다는 '시선 위장 이론'이 보다 설득력을 얻는다.[11]

동양의 눈, 서양의 눈

인간의 눈은 정착한 지역의 일조 환경에 따라 안구 크기뿐 아니라 홍채의 색도 다르게 진화했다. 홍채의 최외곽 막인 상피(frontal iris epithelia)에 들어 있는 멜라닌 색소는 홍채를 뚫고 눈 내부로 들어가는 빛을 흡수하여 빛의 양을 줄인다. 흑갈색 멜라닌은 양이 많아질수록 갈색이 되고 아주 많아지면 검은색으로 보인다.

〈그림 3〉의 ①처럼, 내리쬐는 빛이 많은 적도 부근에 정착한 인류는 홍채 막에 멜라닌이 많이 분포해 눈동자가 검은색을 띠게 되었고, 적도에서 조금 떨어진 중위도 지역 인류의 눈동자는 갈색을 띠게 되었다. 한편 적도에서 먼 극지방에 정착한 인류는 일조량이 많지 않은 기후에 적응하면서 홍채 상피의 멜라닌 수가 적어졌고, 이에 따라 홍채 안으로 걸러지지 않은 빛이 들어오게 된다. 홍채 내부로 들어온 빛은 단백질의 일종인 콜라겐으로 만들어진 기질(stroma)에서 산란하는데, 콜라겐 밀도가 낮으면 회색으로, 높으면 파란색으로 산란한다.

어두운 곳에서 플래시를 터뜨려 사진을 찍을 때 눈이 빨갛게 보이는 적목 현상이 생기는 이유는, ③처럼 크게 열린 동공을 통해 한꺼번에 쏟아져 들어온 빛이 망막의 붉은 혈관에 반사되었기 때문이다. 멜라닌 색소가 부족한 유전적 질환인 알비노 환자의 눈도 망막의 붉은빛을 띠는 경우가 있다.

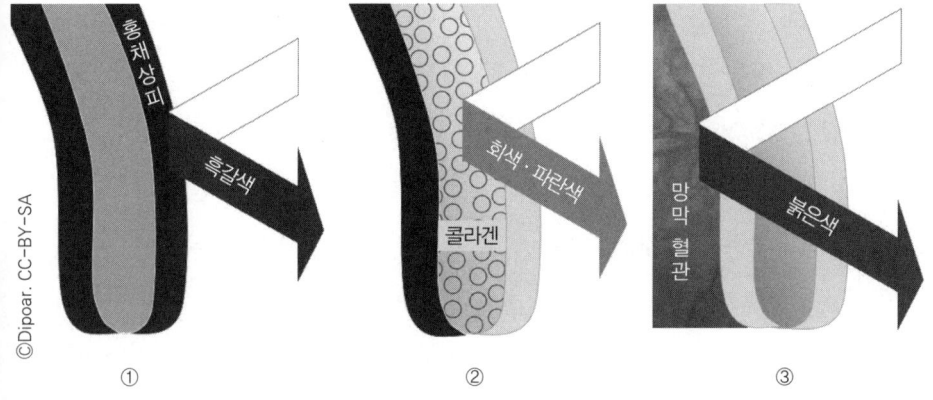

① 　② 　③

〈그림 3〉 다양한 인간 눈의 색깔 원리
① 홍채 상피에 멜라닌이 많으면 눈동자는 흑갈색으로 보인다.
② 홍채 상피에 멜라닌이 적으면 빛이 홍채 내부
콜라겐으로 들어가 회색이나 파란색으로 산란한다.
③ 홍채에 멜라닌이 부족하면 망막 혈관이 눈동자로 비쳐 보인다.

홍채 색이 옅을수록 눈 색깔이 변화하는 것처럼 보인다. 조명의 밝기나 동공 크기에 따라 빛이 내부에서 다양하게 산란될 수 있기 때문이다. 영국의 하드록 밴드 레인보우(Rainbow)의 1978년 발표곡 「Rainbow Eyes」는 '위협적인' 파워 보컬로 유명한 로니 제임스 디오의 나직한 반전 보컬을 들을 수 있는 슬픈 발라드다. 디오는 당시 연인이었던 웬디의 눈동자가 초록색, 파란색, 헤이즐색[12]으로 변하는 것을 보고 그 신비함을 무지개에 비유했다.

요즘엔 동아시아인도 여름 해변에서 선글라스를 쓰지만, 그 필요성은 서양인만큼 크지 않다. 홍채 안의 많은 멜라닌이 빛을 걸러주는 것이 주된 이유이지만, 옆으로 길게 찢어진 눈의 형태도 빛을 막는 데 도움을 주기 때문이다. 갑자기 밝은 빛이 눈으로 들어올 때 반사적으로 눈을 가늘게 뜨는 행동을 생각해보면 이해가 쉽다.

알래스카의 이누이트(Inuit)와 유픽(Yupik) 부족은 수천 년 전부터 극지방에 쌓인 눈 속에서 살아왔다. 주변을 덮은 눈은 빛을 80퍼센트 이상 반사해 많은 양의 자외선이 눈으로 유입되기 때문에 장시간 노출은 일시적으로 앞이 보이지 않는 설맹증을 유발할 수 있다. 현대적 안경 제조 기술이 존재하지 않던 과거 이들은 상아, 가죽, 나무 등을 이용해 가로 방향으로 가는 틈새가 난 스노 고글을 만들어 착용했다.

눈이 많이 내리는 시베리아와 북아시아를 거쳐 현재 동아시아에

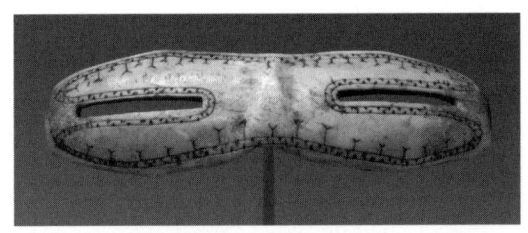

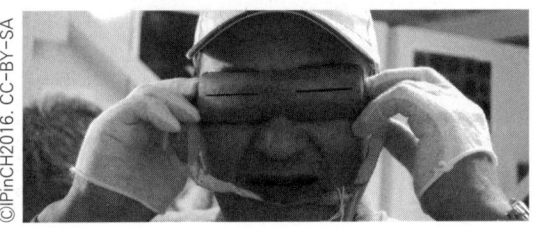

〈그림 4〉 스노 고글
흰 눈에 반사된 자외선을 피하기 위해
바다코끼리 상아와 나무로 만든
9~12세기경 알래스카 원주민의 스노 고글과
스미소니언 박물관에서 선조들의 고글을
착용한 이누이트 원주민.

정착한 민족들의 눈이 가늘고 긴 형태로 진화한 것은 이 같은 환경에 적응한 결과로 볼 수 있다. 이렇게 많은 빛을 걸러내는 홍채와 가느다란 형태의 눈으로 진화한 동아시아인은 성능 좋은 선글라스를 이미 신체에 장착하고 있는 셈이다.

이와 반대로 적은 일조량에 맞게 눈이 진화한 서양인은 작렬하는 여름의 태양을 선글라스 없이 견디기 힘들어한다. 우리가 유럽이나 북아메리카를 여행할 때 공통적으로 느끼는 점은, 건물 내부 조명이 어둡고 주로 간접조명이 많다는 것이다. 이것은 단지 서양인이 어두운 인테리어를 좋아해서가 아니다. 옅은 색 눈동자와 큰 안구로 진화한 그들은 주변 빛을 더 많이 흡수할 수 있기 때문에 낮은 조도에서도 일상생활을 하는 데 지장이 없다.

나는 시력이 좋은 편이지만, 영국의 레스토랑에 갈 때면 핸드폰의 손전등 기능을 켜고 메뉴를 읽곤 한다. 고급 레스토랑일수록 조명이 어두운 경우가 많은데, 이런 곳에서는 작은 글자를 읽기가 특히 어렵다. 하지만 함께 혹은 주변에 앉아 있는 서양인들이 나처럼 애를 먹는 경우를 본 적이 없다. 그들은 우리에게 없는 성능 좋은 야시경을 신체에 이미 장착하고 있기 때문이다.

높은 위도에 정착한 서양인의 또 다른 특징은 튀어나온 이마, 달리 말해서 깊이 들어간 눈이다. 해부학적으로 눈썹 부위가 돌출한 형태를 안와상융기라고 한다. 고릴라 같은 유인원, 현생 인류의 조상인 네안데르탈인 그리고 호모에렉투스의 두개골에서 이러한 형태를 발견할 수 있다. 눈 위 뼈대가 돌출하면 자연스럽게 눈은 뼈대 안쪽 깊숙이 자리 잡게 된다.

안와상융기 구조의 역할에 대한 학계의 가설 중에는, 이것이 위쪽 아치 역할을 하고 턱뼈가 아래쪽 아치 역할을 해 음식물을 섭취할 때 양쪽에서 압력을 가해 이빨에 보다 강력한 힘을 전달해준다는 견해가 있다. 외부의 충격에서 안구를 보호하기 위한 것이라는 가설도 존재한다. 현대 인류의 이마는 수직으로 올라가 있기 때문에 유인원이나 초기 인류가 가지고 있던 안와상융기의 원형과는 형태적으로 차이가 있다. 하지만 유럽인의 경우 눈이 이마 안쪽 깊이 자리함으로써 그 흔적을 간직하고 있다.

서양인에게 안와상융기의 흔적이 아직 남아 있는 것은, 높은 위도의 특징인 낮은 태양 고도에 적응한 결과일 가능성도 있다. 한국보다 위도가 높은 유럽 도시들은 여름을 제외하면 한낮에도 태양이 지평선에 근접한 낮은 고도에 머무른다. 이는 야외 활동에 많은 불편함과 위험을 초래한다. 실제로 태양 고도가 20도 미만일 때, 운전자 시야 방해로 인해 교통사고율은 20~30퍼센트나 올라간다.[13] 이때 돌출된 이마는 건물의 차양이나 지붕의 처마처럼 직사광선을 어느 정도 차단한다. 태양의 고도가 낮은 시간에 생명을 건 싸움을 하는 경우 이마가 돌출된 종족은 생존에 유리했을 것이고, 이러한 형질은 선택되고 유전될 확률이 높았을 것이다.

괴짜 인류학자로 불리는 그로버 크란츠(Grover Krantz)도 이와 비슷한 생각을 했다.[14] 그는 호모에렉투스의 돌출된 이마가 어떤 역할을 하는지 알아보기 위해 이를 모형으로 만들어 6개월간 부착한 채 살았다. 사람들이 겁을 내는 것을 본 그는, 안와상융기가 수컷에게 강한 인상을 부여해 생존에 유리한 조건을 만든다고 결론지었다. 또 다른 효과는 태양으로부터 그늘을 만들어준다는 것이었다.

홍채 색깔과 안와상융기에 더해, 눈꺼풀의 구조도 정착한 지역에 따라 다르게 진화했다. 한국·중국·일본으로 대표되는 동아시아인의 눈꺼풀에는 다음의 일곱 가지 형태적 경향성이 있다.[15]

1. 눈꺼풀이 두툼하다.
2. 눈꺼풀 주름(쌍커풀)이 뚜렷하지 않다.
3. 위아래 눈꺼풀 사이가 좁고 가로로 길다.
4. 위 눈꺼풀이 아래로 살짝 처져 눈동자를 가리는 안검하수가 흔하다.
5. 눈꼬리가 위쪽으로 치켜 올라간 사선형 눈매가 많다.
6. 눈물샘을 덮는 내안각췌피, 즉 몽고주름이 흔하다.
7. 미간 사이가 넓다.

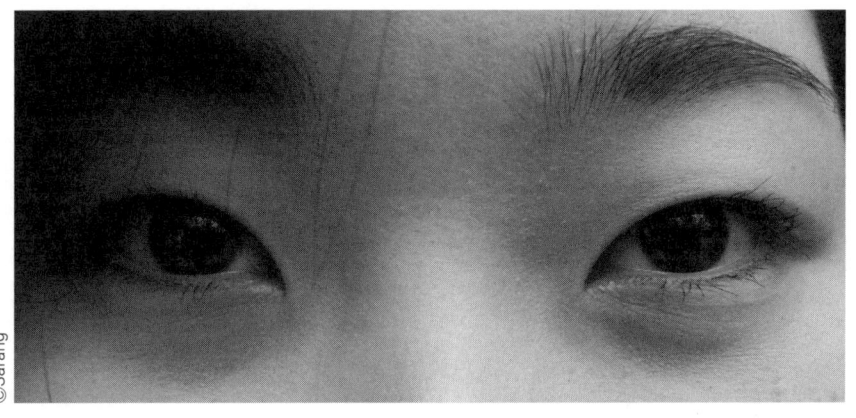

〈그림 5〉 동아시아인 눈꺼풀의 특징
지방이 많은 동아시아인의 눈꺼풀은 두터워서
속눈썹에서 윗눈썹까지 평면적으로
쭉 연결된 것처럼 보인다.
서양인들의 얇은 눈꺼풀이 눈을 뜰 때
안구를 따라 안쪽으로 말려 들어가는 것과
달리 동아시아인의 눈꺼풀은
수축하면서 위쪽으로 당겨진다.

동아시아인의 두툼한 눈꺼풀은 두꺼운 피하지방 때문으로, 아시아 북쪽의 매서운 추위에 적응한 결과다. 위 눈꺼풀은 눈물샘과 만나는 곳에서 아래로 더 뻗어나가 아래쪽 눈꺼풀을 살짝 덮는데, 이것이 몽고주름 혹은 내안각췌피다. 몽고주름은 눈물샘 안으로 모래가 들어가는 것을 막고 그 안의 물기가 얼거나 마르지 않도록 도와준다. 아래로 내려간 몽고주름 때문에 그 반대편의 눈꼬리는 상대적으로 위쪽으로 치켜 올라간 것처럼 보이며, 동시에 미간 사이는 더 멀게 보인다.

다량의 지방이 들어 있는 동아시아인의 눈꺼풀은 솜이 채워진 베개처럼 두툼하고 주름이 잘 생기지 않는다. 눈꺼풀의 주름을 한국에서는 쌍꺼풀, 일본에서는 후타에마부타(二重まぶた), 중국에서는 쌍옌피(双眼皮)라고 부르는데, 모두 '두 겹 눈꺼풀'이라는 뜻이다. 쌍꺼풀이라는 말이 동아시아에서 일상용어가 된 것은, 쌍꺼풀이 누구나 가지지 못하는 독특한 특징이기 때문이다. 영어에는 쌍꺼풀을 가리키는 일상적 단어가 없다. 서양인의 경우, 거의 모두가 쌍꺼풀을 가지고 있어서 쌍꺼풀은 주목받을 만한 특징이 아니다.

사실 서양인의 쌍꺼풀은 동아시아인의 '눈꺼풀 위 주름'과 구조적으로 전혀 다르다. 서양인의 눈꺼풀은 지방이 없어 매우 얇다. 그래서 눈을 감으면 눈꺼풀이 팽팽하게 안구를 덮어 쌍꺼풀이 사라진다. 반대로 눈을 뜨면 눈꺼풀과 튀어나온 이마 사이의 움푹한 모서

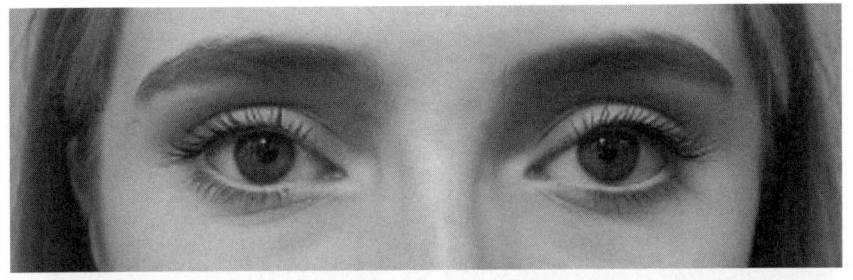
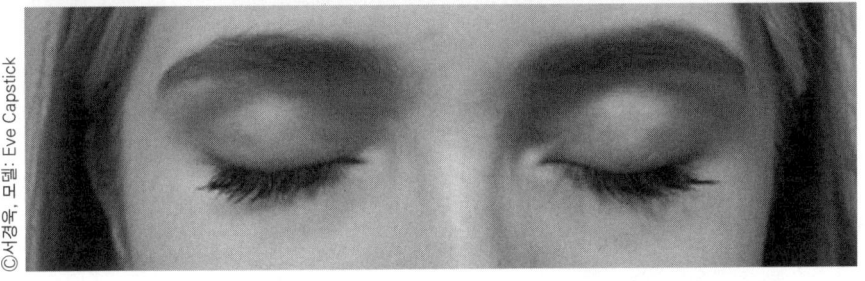

〈그림 6〉 서양인 눈꺼풀의 특징
눈을 뜨면 눈꺼풀이 안구를 따라 안으로 말려들어
자연스럽게 굵은 쌍꺼풀이 만들어지고,
눈을 감으면 사라진다.

리 부분에서 눈꺼풀이 접히며 안구 안쪽으로 말려 들어간다. 결과적으로 눈꺼풀 아래쪽이 좁게 노출되는데 이것이 굵은 쌍꺼풀로 보인다. 눈꺼풀이 안쪽으로 사라지기 때문에 눈동자는 더 많이 노출되고, 몽고주름이나 눈꼬리처럼 사선 방향의 외곽선이 없어 전체적으로 눈이 더 크고 동그랗게 보인다.

반면 지방이 많은 동아시아인의 눈꺼풀은 속눈썹에서 윗눈썹까지 평면적으로 쭉 연결된 것처럼 보이고, 눈을 뜰 때 안으로 접히지 않고 수축하면서 위쪽으로 당겨진다. 따라서 눈을 뜨더라도 서양인처럼 굵은 주름이 만들어지지 않는다. 쌍꺼풀이 있다 하더라도 이 것은 눈꺼풀에 난 깊은 주름이어서 눈을 뜨고 감을 때 그 형태가 계속 유지된다.

영국이나 미국에도 쌍꺼풀과 유사한 'double eyelid' 혹은 'folded eyelid'라는 말이 있지만, 주로 아시아인을 대상으로 하는 미용 시술이나 기능적 문제를 개선하기 위한 의학적 목적으로 사용하는 용어다. 영국의 백인들은 이런 단어를 생소하게 생각하며, 그 의미를 이해하지 못한다. 수많은 한국인이 쌍꺼풀 만드는 수술을 한다고 이야기해주면 무척 신기해한다. 그런 수술을 주변에서 들어본 적이 없고, 왜 일부러 눈에 주름을 만들어 넣어야 하는지 이해하지 못하기 때문이다.

지금까지 살펴본 눈의 형태적 차이를 동아시아와 유럽에 사는 모든 사람을 가르는 절대적 기준으로 일반화할 수는 없다. 동양인과 서양인의 특징이 혼재하는 눈도 어디서든 흔히 찾아볼 수 있다. 한 인종이나 지역에 속한 모두가 동일한 외모를 공유할 수는 없기 때문이다. 모든 형태적 분류에는 항상 예외와 변종이 존재하며, 유전적 다양성은 한 집단 안에서도 광범위하게 존재한다.[16] 그럼에도 불구하고 각 집단에게는 신체적 '경향성'이 있으며, 이것을 정의하는 것은 호모사피엔스의 생물학적·문화인류학적 다양성을 이해하기 위한 출발점이다.

동아시아의 눈, 날카로움에서 신비함으로

〈그림 7〉의 왼쪽 두 문자는 현대 한자의 기원으로 여겨지는 기원전 1600년경 은나라 갑골문과 기원전 1046년경부터 사용된 주나라 금문의 눈 목(目) 자다. 두 상형문자에는 눈 안쪽이 내려가고 눈꼬리가 위로 솟구친 동아시아인의 특징이 매우 정확하게 그려져 있다. 이후 문자 사용의 편의를 위해 형태가 점차 단순화되었지만, 처

〈그림 7〉 갑골문, 금문, 소전체, 해서체로 쓴 글자 '눈'의 변천

음 문자를 고안할 때 자신들과 닮은 모습이기를 원했던 수천 년 전 사람들의 마음이 느껴진다.

동양인은 흔히 서양인의 움푹 들어간 눈이 강렬한 인상을 준다고 생각한다. 앞서 언급한 그로버 크란츠의 실험 결과와 같은 맥락이다. 그러나 반대로 서양인은 가늘고 눈꼬리가 올라간 동양인의 눈에서 날카롭고 강렬한 느낌을 받는다. 손으로 눈 양끝을 당겨 찢어진 눈을 표현하는 행동은 인종차별적 표현이지만, 그만큼 눈에서 가장 큰 인상을 받는다는 것을 보여준다.

서양인이 동아시아인의 눈에서 느끼는 강렬함의 기원을 찾으려면 지금으로부터 800년을 거슬러 올라가야 한다. 칭기즈 칸의 후계자 우구데이 칸이 이끄는 몽골군은 1236년부터 1242년까지 러시아, 폴란드, 체코, 헝가리, 독일 지역에서 잔인하고 완벽한 전투로 유럽인을 굴복시킨다. 그 유명한 성전기사단을 포함한 폴란드, 독일, 프랑스의 기사 10만 명이 맥없이 몰살당하는 공포 속에서 유럽의 기사 문화는 종말을 맞는다.[17] 함락된 도시에서 탈출한 수많은 난민은 그 전례 없는 공포를 유럽 각지에 전했다. 1241년 겨울 우구데이 칸이 갑자기 사망하자 몽골군은 후계자를 선출하기 위해 모든 전쟁을 중단하고 홀연히 본국으로 철수했다.

단기간에 유럽을 초토화하고 유령처럼 사라진 몽골군의 가공할 전투력과 잔인함은 이후 서양인의 기억에 오랫동안 남았다. 영국 베네딕트회 수도사 매슈 패리스(Matthew Paris)는 1240년 연대기에서 몽골군을 혐오스러운 사탄이며 그리스 신화 속 지옥 악마인 타르타르라고 적었다. 1240년 교황청에서 몽골 제국과 화친을 모색하고자 파견한 조반니 다 피안 델 카르피네(Giovanni da Pian del Carpine)는 자신의 견문록 『몽골의 역사』(History of Mongols)에 이렇게 썼다.

"그들은 뭐든지 다 먹는다. 개, 늑대, 여우, 말 그리고 필요할 때는 인육도."[18]

몽골인에 대한 공포는 이후에도 계속되지만, 실크로드를 통해 교류하고 마르코 폴로 등의 견문록이 널리 퍼지면서 동아시아 문화에 대한 경외감이 여기에 더해진다. 1340년 이탈리아 화가 암브로조 로렌체티(Ambrogio Lorenzetti)가 그린 「프란치스코 수도사의 순교」에는 사신으로 온 몽골 장수의 모습이 그려져 있다. 원뿔형 모자를 쓰고 뒤에 서 있는 얼굴에서 찢어진 눈매, 평면적 눈꺼풀, 사이가 먼 두 눈 같은 동아시아적 특성을 명확하게 읽을 수 있다. 암브로조 로렌체티에게 모델이 있었는지는 알 수 없으나, 유럽인이 동아시아인의 얼굴을 매우 특징적으로 인식하고 있었다는 점은 분명하다.

13~14세기에 걸쳐 유럽인에게 공포와 경외감을 주던 몽골군과 원나라의 영향력은, 그 뒤를 이어 중국을 지배한 명나라와의 교역을 통해 서서히 문화적 영향력으로 바뀌게 된다. 17~18세기 유럽

〈그림 8〉동아시아적 특성을 담은 서양화

▲ 암브로조 로렌체티, 「프란치스코 수도사의 순교」 일부, 1340
시에나 산프란치스코 대성당 소장. 사신으로 온 몽골 장수(가운데)의
얼굴을 그렸다. 찢어진 눈매, 평면적 눈꺼풀,
사이가 먼 두 눈 같은 특징을 명확하게 읽을 수 있다.
▼ 페테르 파울 루벤스, 「한복을 입은 남자」 일부, 1617, 폴 게티 박물관 소장
루벤스가 어떻게 한국 비단옷과 투명한 망건을 접했는지는 미스터리다.

에서는 동인도회사를 통한 동서양 무역량이 증가하면서 시누아즈리(Chinoiserie) 즉 프랑스어로 '중국풍'이라 불리는 유행이 번진다. 유럽인들은 청나라에서 들여온 회화, 공예품, 가구, 건축에 열광했고 특히 도자기는 상류층의 가장 귀중한 수집품이 되었다. 이때부터 도자기는 차이나라고 불리기 시작한다.

이 시기, 바로크 미술의 대가 페테르 파울 루벤스(Peter Paul Rubens)는 동아시아인의 얼굴 모습을 매우 정확하게 스케치로 남겼다. 눈에 쌍꺼풀이 있지만 안와상융기 없이 눈썹까지 평면적으로 이어진 눈꺼풀의 형태가 영락없는 동아시아인이다.

중국풍의 시대를 지나 19세기에 이르자, 자포니즘(Japonism)이라고 불리는 일본풍이 유행하기 시작한다. 특히 우키요에(浮世繪)와 같은 일본 목판화의 색감과 구도는 모네, 고흐, 고갱과 같은 인상주의 화가들을 포함한 서양 미술계에 큰 영향을 미친다. 일본 문화의 영향력은 이후 막강한 경제력과 함께 20세기 후반 전 세계로 확대되었고, 오늘날까지 서양에서 동경의 대상으로 남아 있다.

21세기에 들어서면서 동아시아의 마지막 주자 한국이 새로운 문화강국으로 부상하고 있다. K-컬처로 불리는 한류가 음악, 영상, 문학, 식품, 화장품 등 영역을 가리지 않고 전방위적으로 퍼져 나가는 놀라운 변화의 흐름을, 해외에 거주하는 한국인들은 매일 피부로 느낀다.

몽골 제국의 유럽 정복이 끝나고 800년이 흐른 21세기, 과거 시차를 두고 확산한 동아시아 각국의 문화적 영향력이 동시다발적으로 커지고 있다. 한때 몽골군의 모습에서 느꼈던 날카로움과 두려움은 이제 신비함과 호기심으로 변모하고 있다. 동아시아 출신 스타들의 얼굴이 세계인의 눈에 익숙해지면서, 이제 동아시아인의 눈은 하나의 브랜드가 되어가고 있다.

1945년 설립 이래 서양인의 모습을 본뜬 바비 인형만을 고집하던 마텔(Mattel)사도 1980년대 후반부터 동아시아 인종의 특징을 도입하기 시작했다. 처음에는 서양인의 얼굴 위에 복장과 피부색 정도를 흉내 내는 데 그쳤지만, 오늘날 생산되는 모델은 동아시아인의 눈매와 얼굴의 특징을 살려 시장에서 좋은 반응을 얻고 있다. 2019년 케이팝 그룹 BTS 멤버들을 모델로 출시한 바비 인형으로 마텔사는 해당 분기 전 세계 매출을 10퍼센트 끌어올리는 성과를 거뒀다. 2025년 케이팝 아이돌을 소재로 한 넷플릭스의 애니메이션 영화,「케이팝 데몬 헌터스」의 전 세계적 히트는 다시 한번 동아시아를 바라보는 세계인의 시선을 호감으로 바꾸고 있다.

이러한 문화적 헤게모니의 중심 이동은 성형 대국이라는 오명을 가진 한국의 외모 기준을 바꿀 필요를 보여준다. 몽고주름을 없애고, 쌍꺼풀을 굵게 만들고, 트임 수술로 더 뚜렷하고 큰 눈을 갖고 싶어 하던 지금까지의 기준은 서양인의 눈을 선망하는 욕구를 반영한다. 이러한 욕구는 서양 인형을 가지고 놀고, 서양 영웅들을 대중매체를 통해 접했으며, 미술 시간에 서양 석고상을 그렸던 뿌리 깊은 동경과 종속의 경험에서 비롯했다. 그러나 이제는 서양의 눈을 모방한 성형이 결코 자연스러워 보일 수 없다는 것을 깨닫고 있다.[19]

21세기는 본격적인 '탈서양'의 시대다. 다양성이 핵심 가치로 부상하면서, 우열을 가르던 이분법적 사고는 점차 열린 스펙트럼적 사고로 대체되고 있다. 이러한 흐름 속에서, 서양의 대척점에 서 있는 동아시아의 풍부한 역사와 문화는 기울어진 균형을 바로잡는 데 중요한 역할을 한다. 아름다움은 모방이 아닌 다름에서 비롯한다. 동양의 시선은 서양과 다르다는 점에서 그 가치가 빛난다.

4. 얼굴
눈·코·입이 만드는 무한한 세계

표정을 읽는 방법

「모나리자」의 미소가 유명한 이유는 곧 사라질 듯 미묘한 표정이 만드는 신비감 때문이다. 이에 대한 가장 널리 알려진 해석은 레오나르도 다빈치가 스푸마토(Sfumato)라 불리는 섬세하고 흐릿한 붓질로 색상과 명암의 경계를 모호하게 만들어, 쉽게 파악하기 힘든 표정을 연출했다는 것이다. 그러나 이보다 더 과학적인 해석이 2002년 신경생물학자 리빙스톤(Livingstone)에 의해 제시된다.[1] 시신경 세포의 작동 원리를 바탕으로 한 이 해석을 한 문장으로 설명하면 다음과 같다. 모나리자 입가의 엷은 미소는 눈을 쳐다보면 나타나고 입을 쳐다보면 사라진다.

인간의 눈은 사물을 바라볼 때 초점시와 주변시라는 두 가지 방식을 활용한다. 원추세포가 집중된 망막 중심의 좁은 초점시 영역은 밝은 빛이 비출 때 외부 정보를 정밀하게 파악하는 역할을 하고,

〈그림 1〉 레오나르도 다빈치, 「모나리자」 일부, 1503~1506,
루브르 박물관 소장
모나리자 입가의 옅은 미소는
눈을 쳐다보면 나타나고 입을 쳐다보면 사라진다.

간상세포가 집중된 외곽의 넓은 주변시 영역은 흐릿한 빛의 움직임과 전체적인 주변 상황을 파악한다. 군대에서 야간 사격을 해본 사람은 알 것이다. 주변이 어두워서 표적 식별이 어려울 때, 표적 옆 5~10도 방향을 응시하는 '간접 시점' 사격이 더 효과적이라는 것을 말이다. 초점시로 볼 때 보이지 않던 표적은, 주변시로 보면 어렴풋이 나타난다.

이와 마찬가지로, 모나리자의 미소를 보기 위해서는 입이 아닌 눈을 응시해야 한다. 인간은 입보다는 눈을 중심으로 상대방의 표정을 잘 읽을 수 있게 진화했다. 모나리자의 그 어렴풋한 미소는 얼굴 근육 전체가 만들어내는 음영을 통해서만 인식된다. 따라서 주변시로 넓은 영역을 동시에 바라볼 때 비로소 모습을 드러낸다. 하지만 초점시로 바라본 입은 차분히 닫혀 있을 뿐, 결코 미소를 보여주지 않는다.

웃지 않는 입과 미소 짓는 얼굴. 이 상반된 두 표정이 위화감 없이 공존하는 모나리자의 얼굴은 르네상스 회화의 놀라운 성취다. 다빈치는 관객 시선의 움직임에 따라 잡힐 듯 잡히지 않는, 세상에서 가장 미스터리한 미소를 창조했다. 만약, 상대의 진심이 궁금하다면 눈을 쳐다봐야 한다. 가짜 웃음은 입 모양으로 만들어낼 수 있지만, 얼굴 전체의 근육이 함께 만들어내는 진짜 미소는 억지로 만들기 힘들다.

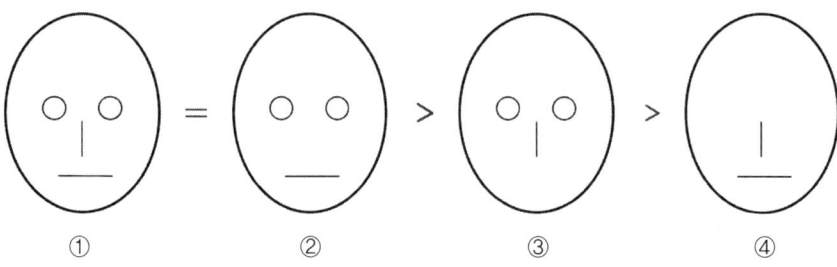

〈그림 2〉 표정을 읽기 쉬운 정도

눈·코·입이 모두 있는 얼굴의 기본 틀 ①과 코만 없는 ②는 표정을 읽는 데 지장이 없다. 하지만 입이 없는 ③은 표정을 읽기 어렵고, 눈이 없는 ④는 표정을 읽기가 가장 어렵다.

인간의 뇌는 다섯 가지 감각을 통해 들어오는 정보 중, 시각 정보 처리에 50퍼센트의 뇌 용량을 할애한다. 그중에서도 특히 사람의 얼굴을 볼 때 더 많은 면적의 뇌 부위가 활성화된다.[2] 이것은 타인의 표정을 읽는 것이 생존에 가장 중요한 문제였다는 사실을 말해준다. 1997년, 과학자들은 얼굴을 볼 때 측두엽의 특정 부위가 강하게 반응한다는 것을 발견하고 이 부위를 방추상얼굴영역(Fusiform Face Area)이라 명명했다.[3]

방추상얼굴영역은 이미 저장하고 있는 얼굴의 기본 틀을 바탕으로 개별 얼굴이 가진 특징과 차이를 더욱 빠르게 간파한다. 이 기본 틀은 동그란 얼굴에 눈·코·입이 원과 직선으로 그려진 것으로, 〈그림 2〉의 가장 왼쪽 얼굴과 같은 단순한 형상이다.

눈·코·입 중에서 코가 없어도 표정을 읽는 데는 아무런 지장이

〈그림 3〉 얼굴을 볼 때 눈동자의 움직임과 스마일 로고
우리가 상대방의 표정을 파악하기 위해 가장 오랫동안 주시하는 곳은
눈이고 그다음은 입이다. 스마일 로고는 이 원리를 이용해
최소한의 정보로 웃는 얼굴을 보여준다.

없다. 하지만 입이 없으면 표정을 읽기가 어려워지고, 눈이 없으면 표정을 읽는 것이 아주 어렵다. 선글라스나 마스크를 쓴 사람과 대화할 때 감정을 읽기 힘든 이유다. 각종 로고와 이모티콘에 코는 생략하더라도 눈과 입은 반드시 넣어야 하는 것도 같은 이유다.

상대방의 얼굴을 볼 때 눈은 도약안구이동(saccade)이라는 빠른 눈 움직임을 통해 중요한 지점을 파악한다. 1963년 러시아의 심리학자 야르부스(Yarbus)는 잡지 속 소녀의 얼굴을 볼 때 눈동자가 어디를 주로 보는지를 3분간 기록했는데, 인간은 본능적으로 상대방의 표정을 파악하기 위해 두 눈을 가장 오랫동안 주시하며 그다음으로 입을 눈여겨본다는 사실을 발견했다.[4] 1963년 미국의 한 그래픽 디자이너가 단 10분 만에 그려낸 스마일 로고가 세계에서 가장 유명한 로고가 된 것은, 웃는 표정을 표현하는 데 눈과 입이면 충

분하다는 것을 간파했기 때문이다.[5]

눈과 입 중에서 표정을 읽을 때 더 중요한 부위를 하나만 골라야 한다면, 그것은 단연코 눈이다. 마음에서 우러나오는 진짜 웃음을 '뒤센 미소'(Duchenne smile)라고 부른다. 최초로 웃음을 체계적으로 연구한 프랑스 의사 르네 뒤센(René Duchenne)의 이름을 딴 것이다. 그 특징은 웃는 입, 올라간 뺨, 좁아진 눈, 아래 눈꺼풀 밑 주름, 눈 모서리 주름, 내려간 눈썹이다.[6] 이 여섯 가지 특징 중 무려 네 가지가 눈과 직간접으로 관련되어 있는 것을 볼 때, 눈과 눈가 근육이 감정을 전달하는 데 얼마나 중요한 역할을 하는지 알 수 있다.

반면, 모나리자의 미소가 모호해 보였던 것은 첫째 조건인 '웃는 입'이 빠졌기 때문이다. 서양권에서는 문자메시지 이모티콘을 사용할 때 두 눈을 상징하는 두 개의 점 아래 다양한 입 모양을 표현한다. 웃음 :) 우울함 :(큰웃음 :D 놀라움 :O 등이 그 예다. 반면 한국에서는 눈 위주로 표현한다. 웃음 ^^ 울음 ㅜㅜ 어리둥절 @_@ 짜증 ㄴ_ㄴ 지루함 __ 등이 그 예다. 눈이 입보다 진실한 감정을 표현하는 데 더 유용하다는 뒤센의 연구를 감안할 때, 한국의 방식이 더 효과적이다.

인간의 뇌가 얼굴을 파악하는 데 더 많은 용량을 할애하는 방향으로 진화해온 결과, 세상의 모든 형태에서 얼굴을 찾는 본능적 강박이 생겨났다. 변상증(變像症, Pareidolia)이라 불리는 이 현상은 주

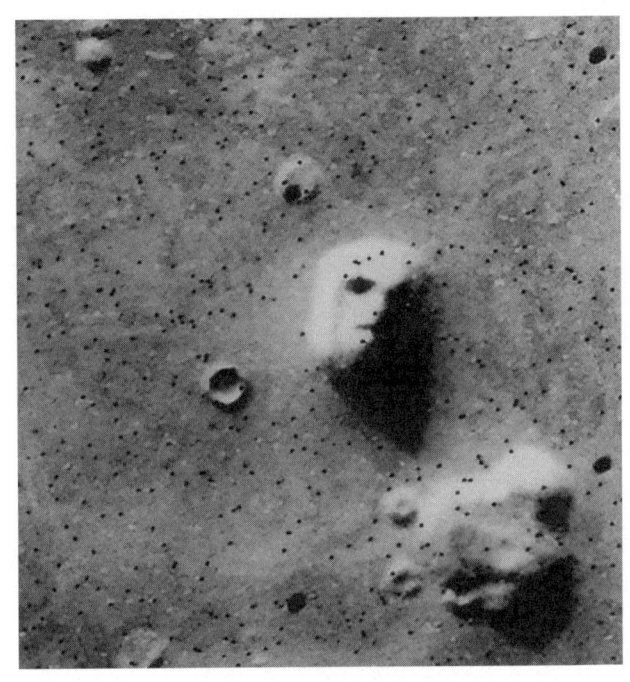

〈그림 4〉 바이킹 1호가 찍은 화성 표면(NASA)
인간은 세상의 모든 형태에서 얼굴을 찾는
변상증이라는 본능을 가지고 있다.

변 형태로부터 우리가 이미 알고 있는 이미지, 특히 얼굴 모습을 떠올리는 현상을 말한다. 〈그림 4〉는 미국 NASA에서 발사한 화성 탐사성 바이킹 1호가 1976년에 찍은 화성 표면의 일부다. 가운데 볼록하게 솟은 지형이 얼굴을 떠올리게 한다는 이유로 온갖 음모론의 중심이 되었다. 우리는 떠가는 구름에서도 얼굴을 찾아내고, 자동차 헤드램프나 바위의 굴곡을 보면서도 사람 얼굴을 떠올린다.

뇌는 눈·코·입이 똑바로 배열됐을 때 표정을 읽을 수 있도록 진화했다. 옆으로 누워 있는 사람의 표정은 잘 파악할 수 없고, 물구나무서 있는 사람의 표정을 파악하는 것은 더더욱 어렵다. 16세기 이탈리아 르네상스 시대의 화가 주세페 아르침볼도(Giuseppe Arcimboldo)는 이 얼굴 역전 효과(Face Inversion Effect)를 이미 이해하고 있었다. 그는 일상적인 사물을 그리면서 그 안에 사람 얼굴을 숨기는 작업으로 명성을 얻었다. 채소가 담긴 바구니 그림을 180도 뒤집었을 때 얼굴이 나타나는 것은 눈·코·입의 순서가 제대로 배열되었기 때문이다.

얼굴을 감지하는 데 최적화된 인간의 능력은 선천적으로 타고나지만, 태어나 자라면서 후천적으로 습득되기도 한다. 유전적으로 자신과 생김새가 비슷한 가족, 친구, 사회 구성원들과 오랫동안 살아온 사람은 주변 사람의 세부적인 표정과 뉘앙스까지도 읽을 수 있다. 그러나 자신과 생김새가 다른 인종이나 다른 문화권에서 온

〈그림 5〉 주세페 아르침볼도, 「정원사」, 1587~1590,
알라폰초네 시립미술관 소장
채소 바구니의 위아래를 뒤집어 보면
사람 얼굴이 나타난다. 인간의 뇌는 눈·코·입이
정상 방향으로 배열되었을 때 완전하게 얼굴을 인식한다.

사람들의 얼굴에서는 그만큼의 정보를 읽어내지 못한다.

케이팝 그룹 BTS가 세계적 스타가 된 이후, 내 영국인 동료의 자녀가 BTS의 팬인 경우가 많다는 것을 알게 됐다. 영국의 다른 도시에서 열리는 BTS 공연에 딸의 보호자로 따라갔다가 졸지에 자기도 팬이 된 중년의 한 교수는, 런던 웸블리 공연에서 정국의 눈물을 보고 자신도 감동의 눈물을 흘렸다는 경험담을 나에게 신나게 털어놓았다. 그런데 한 가지 반전은, 팬을 자칭하는 그녀가 일곱 명의 멤버를 정확히 구분하지 못한다는 것이었다.

"아직도 몇몇은 너무 비슷해서 구분을 못 하겠어. 머리색으로 구분을 해봐도 금방 다른 색으로 염색하지 뭐야!"

나는 그 심정을 충분히 이해한다. 몇 년을 가르쳤어도 아직 얼굴과 이름이 헷갈리는 영국 학생이 나에겐 수두룩하다.

좌우대칭과 미인의 조건

진화론을 만든 다윈의 사촌인 영국의 프랜시스 골턴(Francis Galton)은 괴짜 과학자로 알려졌다. 그는 유니버시티 칼리지 런던(UCL)에서 교수로 재직하며 지문을 통한 범죄 수사법, 최초의 날씨 지도 등을 창안한 통계학 분야의 개척자였으며, 지금은 비난의 대상인 우생학을 창안하여 인종개량을 주창하기도 했다. 한편으로 그는 매우 엉뚱한 연구로도 유명했는데, 예를 들어 신앙심과 수명의 관계를 연구하여 성직자가 일반인보다 더 오래 살지 않는다는 것을 밝혀내기도 했다.

그중에서도 가장 엉뚱한 연구는 '영국 미인 지도'였다. 그는 직접 영국 주요 도시들을 방문하여 지나치는 여성의 매력 정도를 일일이 채점해 도시별 순위를 정했다. 런던이 가장 미녀가 많은 도시였고 에버딘이 가장 추녀가 많은 도시로 조사되었다. 물론 그의 주관적이고 개인적인 평가 결과를 동료 과학자들과 학계는 받아들이지 않았다. 현대 과학 연구방법론의 토대를 세운 골턴 같은 학자도, 미적 기준에 있어서는 어이없을 정도로 비과학적이었던 것이다.

아름다운 얼굴의 기준은 문화와 시대에 따라 변한다. 같은 문화, 같은 시대에 속한 개인 사이에도 언제나 의견 차이가 있다. 그렇다면 그 모든 것을 초월한 아름다움의 기준은 존재할까? 학자들이 인정하는 미의 보편적 기준은 좌우대칭이다. 우수한 유전인자를 가진 사람은 태아로부터 성인이 될 때까지 질병, 스트레스, 공해 등을 이겨내고 신체가 균형 있게 발달했을 가능성이 높다. 따라서 얼굴이 좌우대칭인 사람은 건강한 후손을 생산할 수 있는 짝짓기 대상으로서 더 매력적으로 보이게 되었다는 것이다.

MIT의 심리학자 댄 애리얼리(Dan Ariely)는 좌우대칭 얼굴에 대한 호감도를 증명하는 재미있는 실험을 했다.[7] 그는 학생들에게 설문조사를 해 동등하게 매력적인 두 남학생 얼굴 A와 B를 골랐다.

말하자면 MIT의 조지 클루니와 브래드 피트를 뽑은 것이다. 이후 포토샵을 이용해 이들의 얼굴 좌우대칭을 뒤튼 못생긴 얼굴 -A와 -B를 추가로 만들었다. 〈그림 6〉은 이해를 돕기 위해 저자가 만들어낸 가상 얼굴로, 양쪽에 잘생긴 A, B를 배치하고 첫째 줄엔 못생긴 -A를, 둘째 줄엔 못생긴 -B를 넣었다.

댄 애리얼리는 사진을 들고 학생회관을 찾아가 여학생들에게 누구와 데이트하고 싶은지 물었다. 총 600명에게 물어본 결과는 놀라웠다. -A가 추가된 첫 번째 줄을 보여줬을 때, 75퍼센트의 여학생은 A를 골랐다. 반대로 -B가 추가된 두 번째 줄을 보여줬을 때 75퍼센트의 여학생이 B를 골랐다. 닮았지만 대칭이 무너진 얼굴을 본래 얼굴과 함께 보여주면, 사람들은 그 비교 대상의 존재로 인해 본래 얼굴을 실제보다 더 매력적으로 과대평가한다는, 이른바 미끼 효과(Decoy Effect)를 검증한 것이다. 또한 이 실험을 통해 다시 한번 확인한 것은 얼굴의 호감도를 좌우하는 데 있어서 좌우대칭이 결정적 역할을 한다는 것이다.

우리는 매일 거울을 통해 자기 얼굴을 본다. 그렇게 익숙해진 내 얼굴은 사실 실제와 좌우가 뒤바뀐 모습으로, 실제 내 얼굴은 사진을 통해서만 정확히 알 수 있다. 하지만 거울 속 얼굴에 더 익숙한 우리는 그것이 남들이 바라보는 내 모습이라고 착각한다. 만약 당신 얼굴이 정확하게 좌우대칭이라면 거울에 비친 얼굴과 사진 속 얼굴

  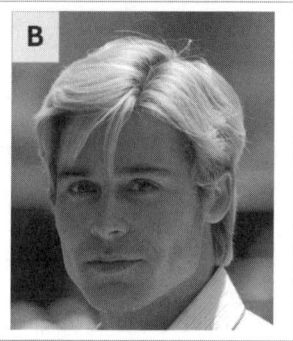

〈그림 6〉 미끼 효과 실험

첫 번째 줄의 사진으로 실험을 한 경우 여학생들은
가장 데이트하고 싶은 상대로 대다수가 A를 골랐다.
하지만 두 번째 줄의 사진으로 실험을 한 경우 대다수가 B를 골랐다.
대칭이 맞지 않는 -A와 -B의 얼굴이 함께 있는
A와 B의 얼굴을 돋보이게 한 것이다.

이 한 치의 오차 없이 똑같을 것이다. 그러나 귀 모양, 점 위치, 머리 가르마까지 완벽한 좌우대칭 얼굴을 갖는 것은 불가능하다.

자기 사진을 보고 늘 잘 안 나왔다고 불평하는 사람은 얼굴이 비대칭일 가능성이 높다. 비대칭 얼굴일수록 사진 속 얼굴은 거울 속 얼굴과 더 다르게 보이고, 이 때문에 뭔가 어색하고 완전하지 못하다고 느낄 가능성이 크다. 다시 말해 자기 눈에 익숙한 형태를 더 호의적으로 바라보는 단순 노출 효과(Mere Exposure Effect)가 개입한 것이다. 자기 얼굴이 대칭이라고 자신하는 사람이 있다면 pichacks.com에 접속해 자기 사진을 업로드해볼 것을 권한다. 아마 깜짝 놀랄 만큼 비대칭임을 깨닫게 될 것이다.

좌우대칭 말고도 얼굴을 더 매력적으로 보이게 하는 요소가 있다. 여성의 경우 둥근 눈썹, 큰 눈, 작은 코, 도톰한 입술, 폭 좁은 얼굴, 작은 턱으로 대변되는 '유아형 얼굴'이 남성 눈에 더 매력적으로 보인다는 것이 대부분의 실험에서 나타난다. 이것은 남성이 성선택을 할 때, 젊은 여성이 더 건강하고 생식 능력이 우수할 것이라고 본능적으로 기대하기 때문이다.[8] 여성을 대상으로 한 화장술과 성형술이 유아형 얼굴을 더 강조하는 방향으로 발전해온 것은 결코 놀라운 일이 아니다.

한편 매력 있는 남성 얼굴에 대한 여성의 관점은 매우 복잡하다. 기본적으로 여성은 눈썹 부위(안와상융기)와 광대뼈가 돌출되고 턱이 큰 남성을 매력적으로 본다. 이렇게 남성성이 강한 남성은 유전자가 더 건강하고, 사냥과 자원 획득에 유리할 것이라는 본능적 판단 때문이다.[9]

하지만 남성호르몬인 테스토스테론 분비로 나타나는 이 형질들은 반사회성이나 공격성과도 연관된다. 따라서 여성은 남성성이 강한 상대를 짧은 만남 상대로는 고려할 수 있지만, 긴 만남 상대로는 원하지 않는 경향이 존재한다.[10] 반면 여성성이 강한 얼굴을 한 남성은 지속적으로 가족에게 봉사할 것이라는 기대를 주기 때문에, 특히 물질적 자원이 부족한 여성일수록 이들을 파트너로 원한다는 연구 결과가 있다.[11]

결론적으로, 남성의 이성 선택 기준은 원시 시대로부터 현재까지 일관성 있게 생식 능력에 바탕을 두는 반면, 여성의 이성 선택은 '건강한 상남자'와 '다정한 훈남' 사이 다양한 변수를 고려해야 하는 복잡한 과정이라고 할 수 있다.

아름다운 얼굴을 판단하는 방법으로 '평균 가설'이라는 이론이 존재한다. 우리가 가장 아름답다고 혹은 가장 매력적이라고 말하는 얼굴은 주변에 존재하는 다양한 얼굴의 평균 형태라는 주장이다. 많은 실험 결과가 이 가설을 재확인한 바 있다.[12] 평균적 형태는 사람들이 느끼는 보편적인 얼굴, 즉 앞서 언급한 얼굴의 기본 틀과 가장 근접하다. 그래서 더 빠르게 인식되고, 마치 정답인 것처럼 느껴진다.

얼굴은 저마다 독특하다. 어떤 얼굴은 턱이 돌출되어 있고 어떤 얼굴은 코가 크고 어떤 얼굴은 이마가 좁다. 그러나 이렇게 다양한 특징을 가진 얼굴들을 모아 평균값을 내면, 평균에서 벗어난 특징들이 서로 상쇄되면서 모나지 않은, 그래서 흠잡을 구석이 없는 가장 보통의 얼굴을 얻을 수 있다는 데에 이 이론의 설득력이 있다. 국제결혼을 한 커플들의 혼혈 자녀 얼굴이 예쁘고 잘생긴 경우가 많은 것도, 어떻게 보면 그들의 얼굴이 글로벌 평균치에 좀더 근접했기 때문일 것이다.

〈그림 7〉은 평균 가설 이론의 권위자인 드브뤼네(DeBruine)와 존스(Jones)의 실험에 사용된 캐나다 온타리오 대학의 학생들 얼굴 사진이다. 왼쪽에 평균 연령 19.3세의 여성 스무 명과 남성 스무 명의 얼굴이 각각 배열되어 있다. 오른쪽의 큰 얼굴은 이들의 얼굴 전체를 합성하여 만든 여성과 남성의 평균 얼굴이다. 평균 얼굴은 실제 학생들의 얼굴과 비교할 때 훨씬 더 반듯한 좌우대칭에 가깝다. 평균에서 벗어난 다양한 굴곡과 특징이 서로를 상쇄함으로써 모나지 않은 평균값이 만들어지기 때문이다.

그렇다면 평균 가설을 바탕으로 만들어진 평균 얼굴이 그 집단 내 최고 미인이라고 말할 수 있을까? 페렛(Perrett)과 동료들은 백인 여성 예순 명의 얼굴을 표본으로 이것을 검증했다. 그들은 예순 명

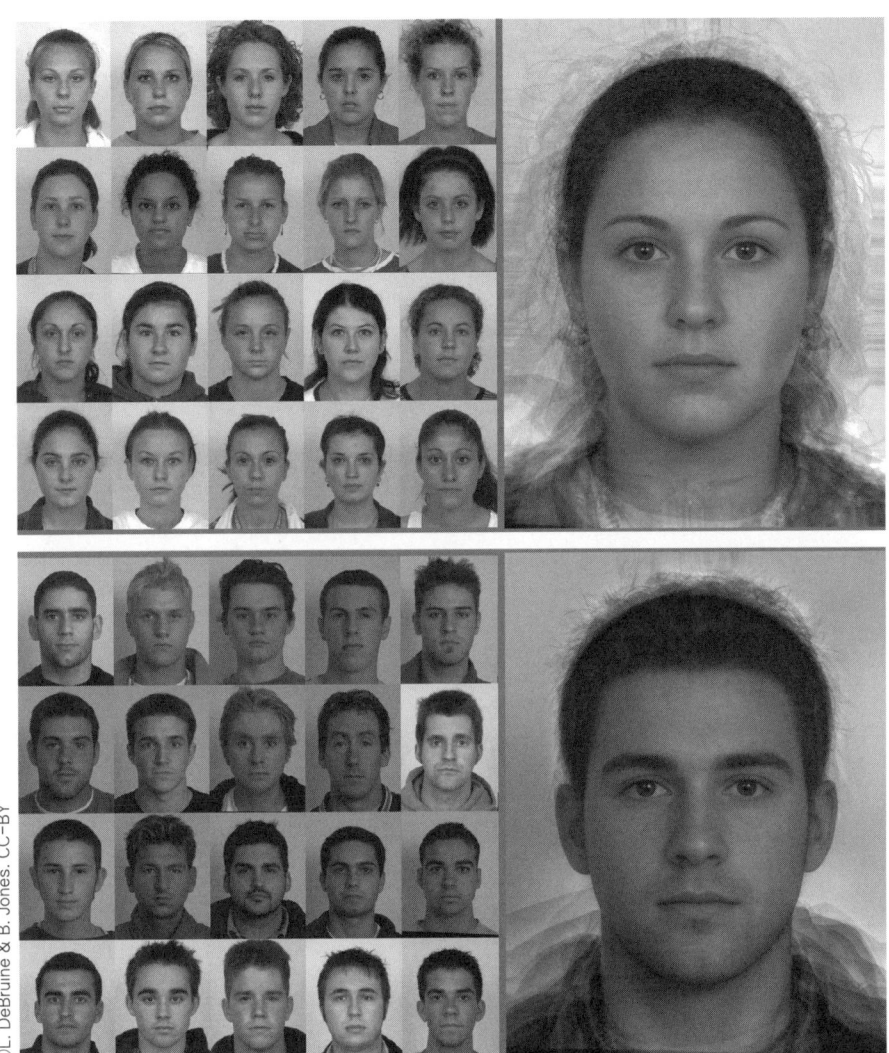

〈그림 7〉 평균 가설 실험
왼쪽 얼굴들은 학생 스무 명의 실제 얼굴,
오른쪽 얼굴은 이들의 얼굴을 합성한 평균 얼굴이다.
평균 얼굴은 반듯한 좌우대칭이다.

전체의 평균값 얼굴보다 예순 명 중 더 예쁜 상위 열다섯 명의 평균값 얼굴이 더 호감을 산다는 것을 발견했다. 또한 상위 열다섯 명의 평균값 얼굴이 가진 매력적인 요소를 인위적으로 과장했을 때 호감도가 더 높아진다는것을 발견했다.[13]

이 실험은 모든 얼굴의 평균값이 '가장' 예쁜 얼굴은 아님을 증명한다. 그럼에도 평균값이 보기 좋은 좌우대칭 얼굴을 만들어낸다는 것은 사실이다. 사람들은 자기 얼굴이 너무 평범하다고 아쉬워하지만, 평균 가설은 평범한 얼굴이야말로 사람들에게 호감을 줄 수 있는 가장 무난한 얼굴이라는 것을 말해주고 있다.

위대하지 않은 얼굴의 역사

얼굴은 한 개인의 정체성을 대변하는 간판이다. "우리가 돈이 없지 가오가 없냐?"라고 말할 때 '가오'(かお)는 일본말로 얼굴을 뜻한다. 얼굴은 개인의 정체성과 자부심을 의미한다는 것이다. 죽어서 이름을 남기고 싶은 것은 인간의 욕구이며, 때로는 사후에 자기 얼굴을 남겨 눈에 보이는 실체로 기억되기를 원한다. 이 때문에 고대로부터 높은 지위를 가진 사람들의 얼굴을 초상화로 남기거나, 사후에 왁스나 석고로 얼굴을 떠서 데스마스크를 만들었다.

사진이 대중화되기 이전인 19세기 중반까지, 데스마스크는 실제 얼굴을 후세에 남기기 위한 가장 유용한 방식이었다. 잘 알려진 데

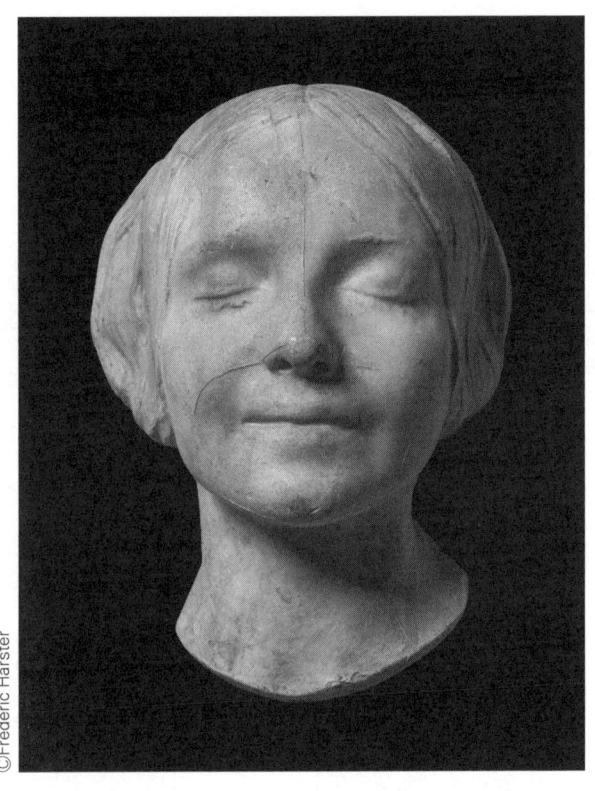

〈그림 8〉 이름 없는 센강의 여인 데스마스크, 프랑스 캉페르 미술관 소장
1880년대 센강에 스스로 몸을 던져 익사체로 발견된
여인의 데스마스크는 그 평온한 미소로 인해
유럽과 미국에서 인기 있는 수집품이 되었고,
1960년 '앤'이라는 인공호흡 교육용
인형의 얼굴로 선택되었다.

스마스크로는 나폴레옹, 베토벤, 링컨의 얼굴이 있지만, 가장 많이 복제된 것은 의외로 〈그림 8〉 속 여인이다. '이름 없는 센강의 여인'으로 알려진 그녀는 1880년대 프랑스 파리의 센강에서 익사체로 발견되었다고 전해진다.

시체 안치소로 옮겨진 그녀를 찾는 연고자는 나타나지 않았고, 시신은 곧 매장될 예정이었다. 스스로 비극적 삶을 마감한 여성의 신비하리만큼 평온한 미소에 매혹된 안치소 직원들이 매장 직전 데스마스크를 만들었는데, 그것이 이 신원 미상 여인의 사후 운명을 완전히 바꿨다. 그녀의 얼굴은 파리 예술가들의 작품에 영향을 미쳤고, 유럽의 수많은 거실에 장식으로 걸렸으며, 이후 미국에까지 복제되어 널리 판매되었다.[14]

20세기 중반, 그녀의 얼굴은 단순한 장식을 넘어 많은 사람의 삶에 영향을 미치는 중요한 존재가 된다. 1960년 노르웨이에서 세계 최초의 심폐소생술(CPR) 교육용 마네킹을 만들 때, 물에서 건져 올린 그녀의 얼굴이 모델로 적합하다고 여겨 본뜬 것이다. 이 마네킹은 '소생한 앤'(Resusci Anne)이라는 제품명으로 각국의 응급의료 관련 단체로 판매되었다. 그렇게 이름 없는 여인에게 앤 혹은 애니라는 애칭이 붙었고, 심폐소생술 훈련 시 "애니, 괜찮아요?"(Annie, are you okay?)라고 환자에게 먼저 물어보는 응급 절차에 따라 많은 훈련생은 그녀의 이름을 반복해서 부르게 되었다.

1987년 마이클 잭슨의 'Bad' 앨범에 수록되어 전 세계적으로 히트한 노래 「Smooth Criminal」의 가사에는 한 여성이 범인의 공격을 받고 쓰러져 심폐소생술을 받는 과정이 그려진다. 이 노래에서 반복되는 중독성 있는 후렴구가 바로 "Annie, are you okay?"다. 150년 전 센강에 몸을 던져 비극적인 삶을 마감해야만 했던 이름 없는 여인은, 그렇게 전 세계인으로부터 괜찮냐는 위로의 말을 듣게 되었다.[15]

위인이 아닌 평범한 얼굴이 역사적 주목을 받게 된 또 다른 사례로 마오리족의 얼굴을 들 수 있다. 〈그림 9〉 속 앉아 있는 백인 남성 뒤로 걸려 있는 얼굴들은 놀랍게도 데스마스크가 아닌 실제 얼굴을 박제한 것이다. 뉴질랜드의 마오리족은 20세기 중반까지 남성의 얼굴에 '모코'라고 불리는 전통 문신을 하는 풍습을 유지했다. 모코 문신을 한 사람이 죽으면 그들의 영적인 힘을 보존하기 위해 신체에서 머리를 따로 분리해 보존했는데, 이것을 모코모카이 (Mokomokai)라고 불렀다.[16]

모코모카이를 만들기 위해서는 우선 분리한 머리에서 뇌와 눈을 제거한 후 모든 구멍을 섬유와 고무로 막는다. 이것을 물에 삶고 훈연한 다음 며칠 동안 햇볕에 말린다. 마지막으로 여기에 상어 기름을 바르면 미라화된 머리가 완성된다. 후손들은 평소에 이것을 상자에 소중히 넣어 보관하다가 신성한 행사 때마다 꺼냈다. 전투에서 획득한 적 부족장의 머리도 같은 방식으로 트로피처럼 보존했고, 이웃 부족과 외교적 협상을 할 때 이를 돌려주거나 교환했다.

현대적 관점에서 충격적일 수 있는 이 같은 전통은, 당시의 시대적·지역적·사회문화적 관점에서 이해해야 한다. 마오리족에게 모코모카이는 시신을 통째로 박제한 고대 문명의 미라나 수행자가 산 채로 미라가 되는 불교의 즉신불처럼 죽은 자의 정신을 기억하기 위한 그들만의 전통이었다.

19세기 초 유럽의 제국주의 열강들이 뉴질랜드에 도착하면서 모코모카이는 부족의 역사를 보여주는 명예로운 상징물에서 서구의 수집가들을 위한 이국적인 특산품으로 그 의미가 변질되기 시작한다. 마오리족이 원하는 총기를 주는 대가로, 수많은 모코모카이가 유럽과 미국의 수집가들에게 팔려나갔다. 총을 확보한 부족에게서 위협을 느낀 다른 부족들이 경쟁적으로 총기를 구입하려 했고, 더 많은 머리를 확보하기 위해 노예와 죄수들은 물론 이웃 부락민을 잡아 문신을 새긴 후 살해하는 등의 폐해가 발생했다.

1831년 식민지 정부는 포고령을 통해 모코모카이를 뉴질랜드 밖으로 판매하는 것을 금지했으나, 밀거래가 한동안 계속되었다. 〈그림 9〉에 찍힌 인물은 영국 육군 장교였던 호레이쇼 고든 로블리(Horatio Gordon Robley)로 뉴질랜드에 머물던 1860년대부터 마오리족의 민속학에 관심이 많았다. 그는 영국으로 돌아온 1880년대 이

〈그림 9〉 허레이쇼 고든 로블리가 수집한 모코모카이
실제 얼굴을 박제한 모코모카이는
마오리 부족의 역사를 보여주는
명예로운 상징물에서, 서구의 수집가들을 위한
이국적인 특산품으로 그 의미가 변질되었다.

후 유럽 각지에 흩어져 있던 서른다섯 개의 모코모카이를 수집했다. 사진은 그가 수집품을 미국 박물관에 판매하기 전, 자택 벽면을 배경으로 찍은 것으로 보인다. 왼쪽 아래 보이는 두 개의 작은 얼굴은 어린이의 머리로 추정된다.

19세기 식민지 시기, 유럽과 미국의 박물관과 개인 수집가들이 수집했던 모코모카이는 1980년대 말부터 뉴질랜드 국립박물관과 마오리 공동체가 펼친 유물 반환 운동에 힘입어 신원 확인과 정식 환영 의식을 거쳐 각 부족에게 반환되고 있으며, 그들의 고향에 영예롭게 안장되고 있다. 지금까지 300여 건의 반환이 성사되었으며, 많은 국가의 우호적 협조로 반환은 계속 진행 중이다.

부족의 살아 있는 기록에서 이윤을 취하기 위한 상품으로 전락했던 모코모카이의 아픈 역사에는 서양 제국주의가 다른 민족을 바라봤던 우생학적 시각과 그로부터 이득을 얻으려 했던 일부 뉴질랜드 원주민의 탐욕과 이기심이 새겨져 있다. 아직도 다른 나라의 수집품으로 남아 있는 수백 개의 모코모카이는 비록 특별한 삶을 살았던 위인의 얼굴은 아니지만, 고향으로 돌아와야 할 누군가의 아버지, 형제, 아들이다.

얼짱 유감

한국은 지구상 어느 나라보다 외모에 큰 가치를 부여하는 나라다. 외모를 중시하는 것 자체는 개인의 자유지만, 사회 전체가 획일적인 외모 평가 기준을 가졌다는 것은 비정상이다. 키우고 싶은 반려견이나 반려묘는 체형과 크기가 다양하면서도 개성 있는 품종을 선호하면서, 왜 사람은 얼굴 크기가 작고 이목구비가 뚜렷하며, 다리가 길고 키가 커야 한다는 한 가지 기준만으로 우열을 가리는가?

방송 프로그램은 물론 학교와 직장에서도 흔히 행해지는 타인에 대한 외모 평가와 비하는 21세기 문화 강국이 된 대한민국에서 없어져야 할 구시대적 악습이다. 한국에서 가장 흔한 놀림의 대상은 얼굴이 크거나 머리가 큰 사람이다. 그런데 재미있는 반전은, 머리통이 클수록 똑똑할 가능성이 높다는 것이다.

영국 바이오뱅크에 등록된 성인 50만 명을 대상으로 한 2016년 의학 조사에 의하면 아기 때 머리둘레가 클수록 뇌의 체적이 컸으며, 이에 따라 성인이 되었을 때 지적 능력이 높고 학업 성취와 직업적 성취도가 더 높은 뚜렷한 상관관계가 나타났다.[17] 당신의 머리통이 크다고 놀리는 사람은 예의가 없을 뿐 아니라 지적 능력이 당신보다 낮을 확률이 높다.

한국의 방송매체는 외모지상주의를 확대 재생산한다. 모델과 배우는 그렇다 쳐도, 정확한 지식과 정보를 전달하는 것이 업무인 뉴스앵커와 기상캐스터를 선발할 때도 전문성보다 시각적 매력에 유난히 높은 점수를 부여한다. 이로 인한 부작용은 사회 전반에 걸쳐 나타난다. 한국의 젊은 구직자들은 면접을 준비하면서 성형을 적극적으로 고려하며, 외모에 자신이 없거나 신체적 장애가 있는 사람들은 사회로 나갈 자신감을 잃는다.

BBC 워싱턴 특파원 개리 오도너휴(Gary O'Donoghue)는 시각장애 때문에 얼굴의 좌우대칭이 평균에서 많이 벗어나 있다. 한국에서는 방송인으로 선호하지 않는 외모를 가진 사람을 BBC를 대표하는 얼굴로 미국에 파견한 것이 우리에게 시사하는 바는 크다. 한국에서 일기예보 방송은 젊고 예쁜 여성 기상캐스터가 진행하는 것이 너무나 당연한 일이지만, 영국에서는 전문성이 있다면 남녀노소 그리고 장애 여부를 가리지 않는다.

방송인 집단이 사회 전체의 다양성을 대변하지 못한 채 외모지상주의를 추구한다면 그들이 부르짖는 사회적 유대와 포용은 공허한 메아리가 될 것이다. 신체적 불구와 그로 인한 외모가 방송국 리포터를 뽑을 때도 감점 요소가 되지 않는 BBC의 포용적 모습은, 아름다움의 표면적 가치를 중시하는 우리나라의 현실에 많은 질문을 던진다.

신영복은 '아름다움'이 '앎'에서 파생된 말로, 삶에 대해 각성하게 하는 것이 아름다움이고 미(美)라고 말했다.[18] 불편하고 부담스러워도 진실을 대면하고 인간 세상을 깨달을 수 있게 해준다면 그것을 진정한 아름다움이라 부를 수 있다. 가족의 유전적 특성과 개인 삶의 흔적이 드러난 그대로의 얼굴은, 그래서 우리 본연의 모습이자 인간적 진실이며 무엇으로도 대체할 수 없는 자신만의 아름다움이다.

1980년 데이비드 린치 감독의 영화 「엘리펀트 맨」(The Elephant Man)의 실제 모델인 조셉 메릭(Joseph Merrick, 1862~1890)은 역사적으로 가장 유명한 기형적 얼굴과 몸을 가진 사람이다. 그는 피부와 뼈가 비정상적으로 성장하는 희귀병인 프로테우스 증후군(Proteus syndrome)으로 인해 극심한 차별과 멸시를 받았다. 그는 1800년대 당시 성행하던 기괴하게 생긴 사람들을 전시하는 프릭쇼(Freak Show)를 통해 겨우 생계를 유지했으나, 그마저도 질병 악화로 거동이 어려워지자 유럽 순회공연 중 수익을 착취당한 채 버려진다.

이후 다행히도 그를 담당했던 외과의사 프레더릭 트레브스(Frederick Treves)의 헌신과 노력으로 신문사를 통한 대중적 동정 여론이 조성되었고 많은 돈이 모금된다. 또한 런던 병원은 다른 환자들과 섞이기 힘든 사정을 고려하여 병원 지하실을 개조하여 그가 홀로 안전하게 머물 수 있도록 도움을 준다. 메릭은 이곳에서 독서, 글쓰기, 공예를 하면서 삶의 마지막 4년을 처음으로 인간답게 보낸 후, 27세의 나이로 사망한다. 그는 죽기 직전, 세상을 향해 자신의 목소리를 담은 다음과 같은 글을 남겼다.

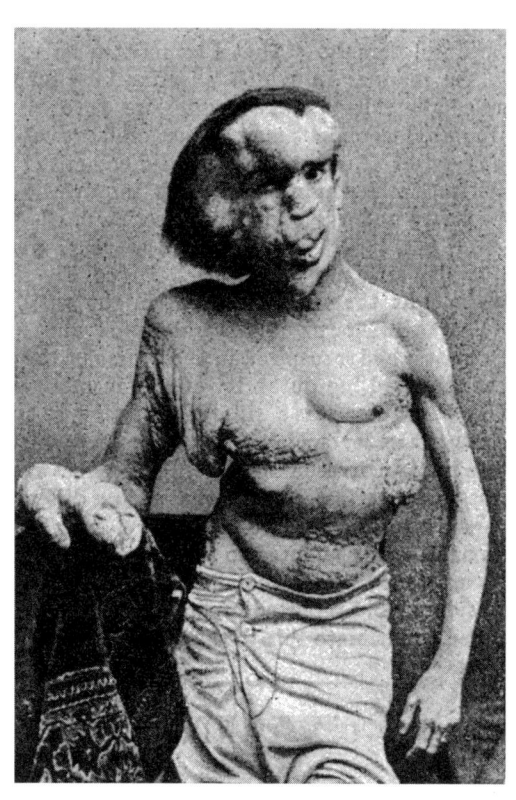

〈그림 10〉 조셉 메릭의 생전 사진
영화 엘리펀드 맨의 실제 모델인 조셉 메릭은
역사적으로 가장 유명한 기형적 얼굴과 몸을 가진 인물이다.
1889년 촬영된 이 사진은 『영국의학저널』에 그의 부고와 함께 실렸다.

내 모습이 기이한 것은 사실이나

나를 조롱하는 것은 곧 신을 조롱하는 것이니

내가 나를 새로 창조할 수만 있다면

반드시 당신을 기쁘게 하리라

내가 북극에서 남극까지 닿을 만큼 키가 크고

태양을 한 손에 움켜쥘 만큼 거대하다 해도

나의 존재는 오로지 영혼으로 평가받아야 하리니

마음이야말로 인간의 진정한 척도인 것이다[19]

5. 웨어
몸에 걸치는 모든 것

인체의 선반

오직 인간만이 스스로 만든 다양한 물건을 몸에 지니고 살아간다. 옷, 신발, 장신구, 손목시계, 가방, 이어폰, 안경, 마스크, 웨어러블 기기까지. 인간이 몸에 착용하는 인공물을 총칭해 흔히 패션 아이템이나 의류 및 액세서리라고 부르지만, 이 책에서는 간단히 웨어(wear)라 지칭하고자 한다.

영어에서 웨어는 놀랍도록 포괄적인 의미를 갖는다. 옷을 입고, 가방을 메고, 모자를 쓰고, 시계를 차고, 신발을 신고, 이어폰을 끼는 것까지 몸에 착용하는 모든 상태를 표현한다. 그뿐만 아니다. 화장하고 향수를 뿌리고 미소 짓는 것도 웨어라는 동사로 표현한다.

명사적 의미로도 웨어는 홈 웨어, 스포츠 웨어, 아웃도어 웨어와 같이 다양한 제품군을 아우르는 표현이다. 웨어는 우리 몸의 굴곡과 크기에 맞춰야 하기 때문에, 웨어가 작동하는 원리를 이해하면 역으로 평소 주목하지 않았던 우리 몸의 재미있는 형태적 특징을 이해할 수 있다.

의복을 포함한 다양한 웨어 제품에는 오랜 기술 발전의 역사가 있지만, 다른 인공물과 달리 그 기본적 형태는 일정하게 유지되었다. 몇천 년 전 무덤에서 발굴된 의복이나 장신구가 재료나 스타일은 달라도 그리 낯설게 보이지 않는 것은 형태에 획기적인 변화가 없었기 때문이다. 이러한 형태적 일관성의 이유는 인체의 수평면과 굴곡을 선반처럼 활용해 옷이 흘러내리지 않도록 해야 한다는 점에서 비롯한다.

네 발로 걷는 포유류 동물들은 척추 방향으로 길게 뻗은 등이 가장 안정적인 선반 역할을 한다. 반면 직립보행을 위해 두 발로 일어선 인간은 척추가 곧추서면서 몸이 위아래로 길고 옆으로는 폭이 좁게 진화했고, 이에 따라 넓은 등은 선반의 용도를 잃었다.

하지만 다행히도 인간에게는 다른 영장류보다 넓고 수평에 가까운 어깨가 있다. 침팬지나 오랑우탄의 어깨는 좁고 몸의 중심축에 붙어 있다. 팔로 나뭇가지를 잡고 몸무게를 버티기 유리한 골격 구조다. 반면 인간은 돌도끼를 휘두르거나 창을 던지는 회전력을 극대화하는 것이 생존에 유리했고, 팔이 몸의 중심축에서 멀어지는 방향으로 진화한 끝에 어깨가 넓어졌다.[1]

인생에서 힘든 일을 겪을 때 동서양을 가리지 않고 관용구처럼 말하는 '어깨에 짐을 짊어지다'라는 오래된 표현은 모든 신체 부위 중 어깨가 가장 유용한 선반이라는 것을 증명한다. 1959년 폴 앵카(Paul Anka)의 세계적 히트곡 「Put Your Head on My Shoulder」는 사랑하는 여인이 머리를 기대고 의지할 수 있는 남성의 어깨를 부각한다. 남녀평등 시대에 다소 철 지난 표현이지만, 인체에서 최고의 선반은 어깨라는 것을 잘 보여준다.

어깨를 제외하면 우리 몸의 수평면은 그리 많지 않다. 머리 윗면은 면적이 작고 경사가 있어 안정적인 수평면을 제공하지 못한다. 하지만 많은 문화권에서, 특히 남성에 비해 어깨가 좁은 여성들이 머리 위에 짐을 얹고 운반하는 이른바 '머리 운반' 방식을 보편적으로 사용해왔다. 대부분 짚이나 천을 도넛 모양으로 동그랗게 말아 머리 위에 대서 경사진 면을 평탄하게 만들고 동시에 딱딱한 머리뼈를 완충시킨 후, 그 위에 항아리나 여러 종류의 짐을 올린다. 한국에서는 이 머리받침을 똬리라고 불렀다. 뱀이 동그랗게 몸을 말고 있는 모습을 '똬리 틀었다'고 표현하는 것도 여기서 유래했다.

비록 무거운 물건을 올리지 못하지만 머리 윗면은 일상생활 속에서 다양한 물건을 올려놓는 데 활용된다. 헤어스타일을 고정하기 위해 머리띠를 얹고, 안경이나 선글라스를 잠시 벗을 때 올려놓기도 한다. 일본인들은 대중목욕탕이나 온천탕에 몸을 담글 때 들고 들어간 작은 수건이 젖지 않도록 머리 위에 올려놓는다.

〈그림 1〉 머리에 물동이를 이고 가는 여성들

▲ 파키스탄 타르 사막의 여성들.

▼ 1940년대 초 물동이를 이고 가는 한국의 여성(諏方史郞, 『마산항지』, 1926).

다음으로 수평면이 넓은 부위는 발등이다. 하지만 걷기 위해 쉼 없이 움직여야 하는 발등이 안정적인 선반 역할을 할 수는 없다. 다만 파트너의 두 발을 올려놓고 함께 춤추는 장난을 하거나 축구공을 올려놓고 무게중심을 잡는 묘기를 부릴 때 발등은 잠시 유용한 선반이 된다.

어깨, 머리 위, 발등을 빼면 마지막으로 남은 수평면은 귀다. 전통적으로 가장 각광을 받은 귀의 선반 역할은 펜을 잠시 귓바퀴와 머리통 사이 좁은 틈에 끼워 올려놓는 것이었다. 펜을 내려놓을 곳이 마땅찮은 일터에서 이곳은 우연히도 딱 좋은 수납공간이 되었다.

현대사회에서 귓바퀴를 선반으로 이용하는 가장 대표적인 제품은 안경이다. 지금은 안경다리를 양쪽 귓바퀴 윗면에 걸치는 방식이 너무나 당연하지만, 안경이 처음 개발된 중세 시대에 귀에 걸치는 방식은 존재하지 않았다. 콧등에 살짝 올려놓거나 손으로 들고 보는 방식이 대부분이었고, 그마저 소수의 사람이 제한적으로 사용하는 장치였다. 1900년대 초까지만 해도 눈이 나쁜 것은 '불구'의 일종으로 받아들여졌고, 안경은 신체적 결함을 보완하는 보철물로 여겨졌다.[2]

20세기 이후 정보량이 많아지면서 안경으로 시력을 보완해야 하는 인구가 늘어나자 안경에 대한 부정적인 인식은 서서히 바뀌기 시작했다. 1903년 특허를 받은 프린스네즈(Prince-nez) 안경은 스프

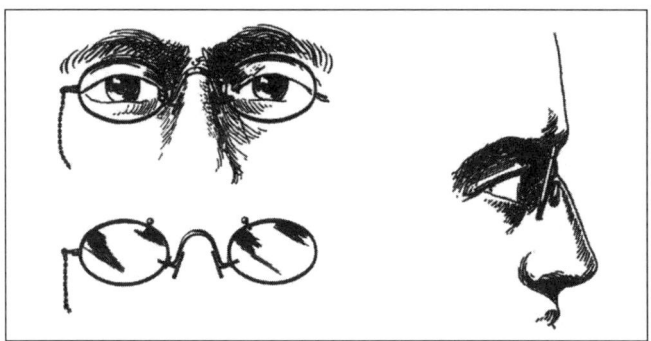

〈그림 2〉 중세와 근대의 안경
▲ 토마소 다 모데나, 「생셰르의 휴」, 1352, 산니콜로 수도원 소장.
▼ 안경테 없이 콧등의 스프링으로 고정되는 프린스네즈 안경, 1903.

링으로 콧등을 조이는 방식을 채택했다. '프린스네즈'는 프랑스어로 왕자의 코라는 뜻인데, 지적이고 귀족적인 스타일을 추구한다는 것을 강조하는 상표명이다. 안경다리가 달린 제품은 노인이나 신체적 결함이 있는 사람을 위한 것이라는 선입견이 남아 있었기 때문이다.

한국에서 1980년대까지 안경을 쓰는 초등학생은 수가 적었다. 드물게 안경을 쓰는 친구들은 어김없이 '안경' '싸이클' 등 별명이 붙곤 했다. 눈이 나쁘지 않은 사람도 패션 아이템으로 안경을 쓰는 현재 트렌드는 안경을 바라보는 사회적 인식이 크게 바뀌었음을 보여준다.

청각을 증폭시키는 보청기·청진기·이어폰 같은 작은 기기들도 귀의 굴곡과 수평면을 이용한다. 이런 기기는 이갑강(耳甲腔)이라 부르는 귓바퀴 안쪽 작은 수평면에 얹거나 귓구멍에 끼우는 방식이 많다. 소리를 잘 모아 듣기 위한 귀의 굴곡진 형태가 인공 기기를 거치하기 위한 유용한 선반이 된 것은 진화적 관점에서 매우 뜻밖의 일이다.

애플이 2016년 출시한 에어팟이 혁신적이었던 이유는 미니멀한 스타일과 인체공학적 디자인 그리고 귀에 꽂으면 자동 연결되는 편의성을 통해 사용자 경험을 다른 차원으로 끌어올렸기 때문이다. 특히 에어팟은 무게중심을 귀 안쪽으로 이동시키고 귓바퀴의 돌출부를 난간처럼 활용해 기존의 '끼워넣는' 방식과 달리 이갑강 선반 위에 '올려놓는' 듯한 편안한 착용감으로 장시간 착용할 수 있게 했다. 에어팟의 세계적 히트 이후 무선이어폰은 귀걸이처럼 패션의 일부가 되어가고 있으며, 당시 애플 수석 디자이너였던 조니 아이브 (Jony Ive)의 말처럼 사용자 신체의 일부가 되어가고 있다.

세로띠와 가로띠

어깨나 머리 위에 물건을 높이 올리고 운반하는 원시적 방식은 물건의 무게중심이 높아 쉽게 흔들리고 떨어뜨리기 쉽다. 그래서 인류는 운반을 돕는 기구를 개발했다. 그중 가장 오래된 것이 끈 달린 가방이다. 가방을 어깨에 메면 물건을 편하고 안정적으로 운반할 수 있으며, 동시에 두 손을 자유롭게 활용할 수 있다. 선사 시대 인류에게는 엄청난 발명이었을 것이다. 이처럼 신체의 수평면에 세로 방향으로 줄을 걸어 무게를 지탱하는 방식을 '세로띠 방식'이라 부를 수 있다.

고고학적으로 발견된 가장 오래된 세로띠 가방은 기원전 3300년 경 청동기 후기에 살았던 외치(Ötzi)의 소지품이다. 1991년 알프스 산맥을 여행하던 관광객이 외치의 미라와 배낭, 원통형 용기, 화살통을 발견했다. 배낭은 폭 40센티미터 정도의 나무틀로 지지되는 구조였고, 원통형 용기는 자작나무 껍질로 된 지름 18센티미터, 높이 20센티미터 크기로 가장자리에 끈을 맨 흔적이 있었다. 화살통은 사슴 가죽을 긴 개암나무 막대가 지지하는 형태로 그 안에 열두 대의 화살대와 두 개의 화살촉이 들어 있었다.

어깨에 메는 가방 이외의 세로띠 제품으로는 헤드폰과 멜빵이 있다. 세로띠 방식은 착용이 쉽지만, 자세가 기울어져 수평면을 유지하지 못하면 흘러내린다는 단점이 있다. 이를 방지하기 위해 하나의 가방에 두 개의 띠를 달아 양쪽 어깨에 걸쳐 메는 배낭이나 반대편 어깨에 끈을 걸어 대각선 방향으로 걸치는 크로스백이 만들어졌다. 세로띠 방식은 '어깨에 걸치거나 올려놓다'라는 뜻인 우리말 동사 '메다'로 흔히 표현된다.

세로띠와 반대로 가로 방향으로 몸에 띠를 두르는 것을 '가로띠 방식'이라고 부를 수 있다. 가로띠는 허리띠, 목걸이, 팔찌, 반지, 손목시계처럼 착용되는 지점보다 그 아래쪽 신체 부피가 더 커서 아래로 흘러내리지 않는 원리를 이용한다. 예를 들어 허리띠는 허리둘레보다 큰 엉덩이둘레를 이용해 바지가 아래로 흘러내리지 않도록 고정시킨다. 물론 엉덩이보다 배가 더 많이 튀어나와 허리띠를 매도 바지가 흘러내리는 배불뚝이 신사들은 어쩔 수 없이 세로띠 방식인 멜빵으로 이를 보완해야 한다.

가로띠를 착용하기 위해서는 둘레가 더 큰 부위를 통과해야 하는 경우가 많다. 이 때문에 시계나 목걸이처럼 줄을 일시적으로 풀

든가 고무밴드처럼 늘이든가 아니면 반지처럼 살짝 힘을 가해 밀어 넣는 적절한 디자인 아이디어가 필요하다. 몸의 잘록한 부분에 걸치거나 끼우는 방식으로 착용하기 때문에 가로띠 방식은 '물건을 몸의 한 부분에 달아매거나 끼워서 지니다'라는 뜻의 우리말 동사 '차다'로 흔히 표현한다.

세로띠 방식과 달리 가로띠 방식은 외부의 힘이 작용하지 않으면 좀처럼 벗겨지는 일이 없다. 가로띠 방식은 세로띠 방식처럼 무거운 물건을 달아매기에는 적합하지 않지만, 잘 끊어지지 않는 가죽이나 금속 재료를 활용해 몸에 항상 붙어 있는 제품을 만들기에 적합하다. 이 때문에 한편으로는 부와 신분을 과시하기 위한 목걸이·반지·손목시계 같은 귀금속 사치품으로 발전했고, 다른 한편으로는 범죄자를 구속하는 수갑·족쇄·목에 두르는 칼 등으로 발전했다.

가로띠 방식은 결국 사회적·경제적 신분의 높고 낮음을 눈으로 보여주는 최적의 방식이 되었다. 마야 유물들처럼 오래된 귀족과 왕족의 무덤을 발굴할 때 나오는 유물 중 신분을 상징하는 값비싼 장신구와 귀금속은 대부분 가로띠 제품이다.

동서고금을 막론하고 왕들이 쓰던 금관 그리고 각종 격투기의 챔피언 벨트는 모두 가로띠 방식을 통해 가장 높은 곳에 오른 사람의 성취와 신분을 표시한다. 하지만 장식 효과를 지나치게 강조한 나

〈그림 3〉 신분을 나타내는 가로띠
▲ 마야 팔렌케(Palenque) 무덤에서 발굴한
붉은 여왕의 귀금속 유물(672년경).
▼ 목에 칼을 찬 조선의 죄수들.

〈그림 4〉 아기를 업는 두 가지 방법
▲ 세로띠로 아기를 업은 에콰도르 여성.
▼ 가로띠로 아기를 업은 네팔 여성.
세로띠로 아기를 업으면 하체가 자유로워 이동이 쉽고,
가로띠로 아기를 업으면 상체 움직임이 상대적으로
자유로워 일을 하기 편하다.

머지 일상적으로 착용하기는 불편하다.

왕들의 금관은 너무 높고 무거워서 특별한 행사에만 잠시 쓰이는 상징적인 물건이다. 챔피언 벨트도 허리에 계속 매고 있기에는 너무 크고 무거워서 챔피언이 어깨에 세로 방향으로 걸고 인터뷰하는 모습이 자주 보인다. 신분을 상징하는 가로띠가 실용적인 세로띠로 잠시 이동한 재미있는 상황이다.

천으로 아기를 감싸 안거나 업는 것을 영어로 '베이비웨어링' (babywearing)이라 표현한다. 고대 이집트 벽화와 중세 기독교 종교화에서 세로띠로 아기를 운반하는 모습을 볼 수 있다. 세로띠는 어깨가 무게를 지지해 하체가 자유롭고 장거리 이동에 적합하다. 하지만 아기를 업은 채 제자리에서 일을 해야 할 경우, 상체의 움직임을 어렵게 만든다. 특히 몸을 숙여야 할 경우 불편하다. 이 때문에 아기를 업고 집안일이나 바깥일을 하는 문화가 보편적인 아시아, 남미, 아프리카에서는 가로띠 방식을 많이 활용했다. 가로띠는 무게를 위로 당겨주지 못하지만 골반의 경사면이 아기를 받쳐 이를 보완한다. 우리나라의 포대기도 농사일을 할 때는 천에 달린 긴 줄을 가슴 위쪽과 허리 주변에 가로띠 방식으로 감아 맸고, 장거리 이동 시에는 어깨 너머 세로띠 방식으로 맸다.

대부분의 의복은 가로띠와 세로띠를 다양하게 조합하는 형태로 발전했다. 셔츠는 어깨에 걸쳐지면서 동시에 목과 팔목에서 가로 방향으로 조여진다. 모자는 머리통을 가로로 조이면서 동시에 머리 위에 세로로 걸쳐진다. 신발은 발목 주위를 조이는 가로띠와 발등을 감싸는 세로띠가 합쳐진 형태다. 이외에도 멜빵, 브래지어, 가터벨트처럼 가로띠와 세로띠가 서로 보완하며 흘러내림을 방지하는 다양한 의류 제품이 존재한다.

불편함은 권력이다

동서고금을 막론하고 초상화 속 왕과 왕비의 복장을 보면 의복과 장신구가 과도하게 꾸며진 것을 볼 수 있다. 감탄할 만큼 멋있고 위엄 있어 보이지만 막상 그 옷을 입고 있는 사람들의 몸과 마음은 편했을까? 자신의 권위와 힘을 보여주는 것에서 희열을 느꼈을 수도 있지만 시중을 받아 입고 벗는 복잡한 과정부터 입고 있을 때 취해야 하는 자세까지, 불편함은 이루 말할 수 없었을 것이다.

노르베르트 엘리아스(Norbert Elias)의 '문명화과정 이론'에 의하면 권력자와 상류층의 '의도된 불편함'의 근원에는 '욕망을 감추고, 욕구를 부정하고, 감정에 반하는 행동'을 통해 절제와 자기 관리를 보여줘야 한다는 계급적 우월 의식이 자리 잡고 있다.[3]

역사학자 캐럴린 스티드먼(Carolyn Steedman)은 18세기 영국 상류층의 신체가 과도하게 장식된 의복에 속박된 부자연스럽고 경직된 자세, 느린 동작, 제한된 제스처를 통해 감정의 통제를 추구했다고 말한다. 이는 몸을 자유롭게 움직이거나 힘쓰는 것을 어렵게 했고, 상류층은 육체노동을 하지 않는다는 이미지를 강화시켰다.[4] 이렇게 불편한 옷과 불편한 자세는 지배계층의 배타적 지위를 유지하기 위한 문화적 코드가 되었으며, 동시에 자신들에게 절대복종하는 집단에게 '불편함을 강요'하는 것으로 확대재생산된다.

2022년 영국 엘리자베스 2세 여왕이 서거했을 때 웨스트민스터 홀에 안치된 시신을 네 방향에서 지키는 근위병은 여섯 시간의 근무시간 동안 한 번에 20분씩 미동도 없이 서 있었다. 73세인 찰스 황태자와 그 자식들도 15분씩 이를 수행하는 고통을 감내해 차기 권력자의 자격을 힘들게 증명했다.

호위병 중 몇 명이 졸도해서 실려 나간 것이 뉴스에 보도될 만큼 힘든 고역을 왜 국왕 장례 절차로 만들어놓은 걸까? 그것은 스스로 육체적 불편과 고통을 감수하고 동시에 많은 사람에게 이것을 강요할 수 있는 것이 바로 권력의 힘이기 때문이다. 국빈 방문 시 국가원수가 총칼을 꼿꼿이 세운 채 미동도 없이 서 있는 군인 수백 명을 사열하는 것도 남에게 불편함을 강요할 수 있는 권력자의 힘을 과시하는 관습이다. 북한, 러시아, 중국에서 군사 퍼레이드를 할 때, 군인들이 무릎을 펴고 앞으로 발을 높이 들어 올리는, 일명 거위걸음(Goose Step) 동작을 취하는 것도 국가권력의 위엄과 군대의 복종을 극적으로 연출하기 위한 수단이다.

지배계급의 문화적 코드였던 의도된 불편함은 산업혁명 이후 예의·매너·교양 등의 이름으로 포장되어 중산층으로 퍼져나갔다. 특히 상류층의 드레스 코드는 19세기 섬유산업이 기계화되고 대량생산되면서 일반 대중의 패션으로 흡수되었다.

등 뒤에 단추나 지퍼가 달리고 넉넉한 호주머니가 없는 여성복은 과거 하녀들의 시중을 받아 옷을 입고 개인용품을 하녀들에게 들게 했던 상류층 복식문화의 전통을 계승한다. 외투와 조끼에 모자까지 갖춰 입는 상류층의 남성복은 19세기 중산층을 넘어 노동계급까지 확산되었다.

어깨띠 없이 손잡이만 달린 서류 가방도 지배층 문화의 산물이다. 신체적 자유를 제한하지만 가치 있는 물건을 손으로 직접 통제하려는 격식과 태도를 보여준다. 지금도 미국 대통령을 수행하는 장교가 들고 있는 핵가방(Nuclear football)이나 영국 재무장관이 한 해 예산안을 발표할 때 들고 나오는 빨간 서류 가방처럼 고위 관료의 업무에 권위와 품격을 더한다. 오늘날에는 다양한 전문직 종사자들의 패션 액세서리로 보편화되어 사회적 위상과 일에 대한 자부심을 표현하는 수단으로 활용되고 있다.

여성 패션에서 의도된 불편함의 대표적 사례로 코르셋의 역사를 빼놓을 수 없다. 16세기 처음 등장한 코르셋은 허리를 조이고 가슴을 강조해 이상적인 '모래시계' 체형을 만드는 상류층 여성의 특권

〈그림 5〉 영국 예산안 가방
리시 수낙(Rishi Sunak) 영국 전 총리가 재무장관 시절
예산안이 든 빨간 가방을 내보이는 모습.
어깨띠 가방과 비교했을 때 손가방은 신체적
자유를 제한하고 힘이 더 드는 방식이지만,
이러한 불편함으로 인해 권위, 규율, 전문성을
보여주는 상징적 수단이 된다.

이자 상징이었다. 하지만 그 배경에는 여성의 신체를 억압하고 통제하려는 남성 중심 사회의 문화적 규범과 성적 지배욕구가 깔려 있다. 19세기 빅토리아 시대에는 허리를 극단적으로 조이는 타이트 레이싱(tight lacing)이 유행하면서 호흡곤란, 장기 압박, 척추 변형 등의 부작용을 낳기도 했다. 19세기 후반에는 이를 의식해 전기 코르셋 혹은 자석 코르셋이라는 이름의 제품도 등장했다. 코르셋 업체들은 전자기 에너지가 다양한 질병을 치료한다는 비과학적 마케팅으로 판로를 넓히려 했다.[5]

20세기에 들어와 점차 시들해지던 코르셋의 인기는 1980년대 이후 마돈나 같은 팝스타들이 무대의상으로 활용하면서 다시 인기를 얻기 시작했고, 여성의 자기표현 수단으로 다시 조명받게 되었다. 의도된 불편함이라는 상류층 문화코드에서 비롯된 코르셋은 아직 여성에 대한 성적 억압과 여성들의 자기표현이라는 두 관점 사이를 표류하고 있다.

19세기 중반 유럽과 미국에서 유행하던 크리놀린(crinoline)은 치마를 종 모양으로 부풀리기 위한 속옷이다. 처음에는 뻣뻣한 천으로 만들었으나 점차 철사로 만들게 되었다. 당연히 무겁고 불편했을 뿐만 아니라, 직경이 1~2미터나 되는 넓은 치맛자락에 촛불, 램프, 벽난로의 불꽃이 쉽게 옮겨붙었고, 크리놀린을 쉽게 벗을 수 없었던 여성이 불에 타 사망했다는 기사가 신문에 자주 실렸다.

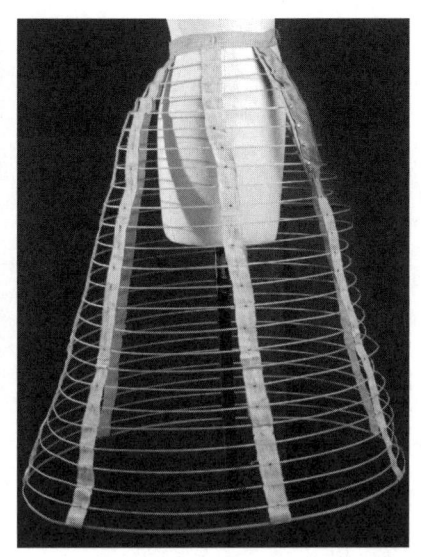

〈그림 6〉 여성용 보정 속옷

◀ 치마를 종 모양으로 부풀리기 위한 속옷 크리놀린.
▶ 오늘날 겉옷 안에 착용하는 일명 '엉뽕'의 원조격인 버슬.
크리놀린과 버슬을 착용하면 의자에 앉기 힘들었고
화장실 사용 시 큰 불편함을 겪었다.
직경 2미터에 이르는 크리놀린에 불꽃이
옮겨 붙어 사망하는 사고도 많았다.

이에 따라 1860년대 이후 새로 각광받은 것이 버슬(bustle)이다. 크리놀린과 달리 엉덩이 뒤쪽을 주로 부풀리기 위해 직물이나 금속 프레임을 허리에 매다는 형태로, 오늘날 겉옷 안에 착용하는 일명 '엉뽕'의 원조격이라 할 수 있다. 코르셋, 크리놀린, 버슬을 착용한 여성은 몸을 구부리거나 의자에 앉기 힘들었고, 입고 벗기가 어려워 화장실을 사용할 때 큰 불편함을 겪었다.

승마복은 오늘날 남녀 모두 바지 위에 가죽 부츠를 신는 것이 표준으로 여겨진다. 하지만 당시 유럽에서는 여성이 바지를 입는 것이 금기시되었고 더군다나 다리를 벌려 앉는 것을 정숙하지 못하다고 여겼다. 여성은 롱스커트를 입고 두 다리를 말 안장 한쪽으로 모아 앉아야 했다. 중심을 잡기 힘든 이런 자세는 수많은 낙마 사고를 유발했다.

이를 방지하기 위해 19세기에 뿔 모양의 구조물이 무릎을 고정하는 사이드 새들(side saddle)이라는 여성용 안장이 개발되었지만, 긴 치맛자락이 안장이나 발굽에 걸려 말에게 밟히거나 끌려가다 사망하는 사고가 끊이지 않았다. 그러자 이번에는 앞치마처럼 앞쪽만 덮는 승마용 치마가 개발되기에 이르렀다.[6]

남성과 같은 자세로 말에 앉으면 간단히 해결되는 문제지만, 당시 세계관은 이것을 오히려 상류층 여성의 우아함과 권위를 드러내는 특권으로 해석했다. 여성들은 이 어렵고 위험한 승마 자세를 익

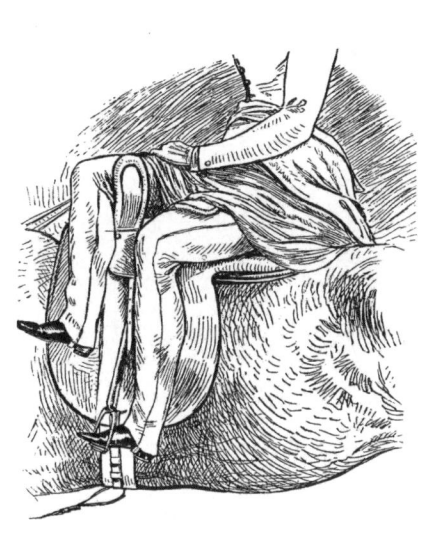

〈그림 7〉 여성의 승마
◀ 19세기 승마 교본에 실린 여성용 안장에 앉는 법.
▶ 19세기 후반 스웨덴의 여성 승마 연습 기계.

히기 위해 실내용 승마 연습 기계 위에 긴 치마를 입고 옆으로 앉아 오랜 시간을 버티는 노력을 마다하지 않았다.

웨어러블의 발전과 증강신체

웨어러블(wearable)은 신체에 착용하거나 부착하는 모든 테크놀로지 제품을 일컫는다. 웨어의 긴 역사에서 웨어러블은 고작 지난 수십 년 사이 생겨난 새로운 영역이다. 하지만 신체 기능을 보완하는 기존의 단계에서 점차 신체의 기능을 증강하는 방향으로 발전하면서 향후 인류의 생존 방식을 근본적으로 바꿀 것으로 전망된다.

건강과 행복을 추구하는 일차적 단계를 넘어, 기계와 합체해 생물학적 한계를 넘어서는 신체 능력을 추구하는 관점을 트랜스휴머니즘(Transhumanism)이라고 부른다. 현재 휴머니티 플러스 (Humanity Plus)라는 이름의 세계 트랜스휴머니즘 협회를 중심으로 활발한 학술적·실무적 논의가 전개되고 있다.[7] 웨어러블로 능력이 향상된 신체를 증강신체라고 정의한다면, 피부를 경계로 체외증강과 체내증강으로 구분하여 살펴볼 수 있다.

체외증강의 대표적 장치인 외골격은 현재 산업·의료·군사 분야에서 근력 지원 및 재활 보조 용도로 빠르게 상용화되고 있다. 바이오닉 팔다리는 사용자 신경과 근육의 신호를 감지해 자연스럽게 움직이는 단계에 도달했다. 2022년 영국의 사라 데 라가르드라는 여성은 열차와 승강장 사이 틈으로 떨어져 바퀴에 깔려 오른팔과 오른다리를 잃었다. 2024년 세계 최초로 AI 기반 바이오닉 의수와 의족을 착용한 그녀는 이제 물병을 들고 연필을 잡고 딸의 머리를 빗겨줄 수 있을 만큼 손의 기능을 되찾았으며, 의수와 의족을 한 여성으로서는 최초로 킬리만자로 정상을 정복했다.

틸리 로키라는 영국 소녀는 아기 때 뇌수막염으로 두 손을 잃었으나 디자인이 화려한 로봇 의수를 착용하면서 소셜미디어 스타가 됐다. 2025년 업그레이드된 그녀의 의수는 360도 손목 회전에 방수는 물론이고, 몸에서 떼어놓아도 팔 근육의 움직임을 통해 원격으로 제어된다.[8]

만약 이러한 원격 동작 제어 기술이 더 발전한다면 애니메이션 속 가제트 형사처럼 몸을 움직이지 않고도 먼 거리에 있는 물건을 손이 단독으로 기어가 잡고 조작하는 일이 가능해질 것이다. 향후 외부 증강신체는 작고 가벼워져 장시간 착용의 불편함을 없애고, 잡는 물건의 질감을 촉각으로 인식하는 단계로 발전할 것이다.[9]

내부 증강신체 분야에서는 인공장기, 인공뼈, 이식형 전자장치, 나노칩 기반 장치 등이 활발하게 개발되고 있다. 인공심장과 인공췌장은 의료 분야에서 이미 사용되고 있으며, 인공망막 제품과 인공와우도 상용화에 성공했다. 뉴럴링크(Neuralink)사의 뇌 임플란트는 사지마비 환자의 디지털 기기 제어를 이미 성공시켰다. 싱크론(Synchron)

사는 뇌혈관을 통해 뇌에 칩을 삽입하는 데 성공했다. 이 두 기업은 2030년까지 뇌 신호를 직접 해석해 디지털-생물학적 하이브리드 신체를 구축하는 것을 목표로 삼고 있다. 이처럼 미래의 웨어러블은 제2신체의 개념을 넘어 뇌-컴퓨터 연결 기술을 바탕으로 증강신체가 생물학적 신체와 통합되는 차원으로 진입할 것이다.

증강신체의 진화는 다양한 철학적·윤리적·사회적 논쟁을 촉발할 것이다. 증강신체를 가진 이들이 사고를 일으켰을 때의 법적 책임 문제 그리고 이식형 장치가 수집하는 생체 데이터의 프라이버시와 보안 문제가 중요한 이슈가 될 것이다. 또한 인간, 증강신체, 로봇 간의 생산성 격차는 기존 고용구조에 큰 변화를 초래할 것이다.

경제력에 의한 사회적 불평등이 심화될 위험도 존재한다. 첨단 바이오닉 의수의 가격은 최소 2만 달러로 추정된다. 최상위 버전의 경우 8만 달러를 훌쩍 넘을 것이다. 부의 격차에 따라 신체 능력의 차별화가 어쩔 수 없이 진행될 것이다.

20세기 말까지만 해도 연예인이나 특별한 부류의 사람들만 하는 줄 알았던 성형수술, 피어싱, 문신을 이제 일반인도 쉽게 하는 세상이 되었다. 불과 20~30년 사이에 신체를 변형하는 데 대한 사회적 인식이 놀랍도록 관대해지고 긍정적으로 변한 것이다. 매년 업그레이드되는 스마트폰에 사람들이 열광하듯, 신체의 일부를 최신 버전으로 바꿔 끼우기 위해 매장 앞에 줄 서 있는 사람들을 곧 보게 될 지도 모른다. 증강신체가 부끄럽고 낯선 보철물에서 핫한 패션 아이템으로 받아들여지고, 직업 현장에서 업무 수행을 위한 유용한 도구로 인정된다면, 미래의 사람들은 증강신체와 결합하기 위해 스스로 신체를 훼손하거나 가공하는 일을 기꺼이 받아들이게 될 것이다. SF영화에서 봤던 600만 불의 사나이, 로보캅 같은 사이보그의 출현은 예정된 미래가 되어가고 있다.

6. 크기

작아서 좋은 점, 커서 나쁜 점

앙증맞음과 우람함

우리말 '앙증맞다'의 사전적 의미는 '작으면서도 갖출 것은 다 갖추어 아주 깜찍하다'이다. 따라서 상대적 크기가 작을 때 드는 느낌이다. 아기는 성인의 관점에서 조그마하기 때문에 더 귀엽다.

조각가 론 뮤익(Ron Mueck)은 솜털과 잔주름까지 극사실적으로 표현한 신체를 크게 확대해 관객의 관점과 감정을 극적으로 변화시킨다. 그의 작품 「A Girl」은 키 5미터로 확대된 갓난아기로 커지기 전과 같은 비례를 유지하지만, 통통하고 귀엽기보다 거대하고 심지어 위압적이기까지 하다. 우리가 사물에 대해 품는 감정은 이렇게 크기 변화에 큰 영향을 받는다.

아기의 짧고 가는 팔다리는 왜 성인이 되면서 길고 굵어지는 걸까? 그 이유는 물체의 크기가 달라지면 그 기능을 유지하기 위해 각 부분의 비례가 달라져야 한다는 유사성의 원칙(Principle of

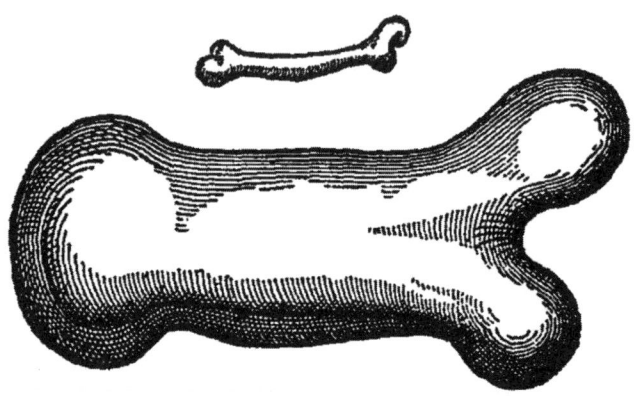

〈그림 1〉 뼈의 크기와 유사성의 법칙
1638년 갈릴레오 갈릴레이가 펴낸
『새로운 두 과학에 대한 담론』에 실린 그림으로,
크기가 변하면 비례도 함께 변해야 한다는 원리를 보여준다.

Similitude)에서 찾을 수 있다.[1] 정육면체 한 변의 길이가 두 배로 늘어날 때 부피는 가로, 세로, 높이가 모두 두 배 늘어나 2의 세제곱인 여덟 배가 된다. 따라서 아기의 몸을 단순 확대하면 가는 팔다리로 지탱하기에는 몸통이 너무 비대하고 무거워지므로, 몸의 비율이 반드시 달라져야 한다.

갈릴레오 갈릴레이는 이미 17세기에 이러한 자연의 법칙을 알아차렸다. 그는 두 개의 뼈 사진을 제시하며, 길이가 늘어나면 각 부분의 비례도 함께 달라져야 한다고 설명했다. 육상동물 중 가장 큰 몸을 지탱해야 하는 코끼리는 다른 동물보다 다리가 훨씬 굵다. 코끼리보다는 작지만 몸통이 비대한 하마나 코뿔소 역시 다리가 짧고 굵게 진화했고, 많은 시간을 물속에서 생활하면서 체중을 부력으로 상쇄시킨다.

조너선 스위프트(Jonathan Swift)의 동화 『걸리버 여행기』에 나오는 거인국 사람들은 걸리버보다 키가 무려 12배 크다. 몸의 각 부분 길이가 12배 길어지면 체중은 무려 12의 세제곱인 1,728배 증가한다. 보통 인간과 똑같은 성분의 뼈와 근육으로 이 엄청난 무게를 지탱할 수는 없다. 그렇게 큰 거인이 존재하려면 우리와 완전히 다른 신체 형태이거나, 뼈와 근육이 훨씬 강해야 한다.

일본 만화 『진격의 거인』에 나오는 키 60미터 초대형 거인은 일반인보다 키가 35배 크므로 체중은 35의 세제곱인 4만 2,875배가

〈그림 2〉 지구에서 가장 작은 새인 벌새와 가장 큰 새 알바트로스
무게 2그램인 벌새의 날개폭은 몸통보다 짧지만,
무게 25킬로그램인 알바트로스의 날개폭은
몸통보다 네 배 길다.

된다. 이 경우 보통 사람과 유사한 외형이라면 걷는 것은 고사하고 스스로 체중을 못 견뎌 무너져내릴 것이다. 아마도 피라미드처럼 아래로 갈수록 넓어지거나, 뱀처럼 체중을 바닥에 길게 분산하는 체형이어야 할 것이다. 키 18미터인 마징가Z, 56미터인 태권V도 마찬가지다. 제대로 서 있으려면 에펠탑처럼 튼튼한 철제 트러스로 아래로 내려갈수록 점점 넓어지는 골격을 가져야만 한다

지구상에서 가장 작은 새인 벌새 수컷은 길이가 불과 5센티미터, 무게는 2그램밖에 나가지 않는다. 쿠바에 서식하는 벌새는 날개를 1초에 70회까지 펄럭이면서 '위잉' 하는 소리를 낸다. 이와 대조적으로 가장 큰 새 알바트로스는 앞뒤 길이가 90센티미터, 무게는 25킬로그램까지 나가며 양 날개를 폈을 때 날개폭이 3.5미터에 달한다. 벌새의 날개는 자기 몸통 길이보다 짧은 반면, 알바트로스는 날개폭이 몸길이의 네 배다. 날개의 면적이 커져야만 세제곱으로 늘어나는 몸무게를 떠받칠 양력을 얻을 수 있기 때문이다.

생물체의 크기가 달라짐에 따라 각 부분의 형태나 비율이 달라지는 이유는 단지 무게를 지지하기 위해서만은 아니다. 아기의 팔다리가 몸통보다 더 빨리 자라는 이유는 몸통의 무게를 버팀과 동시에 피부 표면적을 늘리기 위함이다. 인간의 피부는 체내의 땀을 배출해 체온을 유지한다. 아기처럼 커다란 몸통과 짧은 팔다리를 성인의 몸에 적용한다면 피부 표면적에 비해 몸의 부피가 과도하게 커져

땀으로 열을 배출하기 어려워진다.

성장하면서 형태를 변형시켜 표면적을 늘리려는 생명체의 전략은 건물 형태에서도 나타난다. 인간이 피부를 통해 땀과 열을 방출하고 태양 에너지를 흡수하는 것과 마찬가지로, 건물도 외벽에 붙은 창문과 통풍구를 통해 환기, 채광, 조망, 온도 조절 등 쾌적한 거주 환경을 만든다.

건물이 커져 공간이 깊어지면 자연광이 내부로 도달하지 못하고 환기도 원활하지 못하게 되며 건물 출입을 비롯한 전반적 거주 환경이 열악해진다. 이것을 해결하기 위해 건축가들은 날개동(wing)이나 고층부를 연결해 크기를 분산시키고, 건물 가운데에 중정을 설치하거나 건물 입면에 요철을 만들어 바깥 공기에 접하는 표면적을 늘린다.

수평 방향으로 길게 뻗는 날개동은 밀도가 낮은 교외 부지의 콘도, 연수원, 실버타운, 리조트에 주로 활용되는 방식이다. 반면 좁은 도심 부지에서는 큰 건물 본체 위에 얕은 깊이의 고층부를 올려 표면적을 확보한다. 이 같은 방식은 도심 호텔, 병원, 주상복합 아파트에서 쉽게 찾아볼 수 있다.[2]

모든 것은 나무처럼 자라난다

크기 변화에 따른 형태와 비율의 변화를 연구하는 학문을 알로메

152

트리(Allometry)라고 부른다. 한국어로는 이형(異形)성장학 또는 상대성장측정학이다. 생물의 이형성장 현상을 살펴볼 때 반복적으로 관찰되는 형태는 나무처럼 가지가 뻗어나가는 분기형(分岐形) 구조다. 인간의 팔다리는 임신 4~5주에 배아의 몸통에서 작은 돌기로 튀어나와 점점 길어지고, 다시 끝부분이 갈라지며 손가락과 발가락이 솟아난다.

태어난 이후에도 아기의 짧고 가는 팔다리는 몸통보다 빠르게 자라나면서 나무가 자라나는 것과 유사한 성장 패턴을 보여준다. 한가지 흥미로운 사실은 이 분기형 구조가 생명체뿐 아니라 무생물을 포함한 지구환경 그리고 인공물과 문화현상을 포함하는 문명 전체에 걸쳐 지배적이고 반복적으로 나타난다는 것이다.[3]

인간 소뇌에서 신체 동작을 돕는 푸르키네 뉴런(Purkinje neuron) 세포는 동그란 세포체부터 나뭇가지처럼 뻗은 수상돌기 끝까지 대략 0.3밀리미터에 불과하지만 수십만 개의 작은 가지가 달려 있다. 인간 폐의 기관지는 하나의 관에서 유입된 공기가 나뭇가지 형태를 따라 점차 나뉘면서 넓은 영역으로 분산되는 구조다. 강이 바다로 흘러드는 삼각주와 구름 속 전하가 방출되는 번개도 나무 형상을 취하는 자연현상이다. 대부분의 국제공항 터미널도 중심부에서 각 탑승구를 향해 분기하는 형태로 설계된다.

부분과 전체에 걸쳐 같은 형태가 반복적으로 나타나는 자기유사

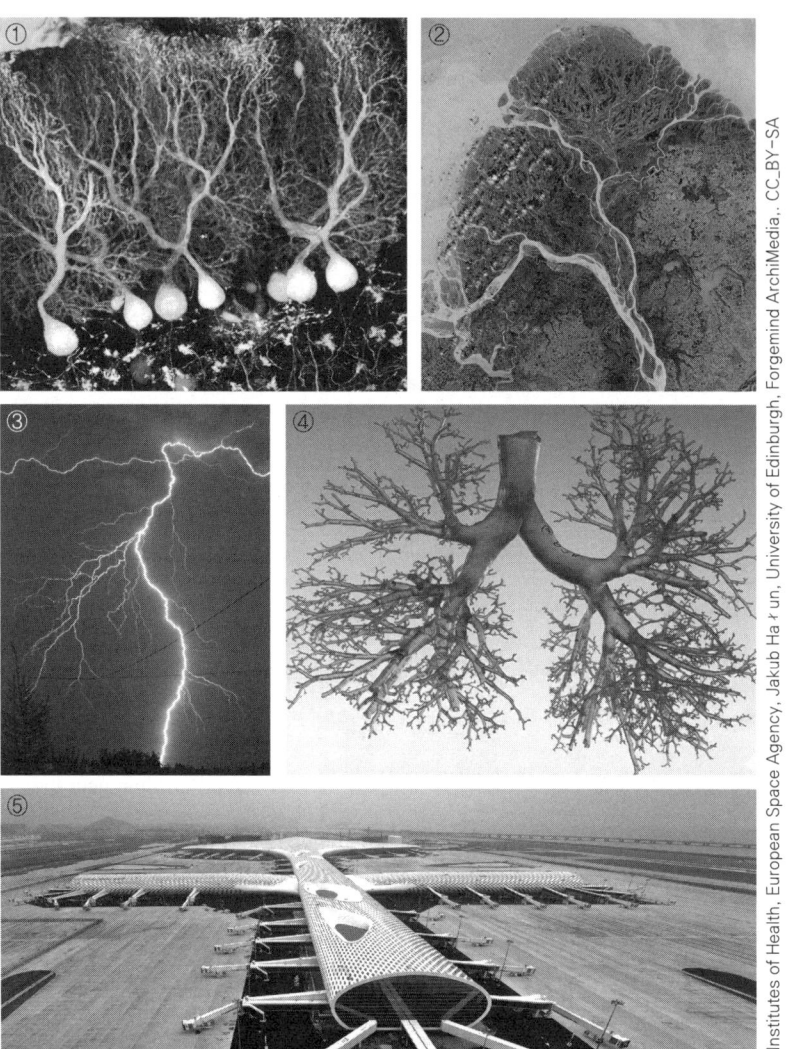

〈그림 3〉 다양한 분기형 구조
① 푸르키녜 뉴런, ② 유콘 삼각주, ③ 번개,
④ 폐 기공 모형, ⑤ 바오안 국제공항.

성을 연구하는 학문이 프랙털(fractal) 기하학이다. 수많은 프랙털 형태 중에서 왜 유독 분기형 구조가 지배적 현상이 되었을까? 서로 연관이 없는 생명현상, 자연현상, 기후현상, 건축물에서 공통적으로 관찰되는 이유는 무엇인가?

아드리안 비잔(Adrian Bejan) 교수는 움직이는 모든 것을 '플로 시스템'(flow system)으로 정의하면서 다음과 같이 설명한다.[4] 물, 공기, 전기, 정보, 동물 등 모든 플로 시스템이 지속되기 위해서는 시간이 가면서 더 쉽게 흐르도록 형태가 진화해야 한다. 이 과정에서 분기형 구조가 나타나는데, 그 이유는 분기형 구조가 흐름을 점에서 면으로 분산시키거나 면에서 점으로 수렴시키는 데 가장 효과적인 디자인이기 때문이다.

나무를 따라 흐르는 것은 물이다. 땅속에 퍼진 수많은 잔뿌리에서 흡수된 수분은 큰 뿌리로 모여들고, 줄기와 가지를 거쳐 수많은 잎으로 분산된 후 대기로 증발한다. 이런 증산작용은 수분을 넓은 면에서 한 점으로 수렴시키고, 다시 한 점에서 넓은 면으로 분산시키는 과정이다. 그러기 위한 가장 효율적인 디자인이 바로 나무 형태다. 번개 줄기가 갈라지고, 연기가 퍼지고, 잉크가 번지고, 유리가 산산이 깨지는 것도 모두 한 점의 에너지가 넓은 면으로 확산되는 분기형 흐름의 사례다.

분기형 구조에서 발견할 수 있는 또 하나의 특징은 굵은 가지 속 흐름은 빠르고 긴 반면 얇은 가지 속 흐름은 느리고 짧다는 것이다. 심장에서 공급되는 혈액은 처음에 가장 굵은 대동맥에서 시작하여 동맥과 세동맥을 거쳐 모세혈관에 도달한다. 이 과정에서 혈관의 단면과 길이가 점차 줄어들면서 흐름도 함께 느려진다.

도로망과 비행 항로 같은 인공적 플로 시스템도 같은 원리로 계획된다. 고속도로에서는 가장 빠르게 오래 움직인다. 국도와 지방도, 이면도로로 연결되면서 점차 속도와 거리가 줄어들고, 집 앞 골목에 이르러서는 가장 느리고 짧은 흐름이 된다. 길고 빠른 국제선 항로가 대도시 공항에서 느리고 짧은 국내선 항로로 분산되어 지역 공항으로 연결되는 것도 같은 원리다.

모든 플로 시스템에서 초기 단계의 길고 빠른 흐름은 먼 거리와 넓은 영역을 아우르는 데 유리하고, 최종 단계의 짧고 느린 흐름은 그 낮은 에너지로 인해 다른 시스템으로 원활하게 전환된다. 고속도로에서 차를 세우는 것은 비효율과 사고를 일으키지만, 골목에서는 안전하게 차를 멈추고 보행으로 시스템을 바꿀 수 있다.

플로 시스템 간의 연결은 자연과 인공의 거대한 순환 체계 속에서 필연적으로 발생한다. 모세혈관 끝에 도달한 혈액은 주변 조직 세포들과 상호작용하며 산소와 양분을 공급하고 이산화탄소와 노폐물을 수거한다. 나무 끝 잎에 도달한 물은 대기라는 시스템과 만나 수증기로 증발한다. 마찬가지로 발전소로부터 분기되어 각 가정의 콘센트에 도달한 전기는 가전제품이라는 또 다른 시스템의 동력으로 전환되고, 정수장에서 분기되어 각 가정의 수도꼭지에 도달한 수돗물은 생활용수로 활용된 후 하수관이라는 시스템으로 흘러간다.

자연과 문명이라는 전혀 다른 두 영역에서 공통적으로 나무를 닮은 분기형 구조가 발견되는 이유는, 분산과 수렴이라는 메커니즘이 모든 종류의 플로 시스템에 필연적으로 요구되기 때문일 것이다. 분기형 구조는 자연선택 과정에서 얻어진, 네트워크 중심의 거대한 덩어리와 말단의 작은 입자들 사이의 에너지 교환을 촉진하는 가장 단순하고 효율적인 해결책이다.

박태환이 특별한 이유

인간의 신체는 태어난 이후 팔다리가 더 빨리 자라지만, 성장 속도와 성인이 되었을 때의 신체 비례는 인종별로 다른 특성을 보인다. 개인별·지역별로 차이가 있지만, 평균적으로 아프리카 흑인의 팔다리가 가장 길고 그다음으로 유럽인, 아시아인 순서로 팔다리가 몸통에 비해 짧아진다. 여기에는 호모사피엔스의 수십만 년 진화 과정에서 비롯한 환경적 원인과 유전적 원인이 복합적으로 작용했다.

우선 환경적 원인은, 동아시아인이 유라시아 동쪽으로 이동하면서 시베리아의 혹한을 거쳐야 했기 때문에 체온 손실을 줄이기 위하여 신체 말단부가 줄어드는 방향으로 진화했으리라는 가설에 기반한다. 추위에 노출되면 코끝이나 발끝 같은 피가 덜 도는 신체 끝부분부터 얼기 시작한다. 긴 팔다리와 높은 코, 큰 눈을 가진 무리는 살아남기 어려웠을 것이다. 적도에서 먼 추운 지역으로 갈수록 몸이 크고 두터워지는 '베르그만의 법칙'(Bergmann's Rule) 그리고 팔다리가 짧고 굵어지는 '알렌의 법칙'(Allen's Rule)으로 이론적 설명이 가능하다.

그외 부수적 환경요인으로 동양 문명권의 정착형 농경문화 그리고 좌식 생활로 인한 하체의 제한적 활동량과 성장 둔화가 언급되기도 하지만, 종의 진화에 영향을 주기에 몇천 년은 충분히 길지 않아 그 영향은 제한적이었을 것이다.

지금으로부터 20~80만 년 전 아프리카에서 출현한 호모사피엔스는 얼굴이 작고 상체에 비해 하체가 길었다. 그들의 직계 후손인 아프리카 사하라 사막 남쪽 흑인들은 지금도 이러한 특징을 유지하고 있다. 한편 아프리카를 벗어나 다른 대륙으로 퍼져나간 호모사피엔스는 유라시아에 살고 있던 또 다른 원시인류인 네안데르탈인과 이종교배하게 된다. 네안데르탈인은 커다란 얼굴에 상체가 발달하고 하체는 짧았다.

호모사피엔스와 네안데르탈인의 유전자가 섞인 오늘날 유럽인은 얼굴 형태와 상·하체 비례가 두 종족의 중간적 특성을 띤다. 한국인을 포함하는 동아시아인은 네안데르탈인과 두 차례 그리고 네안데르탈인에게서 갈라져 나온 데니소바인과 또다시 유전자를 섞으면서 다른 인종보다 더 많이 이종교배한 것으로 추정된다.[5] 이에 따라 동아시아인은 유럽인에 비해 작은 체구, 둥근 얼굴, 하체보다 상체 비율이 긴 신체 구조로 진화했을 것이다.

이러한 신체 비례의 특징은 각 인종의 운동능력에 결정적 영향을 준다. 아프리카 흑인은 상체가 짧고 다리가 길어 무게중심이 다른 인종보다 높아 달리기 같은 육상 종목에 유리하며, 유럽 백인은 상체가 흑인에 비해 길어 무게중심이 낮아 수영에 유리하다.[6] 달리기나 수영을 하는 선수들의 몸을 옆에서 보면 상승과 하강을 반복한다는 것을 알 수 있다. 즉 몸이 앞으로 전진하면서 수평 방향으로만 진행하는 것이 아니라 땅과 물을 박차고 위쪽으로 솟구쳤다 내려오는 것을 반복하면서 물결 모양의 파동을 그린다.

달리기의 경우 하체가 길수록 무게중심이 더 위쪽에 위치하므로, 몸을 앞으로 기울이며 뛰어나갈 때 더 큰 위치에너지와 운동에너지를 만들어낸다. 반대로 수영의 경우 무게중심에서 머리끝까지 상체 길이가 더 길수록 물 위로 더 높이 솟구쳤다 떨어지게 된다. 높이 솟구칠수록 수면에 닿는 순간의 수직·수평 속도는 더 빨라진다. 이러한 과학적 설명으로 왜 역대 100미터 달리기 세계기록 보유자가 현대로 올수록 대부분 흑인이고, 수영 100미터 자유형 세계기록 보유자가 대부분 백인인지를 이해할 수 있다.

그렇다면 동양인은 상체가 길 때 유리한 수영에서 왜 세계 최정상 선수가 드물며, 세계 신기록을 좀처럼 내지 못하는 것일까? 비잔 교수는 그 이유를 동양인의 키와 몸무게가 흑인이나 백인에 비해 작기 때문이라고 말한다. 다른 조건이 동일하다면 몸무게가 많이 나가고 키가 클수록 큰 힘을 낼 수 있고 빠른 속도를 낼 수 있다. 실제로 세계 신기록 보유자의 키와 몸무게는 현대로 올수록 증가해 왔다.

박태환이 특별한 이유는 180센티미터에 불과한 신체조건으로 물리적 한계를 극복하고 2008년 베이징올림픽 금메달을 목에 걸었기 때문이다. 당시 박태환의 라이벌이었던 중국 쑨양의 키는 198센티미터였다. 동아시아인은 평균 키가 작아 장신의 수영선수를 발굴하기 쉽지 않다. 따라서 한국의 박태환이나 일본의 올림픽 평영 4관왕 기타지마 고스케(178센티미터) 같은 선수들의 물리법칙을 넘어선 성취는 특별하며 최고의 찬사를 받을 만하다.

지금까지는 수영이나 육상 성적이 신체 크기에 직접 영향받는다는 것이 사실로 인정되거나 공론화되지 않았다. 그러나 이러한 이론적 검증이 엄밀하게 이루어진다면 미래에는 레슬링이나 역도 같은 종목처럼 수영과 육상도 체급별로 나누어 실력을 겨루는 날이

올 수도 있다. 사실 동물의 세계 전체를 놓고 보아도 몸집이 큰 동물이 더 빨리 달리고 헤엄친다는 것은 분명하다. 변수와 예외는 늘 존재하지만, 몸이 크고 날씬한 동물이 더 빨리 더 멀리 이동한다.

땅에 서식하는 큰 동물 중 가장 날씬한 말은 이동하는 속도와 거리 면에서 타의 추종을 불허한다. 다만 코끼리나 코뿔소처럼 몸무게가 일정 한도를 넘어가는 거대한 동물은 다리에 가해지는 하중이 과도해지면서 속도가 늘지 않거나 오히려 느려질 수도 있다. 물속이나 하늘에서 생활하는 동물들의 경우, 물의 부력과 공기의 양력이 중력을 상쇄하기 때문에 크기와 속도는 대체로 비례한다. 바다에서 가장 큰 고래와 하늘에서 가장 큰 알바트로스는 한 번 이동할 때 속도와 거리가 다른 동물들을 압도할 뿐 아니라, 살아가는 동안 이동하는 전체 거리도 월등하게 길다.

심장이 천천히 뛸수록 장수한다

몸이 큰 동물은 일반적으로 에너지 효율이 좋다. 코끼리는 쥐보다 대략 1만 배 무겁다. 동물의 세포 크기는 몸무게와 상관없이 비슷하므로, 코끼리는 쥐보다 대략 1만 배 세포 수가 많다. 하지만 코끼리가 신진대사에 필요로 하는 에너지는 쥐보다 1,000배만큼만 더 필요하다. 코끼리 세포 한 개당 신진대사율이 쥐의 10분의 1밖에 안 된다는 뜻이다. 따라서 쥐의 세포들은 코끼리보다 열 배 더 활발히 움직여야 하고, 쥐의 심장도 열 배 빨리 뛰면서 세포에 피를 공급해야 하므로, 쥐는 코끼리보다 체중 대비 열 배 많은 음식을 섭취해야 한다.

처음 발견한 생물학자의 이름을 따 '클라이버의 법칙'(Kleiber's law)이라고 불리는 이 원리는, 동물의 무게가 두 배 증가할 때마다 신진대사율이 25퍼센트씩 줄어든다고 간단히 정의할 수 있다.[7] 한마디로 큰 동물일수록 적은 에너지로 생명을 유지할 수 있어 에너지 효율이 좋다는 것이다. 이 법칙은 모든 포유류에 걸쳐 공통적으로 관찰되며 더 나아가 조류, 어류, 갑각류, 박테리아, 식물을 포함한 지구상 모든 생명체에게 적용할 수 있다.

클라이버 법칙으로 유추할 수 있는 또 한 가지는 큰 동물일수록 오래 산다는 것이다. 몸무게가 늘어나면 신진대사율은 점점 낮아지고, 심장을 포함한 모든 세포와 기관이 천천히 작동하기 때문이다. 한마디로, 심장이 천천히 뛸수록 수명은 더 길다. 연구자들이 발견한 더 놀라운 사실은, 포유류의 일생 동안 전체 심장박동 수는 대략 15억 번으로 거의 일정하다는 것이다. 쥐, 개, 사람, 말, 코끼리 등 크기와 관계없이 제 수명을 다했을 때 대략 총 15억 번의 심장박동을 기록하게 된다.[8] 세계에서 가장 작은 포유류인 에트루리아땃쥐는 1분에 1,511번 심장이 뛴다. 1초당 25번, 어마어마하게 빠르다. 이 땃쥐는 1~2년을 살면서 15억 번의 심장박동을 다른 포유류보다 훨씬 빨리 채운다.

클라이버 법칙에 대한 설명을 듣다 보면 몸이 큰 사람이 더 오래 살 수 있는 것은 아닌지 궁금해할 수 있다. 하지만 안타깝게도 같은 종 안에서는 크기의 차이가 수명의 차이를 만들어내지 않는다. 또 몸이 크다고 해서 심장박동이 반드시 느린 것도 아니다. 하지만 만약 당신이 오래 살고 싶다면 방법은 있다. 음식 섭취를 줄여 세포가 감당해야 하는 신진대사율을 낮춤으로써 노화를 늦추는 방법이다. 칼로리 제한이라고 불리는 이 방법은 적은 음식으로 신진대사율을 떨어뜨려 각 세포의 피로와 손상을 최소화함으로써 기대수명을 늘리는 전략이다.

칼로리 제한 실험의 선구자는 로이 월포드(Roy Walford)로 그는 1985년 생쥐 실험을 통해서 먹는 양을 10퍼센트 줄인 집단의 수명이 10퍼센트 연장되었다는 결과를 발표했다.[9] "소식이 장수의 비결"이라는 말은 근거가 있었던 것이다. 월포드의 칼로리 제한 이론은 최근까지도 다양한 동물 실험을 통해 그 과학적 효과가 재검증되고 있다.

신체 크기의 생물학적 의미와 별도로, 인간처럼 군집 생활을 하는 동물에게 키와 몸무게 같은 외적 요소는 사회심리학적으로 영향을 준다. 더 나아가 직업적 성취나 지위와도 상관관계가 있는 것으로 나타난다. 베스트셀러 작가 말콤 글래드웰(Malcom Gladwell)은

2005년 미국인 남성 중 단지 14.5퍼센트만이 키 183센티미터(6피트) 이상인 반면, 미국 500대 기업 남성 CEO의 58퍼센트가 183센티미터 이상이라고 밝히면서 큰 키가 주는 후광 효과를 언급했다.

2016년 영국의학저널에 발표된 논문[10]도 이를 뒷받침한다. 엑시터 대학의 연구진들은 남성의 키가 클수록 학력·소득·지위가 높을 확률이 높았고, 여성이 키에 비해 체중이 많이 나갈수록 학력·소득·지위가 낮을 가능성이 높다고 분석했다. 연구진들은 그 원인이 생물학적 우월성보다는 사회적 편견과 차별, 그리고 그로 인한 자존감과 성취욕 차이에서 비롯되었을 수 있다고 말한다. 이러한 연구는 하나의 경향을 보여주는 것으로 키가 크다는 것은 특정 상황에서 장점으로 작용할 수 있으나 결코 성공을 좌우하는 결정적 요소가 아니다.

32층에서 떨어진 고양이

몸이 큰 동물은 어떤 점에서 불리할까? 충격에 취약하고 따라서 부상 위험이 크다는 것이다. 몸집이 작은 동물은 높은 곳에서 떨어져 바닥에 부딪힐 때 바닥에 닿는 단위면적당 받는 충격이 작다. 여기에는 이 장의 서두에 이야기했던 유사성의 법칙이 관련되어 있다. 정육면체의 길이가 두 배 늘어날 때 면적은 네 배, 무게는 여덟 배 늘어난다. 몸이 큰 동물일수록 같은 높이에서 떨어져도 훨씬 큰 운동에너지를 갖게 되고, 이 에너지가 충돌 시 훨씬 큰 충격으로 작용한다. 영국의 과학자 J.B.S 홀데인(Haldane)은 「적정한 크기에 대하여」[11]라는 논문에서 동물의 크기에 따른 충격량의 차이를 다음과 같이 묘사했다.

"깊은 수직갱도에 작은 생쥐를 떨어뜨리면 약간의 충격을 받고 곧바로 걸어간다. 하지만 큰 쥐는 죽고, 사람은 뼈가 바스러지고, 말은 내장이 튀어 나간다."

가끔 고층 건물에서 떨어진 아기가 기적적으로 살았다는 뉴스를 듣는데, 이것은 어른에 비해 조그만 아기의 몸이 받는 충격량이 훨씬 적기 때문이다.

사실 고층 건물에서 가장 자주 떨어지는 동물은 사람이 아니라 고양이다. 고층 아파트에서 키우기 수월한 동물이고, 창틀이나 처마 같은 곳에 올라가 앉거나 걷기를 좋아해 다른 어떤 동물보다 추락 빈도가 높다. 수의학계에서는 추락 사고로 인한 고양이의 부상을 일컫는 고층 증후군(High-rise Syndrome)이라는 용어까지 생겼다. 한 논문에서는 5개월간 고층 건물 추락 사고로 뉴욕 수의병원 응급실에 실려 온 132마리 고양이를 조사했다.[12] 이중 90퍼센트가 살아났고, 단지 37퍼센트만 응급수술이 필요했다. 심지어 한 고양이는 32층에서 콘크리트 바닥으로 떨어졌는데도 부러진 이와 손상된 폐를 치료한 후 48시간 만에 멀쩡히 퇴원했다.

고양이가 추락할 때 덜 다치는 것은 기본적으로 몸집이 작기 때문이지만, 공중에서 몸이 뒤집혀도 곧바로 낙하 방향으로 안전한 자세를 취하는 '정위반사' 능력이 발달했기 때문이기도 하다. 그러나 무엇보다 결정적인 이유는 추락 시 생사를 결정짓는 변수인 종단속도가 느리기 때문이다. 종단속도란 떨어지는 물체가 중력가속도로 점점 속도가 빨라지다가 공기의 저항으로 더 이상 속도가 늘지 않는 마지막 속도를 말한다.

사람의 평균 종단속도는 시속 약 193킬로미터인 반면, 네 다리를 펼치고 떨어지는 고양이의 종단속도는 시속 약 100킬로미터다. 따라서 일정 높이 이상을 낙하하는 경우 고양이는 사람의 절반에 불과한 속도로 쭉 떨어지게 된다. 위 논문에는 7층 이하 높이에서 떨어진 고양이보다 7층 이상 높이에서 떨어진 고양이가 덜 다쳤다는 아이러니한 사실도 언급된다. 대략 7층에 해당하는 20미터 높이에서 추락하면 고양이는 종단속도에 도달하는 것으로 유추할 수 있으며, 종단속도에 들어서면 고양이는 낙하 시점을 예측하면서 안정적인 자세로 충돌에 대비할 수 있을 것이다.

낙하하는 포유류의 생사가 종단속도에 영향받는다면, 몸이 극단적으로 작고 가벼운 벌레들은 추락해 부상을 입을 가능성이 거의 없다. 이들은 중력보다 공기의 저항을 더 많이 받는다. 파리, 모기, 거미, 개미 같은 벌레들이 벽이나 천장에 힘들이지 않고 붙어 있는

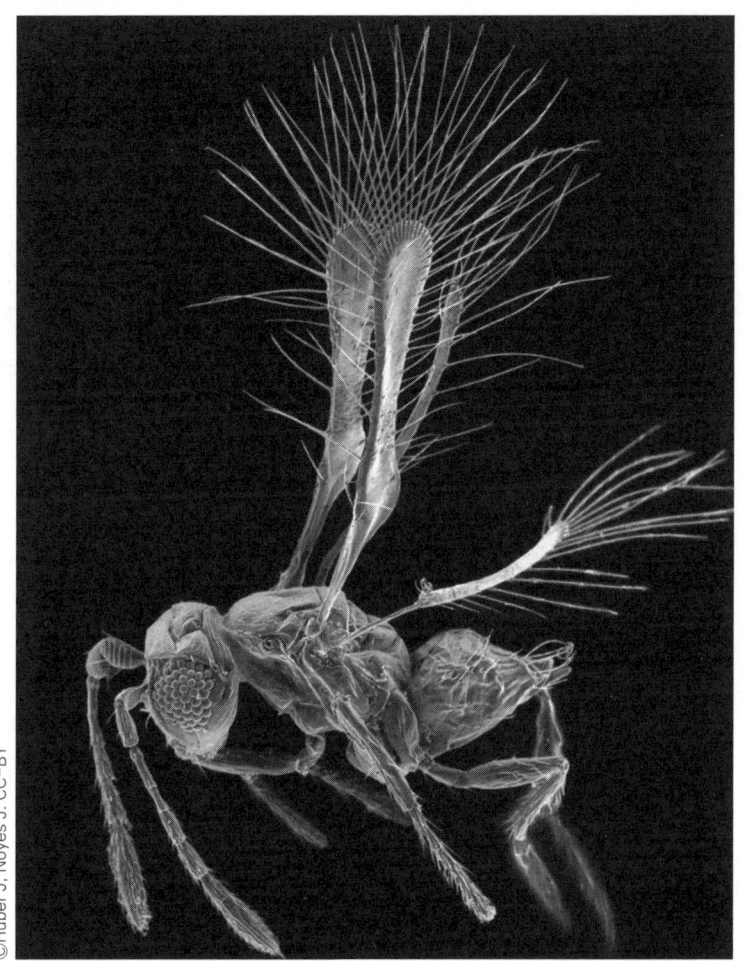

〈그림 4〉 요정파리
수컷의 크기가 0.14밀리미터로
세상에서 가장 작은 곤충이다.

것도 작은 몸에 가해지는 중력의 작용이 미미하기 때문이다.

지금까지 발견된 날 수 있는 가장 작은 곤충은 요정파리(fairyfly)다. 말벌의 일종인 요정파리는 수컷의 크기가 불과 0.14밀리미터에 불과해 눈으로 식별하기가 힘들다. 이 작은 파리의 날개는 매우 독특한데 마치 작은 털들이 뻗어나온 빗자루처럼 생겼다. 요정파리에게 주변 공기는 분자 알갱이들이 모인 유체로 느껴질 것이다. 빗자루 모양의 날개는 마치 수영하듯 공기 분자를 잡아채 뒤로 밀어내기에 가장 적합한 형태다.

최근 북남미 지역 새들을 관찰한 연구에 따르면 지난 40년간 온난화의 영향으로 새들의 몸 크기가 작아지고 동시에 날개는 길어지고 있는 것으로 나타났다.[13] 특히 이러한 변화는 크기가 작은 종일수록 더 빨랐다. 앞서 언급했던, 적도에서 먼 곳으로 갈수록 몸이 크고 두터워지는 베르그만 법칙과 팔다리가 짧고 굵어지는 알렌 법칙을 적용하면 새들이 온난화에 적응하면서 크기가 줄고 날개가 길어지는 진화 방향은 자연스러워 보인다.

인간은 새에 비해 큰 종이다. 따라서 새처럼 단기간에 신체가 변화하기는 어려울 것이다. 하지만 현재 지구를 뒤덮고 있는 폭염은 매년 기록을 갱신할 만큼 심각한 상황이다. 온난화가 충분히 오래 작용한다면 인간의 신체도 자연선택에 의해 변화하게 될 것이다. 그 진화 방향은 작고 마른 몸과 긴 팔다리로의 변형이 될 가능성이 크며, 동시에 강한 자외선을 피부에서 차단하기 위해 멜라닌 색소가 짙어지면서 피부색과 홍채색도 점차 진해져 검은색에 가까워질 가능성이 있다. 이러한 특징은 오늘날 아프리카인의 체형에 해당하며, 지금으로부터 30만 년 전 아프리카에 등장했던 호모사피엔스 최초의 체형이기도 하다.

아프리카를 나와 유럽과 아시아로 이동하면서 다양한 혼종 교배와 기후 적응을 통해 다양한 인종으로 갈라졌던 인류, 그로부터 비롯된 편견, 차별, 박해, 살육 등 어두운 역사를 거쳐왔던 인류는 이제 어떤 길을 갈 것인가? 온난화라는 멸종으로 향하는 길목에 들어선 지금도 탐욕을 버리지 못하는 우리는 수십만 년 전 아프리카 초원 위를 걷던 조상들의 모습으로 다시 수렴하는 아이러니한 운명을 겪게 될 것인가?

제2부
세상의 형태

1. 동그라미와 네모
세상을 지배하는 두 가지 모양

자연을 닮은 동그라미, 문명을 닮은 네모

동그라미와 네모만큼 인류에게 친근한 모양은 없다. 주위를 둘러보면 이 두 가지 도형은 인간이 만든 각종 물건과 표식에 가장 높은 빈도로 쓰인다는 것을 알 수 있다. 길을 걷다 눈에 띄는 카페에 들어가보자. 테이블 모양은 동그라미 아니면 네모다. 그 테이블 위에 네모난 핸드폰과 노트북을 올려놓고 동그란 접시 위에 올려진 동그란 잔에 담긴 커피를 마신다. 매일 사용하는 물건들의 디자인부터 종교와 수학에 이르기까지 사람들은 왜 이 두 도형에 이토록 집착하는 것일까?

2021년 넷플릭스 드라마 「오징어 게임」은 한류 드라마의 새 지평을 열었다. 그전까지 한류는 지엽적이고 일부 외국인에게만 익숙한 유행이었다. 싸이의 「강남스타일」, BTS, 영화 「기생충」 모두 글로벌 히트를 기록했지만 유행은 일시적이었고 제한적이었다. 하지만

「오징어 게임」은 전혀 다른 규모의 파급력을 보여줬는데, 내가 가르치는 영국 학생 100퍼센트, 내가 알고 지내는 영국인 대부분이 이 드라마를 봤다. 또한 이전에는 시청하기 주저했던 한국 드라마들을 적극적으로 찾아보게 만들어 한류의 저변 확대에 전례 없는 기여를 했다.

「오징어 게임」이 인상적이었던 이유 중 하나는 동그라미, 세모, 네모라는 기본 도형을 시청자의 뇌리에 깊이 각인시켰다는 점이다. 1970~80년대 한국에서 인기 있는 놀이였던 오징어 게임을 하려면 바닥에 동그라미, 세모, 네모를 조합하여 오징어 모양을 그려야 한다. 제작진은 이 세 가지 도형을 게임 진행 요원들의 가면, 게임 내용, 드라마 제목 글꼴 안에 삽입함으로써 드라마 전체를 관통하는 강력한 이미지를 만들었다.

동그라미, 세모, 네모는 꼭짓점 수가 최소인 가장 단순한 도형들이다. 원시 시대 인류는 이 원초적 도형을 이해하고 있었을까? 태양과 보름달, 눈동자, 수면 위로 물체가 떨어질 때 만들어지는 동심원, 열매에 이르기까지 동그라미는 자연 속에서 쉽게 볼 수 있다. 하지만 세모와 네모는 자연에서 그 정확한 형태를 찾기가 쉽지 않다.

동그라미가 인간 의식 속 일차적 이미지라는 것은 어린아이를 대상으로 한 실험에서도 확인된다. 연구자들은 4~6세 어린이들이 여러 가지 도형과 형상 속에서 특정 도형을 식별할 수 있는지 알아

보았다. 어린이들은 동그라미를 가장 잘 골라냈고, 네모는 그보다 낮은 정확도로 골라냈으며, 세모를 골라내는 걸 가장 어려워했다.[1] 결국 가장 단순하고 쉽게 접할 수 있는 동그라미는 원시 시대부터 인간의 마음속에 깊이 각인된 일차적 형태고, 세모와 네모는 유추와 상상을 통한 이차적 형태라고 말할 수 있다.

인류가 만든 가장 오래된 암각화나 돌에 새긴 형상에 동그라미가 많은 것도 동그라미가 가장 익숙한 도형이기 때문이다. 게다가 동그라미는 다른 도형과 달리 맨손으로 조금씩 모양을 고치면서 그릴 수 있다. 발달한 도구가 없던 먼 옛날, 우리 선조들이 무엇인가를 그리거나 만들고자 했을 때 가장 익숙하고 만들기 쉬운 동그라미를 택한 것은 아주 자연스러운 현상이다.

영국 스코틀랜드 로덴쇼 지역 들판에 흩어져 있는 바위에는 지금으로부터 1만 년 전 신석기 시대 사람들이 새겨놓은 동심원 형태가 수백 개 존재한다. 컵과 고리 모양이라고 불리는 이러한 형태는 스코틀랜드뿐 아니라 유럽, 오스트레일리아, 하와이, 인도, 멕시코, 미국 등 전 세계에서 발견된다.

라오스 중심부 넓은 고원에는 돌을 깎아 만든 크고 작은 항아리 수천 개가 흩어져 있다. 항아리 평원이라고 불리는 이 지역에서 철기 시대인 기원전 500년경부터 만들어진 이 돌항아리들은 시신을 넣기 위한 장례용으로 추정되고 있다. 이처럼 동그라미는 가장 자

〈그림 1〉 라오스 고원 돌항아리
기원전 500년부터 만들어지기 시작한
수천 개의 돌항아리가 라오스에 남아 있다.
가장 큰 것은 높이 2미터에 이른다.

연을 닮은, 인류가 가장 먼저 표현하고 싶어 한 최초의 기하학적 도형이다.

원이 자연과 가장 가까운 도형이라면 사각형은 인간 문명에 가장 가까운 도형이다. 시각적 질서와 안정감을 상징하는 사각형은 초기 문명이 발전하면서 본격적으로 사용되었다. 기원전 2000년경 바빌로니아와 이집트 문명은 이미 사각형의 수학적 개념을 정립했다. 피타고라스나 플라톤 같은 그리스 철학자부터 기원전 인도의 술바수트라 경전에 이르기까지, 사각형은 원과 쌍을 이루는 가장 중요한 도형으로 언급되었다.[2]

선사 시대의 주거·신전·무덤 건축의 형태를 보더라도 처음에는 원형이었다가 점차 네모로 만들어지는 발전 단계를 따르는 경우가 이집트를 포함한 다양한 고대 유적지에서 발견된다.[3] 종교와 신앙이라는 측면에서 원은 지역과 문화를 막론하고 하늘을 상징했고 네모는 땅을 상징했다. 중국의 천원지방(天圓地方, 하늘은 둥글고 땅은 네모나다) 사상도 이를 따른다.

인간 시점에서 바라보면 하늘 위 태양·달·별이 땅을 둘러싼 거대한 구를 따라 회전하는 것으로 느껴졌을 것이다. 반면 땅은 유한하고 평평하다는 선사 시대 인류의 관념 그리고 전후좌우 네 방향이 있는 인간의 신체 구조는 하늘을 상징하는 원에 대응하는 개념으로서 인간 세상을 상징하는 정사각형을 자연스럽게 받아들이게 했을 것이다.

레오나르도 다빈치가 그린 「비트루비우스적 인간」은 정사각형과 원 안에 들어맞는 인체야말로 창조주가 의도한 가장 이상적인 인체비례임을 강조한다.[4] 뛰어난 과학자이자 해부학자였던 당대 최고의 지식인 다빈치에게도 원과 사각형은 거스를 수 없는 우주 질서의 근간이었던 것이다.

수학 분야에서도 원과 면적이 같은 정사각형을 작도(Squaring the Circle)하는 유명한 난제가 학자들의 오랜 관심거리였다. 기원전 460년경 그리스에서 처음 제시된 이 문제는 1882년 해결이 불가능하다는 결론이 났음에도 여전히 많은 학자가 해결 방법을 찾으며 수천 년간의 지적 레이스를 이어가고 있다.[5] 서양권에서는 지금도 불가능한 일을 '원으로 네모 만들기'라고 일컫는다. 이처럼 원과 네모는 상호보완적이면서도 동시에 물과 불처럼 서로 호환되지 않는 자연과 문명의 기하학적 상징이다.

지폐는 사각형, 동전은 원형

인류가 문명을 이룩한 후 주변에서 가장 흔하게 접해왔던 원과 네모 형태의 물건은 무엇일까? 아마도 동전과 지폐일 것이다. 신기하게도 세계 어느 나라를 살펴보아도 마치 약속이나 한 듯이 지폐는 직사각형, 동전은 원형으로 만들어진다. 왜 그럴까?

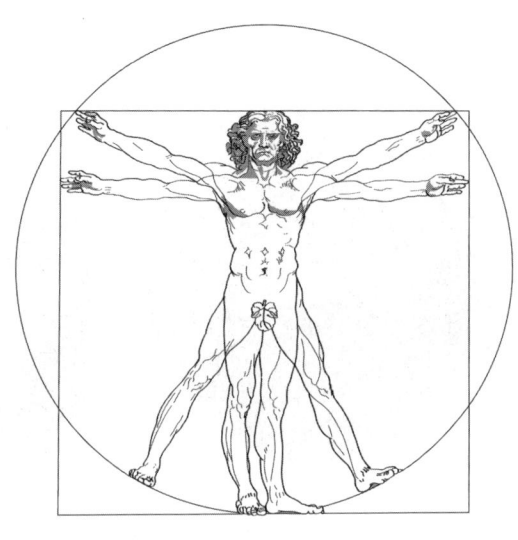

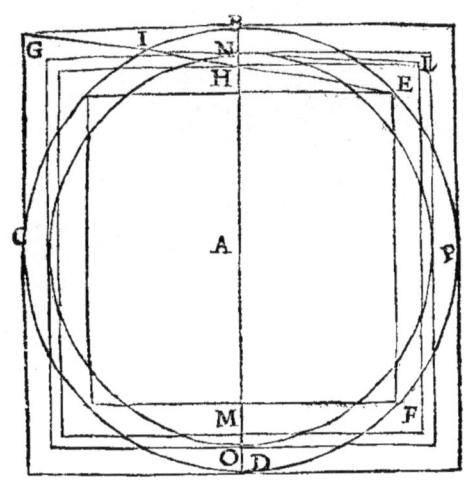

〈그림 2〉 동그라미와 네모의 관계
▲ 레오나르도 다빈치가 1490년에 그린
「비트루비우스적 인간」.
▼ 프랑스 수학자 장 보렐이 1559년에 제시한
원의 면적을 정사각형으로 치환하는 방법.

〈그림 3〉 초기 동전의 제작 방식
▲ 기원전 610~기원전 560년 리디아의 금은 합금 동전.
▼ 기원전 475~기원전 221년 중국 전국시대 진나라의 청동 주형.

돈의 역사를 거슬러 올라가면 고대 중국에서 조개껍데기를 화폐 대용으로 썼던 것이 그 시초이며, 이후 메소포타미아와 이집트 지역에서 은의 무게로 물건 대금을 지불한 사례가 금속을 돈으로 사용한 시작이었다. 메소포타미아의 기록에 의하면 상대방의 코를 물어뜯으면 500그램의 은을 벌금으로 내야 했고 뺨을 때리면 은 170그램을 내야 했다.[6] 최초의 동전 주조는 기원전 600년경 오늘날 튀르키예 지역에 존재하던 그리스 도시국가 리디아 왕국에서 시작되었고 이후 지중해 전역으로 퍼져나갔다.

초기 동전은 귀금속인 금이나 은으로 만들어져 임의로 부여된 가치가 아닌 실제 교환가치를 지녔다. 동전을 망치로 두드려 만드는 고대 서양의 방식은 너무 원시적이어서 사각형과 같은 각진 모양은 고사하고 완전한 원형으로 만들기도 어려웠다. 따라서 초기 동전들은 찌그러진 원 모양으로 만들어지고 유통되었다. 18세기에 이르러 기계식 제조가 널리 보급되고 구리와 다양한 합금을 사용하면서 동전은 점차 완전한 원에 가까운 모양을 취하게 되었다.[7]

한편 중국을 중심으로 기원전 5세기 무렵부터 발전한 주물 방식의 동전 제조 기법은 동전의 형태를 원하는 모양으로 정밀하게 만들기 좋은 방식이었다. 주형에 녹인 금속을 주입해 만드는 주물 방식은 여러 개의 동전을 정확한 원형으로 한 번에 만들 수 있었다. 또 동전 중앙에 사각형 구멍을 뚫어 재료를 절감하고 제작과 유통에

실용성을 더했다.[8)]

하늘은 둥글고 땅은 네모나다는 중국의 천원지방 사상은 둥근 동전과 네모난 구멍의 모양에 철학적 당위성을 동시에 부여했다. 고려도 중국의 기법을 받아들여 996년에 형태가 둥글고 가운데 네모난 구멍이 난 철전을 발행했다. 주형을 제거할 때 서로 붙어 있는 동전이 가지에 달린 나뭇잎을 연상시켜 조선 시대에는 이를 엽전이라 부르기 시작했다.

동전이 원형으로 만들어진 가장 큰 이유는 제작이 쉽다는 점이었지만, 유통할 때의 내구성도 중요한 이유였다. 사각형처럼 모난 형태는 쉽게 마모된다. 특히 동전은 다량을 한꺼번에 운반하거나 보관하는 경우가 많아 각진 귀퉁이는 파손될 가능성이 크다. 강가의 돌이 오랜 시간 서로 마찰되면서 둥그런 자갈로 변하는 것과 같은 이치다.

폴리네시아 라이(Rai)섬 원주민들은 거대한 돌을 원형으로 깎아 20세기 초까지 화폐처럼 사용했다. 가장 큰 것이 직경 4미터에 이르는 이 돌들은 큰 규모의 상업적 거래에 사용되었다. 옮기기에 너무 무거운 돌은 같은 장소에 계속 놓아두고 구두로 소유 명의만 변경했다. 화폐가 가진 동산(動産)이라는 특징이 부동산(不動産)의 거래 방식을 채택한 매우 독특한 사례다.

원이 동전을 위한 최적의 형태라면 사각형은 지폐에 가장 적합한 모양이다. 은같이 교환가치가 있는 금속으로 제작되는 동전과 달리, 지폐는 국가가 그 가치를 인정하는 확인증서의 성격을 가졌기 때문에 종이나 천 같은 얇고 유연하며 휴대와 보관이 편리한 재료로 만들어졌다. 대량으로 유통되는 지폐는 제작, 절단, 보관, 유통에 이르는 모든 측면에서 직사각형 형태가 가장 유리했다.

우선 큰 판에 다수의 지폐를 인쇄하고 잘라내 제작할 때, 다른 도형은 자투리가 남아 재료가 낭비되며 절단선이 복잡해진다. 보관하고 유통할 때도 사각형 지폐는 빈틈없이 밀착되어 공간 효율이 좋다. 이렇게 정착한 지폐 모양은 동서고금을 막론하고 예외 없이 직사각형이다.

공간 효율의 사각형, 구조 안정의 원형

지폐뿐 아니라 수많은 제품이 사각형 형태로 만들어지는 이유는 공간 효율성 때문이다. 작은 물건부터 건축물과 도시까지, 우리가 사는 세상은 작은 것을 큰 틀 안에 담는 방식으로 작동한다. 이때 사각 형태나 박스 형태는 빈틈없이 서로 맞춰진다는 면에서 다른 형태보다 공간을 활용하기 좋다. 테트리스 게임의 도형들이 사각형으로 조합되는 이유도 화면을 빈틈없이 꽉꽉 채우는 쾌감을 선사하기 때문이다.

음료수 병과 캔은 원형으로 제작되지만 운반하고 보관할 때는 사

〈그림 4〉 동그란 유리병이 담긴 네모난 상자와 육면체로 압축된 캔
음료수를 담는 병과 캔은 원형으로 만들어지지만
운반과 보관 시 사각형 단면의 용기에 담기고,
재활용 시 사각형 단면의 육면체로 압축된다.

각형 상자에 포장된다. 이 상자들은 다시 사각형 컨테이너나 사각형 트럭 짐칸에 실려 배달되고, 사각형 창고에 보관되다가 사각형 진열대에 올려진다. 이 역시 공간 효율을 위해서다. 사용이 끝난 후에도 원형 캔과 병은 재활용을 위해 사각형 단면의 육면체로 압축되거나 박스형 용기에 담긴다. 대량생산과 분업체계로 이루어진 현대문명 속에서 모든 것은 사각형의 효율성을 지향한다. 이로써 원은 우주와 자연, 사각형은 땅과 문명이라는 오래된 상징체계가 다시 한번 강화된다.

사각형의 집적 효율성이 최고의 가치가 된 현대사회에서도 원은 그 존재감을 여전히 유지하고 있다. 동그란 형태의 최대 강점은 구조적 안정성이다. 원은 외부 충격이나 하중을 받을 때 각진 도형처럼 취약한 모서리 부분 없이 테두리 전체로 힘을 분산시킨다. 유럽의 오래된 다리, 성당, 터널의 상부가 둥근 아치나 볼트(vault)로 만들어진 이유도 동그란 형태의 구조적 안정성 때문이다. 식물의 줄기나 뿌리의 단면이 원형인 것도 여러 방향에서 가해지는 외부 충격에 가장 잘 버틸 수 있는 형태가 원형이기 때문이다.

새 둥지, 두더지 굴처럼 동물이 만드는 은신처도 축조가 쉽고 안정적인 원형으로 만들어진다. 그중 가장 놀라운 것은 일본 근해에 서식하는 복어(*Torquigener albomaculosus*)의 바닷속 둥지다. 수컷 복어는 암컷과 짝짓기하기 위해 해저에 모래로 지름 2미터에 가까운 기

〈그림 5〉 일본 근해에 서식하는 복어의 바닷속 둥지
수컷은 암컷과의 짝짓기를 위해
지느러미와 입으로
지름 2미터의 방사형 둥지를 만든다.

하학적 모양을 만든다. 지느러미를 모래에 문지르고 입으로 조개껍데기를 운반해 만든 방사형 둥지는 바닷물의 속도를 줄이고 중앙에 고운 모래가 모이게 한다. 2011년 수중카메라에 이 복어가 찍히기 전까지 사람들은 이를 수중 미스터리 서클이라고 불렀다.

음식물을 담는 식기류와 음료 제품에서도 원형의 안정성은 중요한 디자인 요소다. 그릇과 컵, 술병과 음료수 캔 같은 제품은 사용자의 손에 들려 여러 장소로 옮겨지고 다양한 방식으로 수납되기 때문에 파손의 위험이 크다. 게다가 이들 제품은 깨지거나 구겨지기 쉬운 유리, 세라믹 혹은 얇은 금속이나 합성수지로 만들어지기 때문에 원형 디자인이 안전하다.

여기에 곡면이 주는 잡을 때의 편안함과 입술에 닿을 때의 밀착감은 원형을 대체할 수 없는 선택으로 만든다. 컵과 국그릇을 기울이면 곡면의 낮은 지점으로 액체가 모여 흘러나간다. 이때 아랫입술을 가져다 대면 효과적으로 입안에 흘려보낼 수 있다. 사각형 테두리 컵은 독특하지만 사용자에게는 최악의 디자인이다. 컵의 직각 모서리에 입술을 조심스레 맞춰 물을 마시는 것은 여러모로 불편하다. 직선과 모서리로 이루어진 인공물은 곡면으로 이루어진 생명체의 형태에 잘 들어맞지 않는다.

그렇다면 도시락은 왜 사각형일까? 도시락은 다른 그릇과 달리 가방에 담겨 먼 거리를 이동해야 한다. 사각형 책과 함께 비좁은 가

©서정아

〈그림 6〉 공간 효율이 좋은 사각형
도시락, 식판, 일본의 박스형 자동차는
비좁은 내외부 공간을 효율적으로 사용하기 위해
사각형 형태로 만들어졌다.

방 안에 끼워 넣어야 하는 도시락은 다른 음식 용기와 달리 구조 안정성보다 공간 효율성이 더 중요하다. 게다가 도시락은 밥과 반찬을 차곡차곡 담아야 하기 때문에 내부의 공간 효율성 측면에서도 사각형이 유리하다.

아직도 인기가 많은 팔도식품의 '도시락' 컵라면이 사각형 용기를 채택한 것도 학창 시절 사각형 도시락의 추억을 마케팅으로 이용하고자 했기 때문이다. 물론 국물을 마실 때 불편함은 감수해야한다. 밥그릇, 국그릇, 반찬을 담는 접시들이 대부분 원형이지만 이모든 것을 한 판에 담는 식판이 사각형인 이유도 다양한 음식을 한정된 공간에 최대한 많이 담아야 하기 때문이다.

외국인들이 꼽는 일본의 특징 중 하나는 거리를 점령한 작고 각진 박스형 자동차다. 박스형 차가 이토록 오랫동안 베스트셀러의지위를 유지하는 이유는 무엇일까? 이 또한 공간 효율성이 이유다. 일본은 인구밀도가 높고 집 크기가 작으며, 택지는 도로에 면한 폭이 좁고 깊이가 깊어 집 앞 주차 공간이 협소하다. 게다가 주차 증명이 없으면 차를 살 수 없는 법까지 있어 1층에 차고를 만드는 경우가 많은데, 이 경우 주차 공간과 함께 현관문으로 들어갈 통로를 확보해야 한다.

이러한 조건을 극복하려면 작은 자동차가 유리하다. 같은 크기의 차라도 굴곡 없이 무 썰듯 수직·수평으로 다듬어진 모양이 공간의 여유를 확보하는 데 유리하다. 이렇게 도시건축적 요구에 의해 탄생한 박스형 자동차는 내부 공간의 수납 효율성도 굴곡진 차량에 비해 월등하다. 자동차 선택 시 경제성과 효율성을 우선시하는 국민성이 더해져 일본은 박스형 자동차의 천국이 되었다.

가로본능, 세로본능

컴퓨터로 새 문서를 작성하기 위해서는 우선 편집용지의 가로세로 비율을 선택해야 한다. 한국어 버전 프로그램에서 간단히 가로 혹은 세로라고 쓰여 있지만, 영문 버전의 경우 이를 'Landscape'(풍경화)와 'Portrait'(초상화)라는 단어로 표현한다. 쉬운 용어를 놔두고 왜 굳이 이런 단어를 쓰게 된 것일까?

1667년 프랑스의 역사학자 앙드레 펠리비앵(André Félibien)은 회화의 위계를 소재에 따라 가장 고귀한 것부터 순서대로 나열했다. 1. 역사화, 2. 초상화, 3. 풍속화, 4. 풍경화, 5. 정물화. 가톨릭적 세계관과 절대왕정의 시대적 배경에서 만들어진 이 서열은 19세기 초까지 프랑스 왕립미술 아카데미에서 화가와 조각가의 등급과 급여를 정하는 기준이 되었다.

이렇게 구분된 다섯 장르 중 초상화는 사람의 형상을 따라 캔버스를 세로 방향으로 놓고 그리는 것이 일반적이었고, 풍경화는 지평선을 따라 캔버스를 가로 방향으로 놓고 그리는 것이 일반적이었기 때문에, '초상화'와 '풍경화'는 점차 세로와 가로 방향을 지칭하는 용어로 쓰이게 된다. 19세기 인쇄 매뉴얼은 종이 방향을 'portrait'와 'landscape'로 구분했고, 19세기 후반 사진술 교본에서는 세로 방향 사진을 'portrait shot', 가로 방향 사진을 'landscape shot'으로 불렀다. 두 단어는 긴 변과 짧은 변이 있는 직사각형의 방향을 구분하는 가장 효과적인 용어로 정착하면서 20세기 후반 문서 편집 소프트웨어에 스며들게 되었다.

'가로=풍경' '세로=인물'이라는 구도는 자명한 형태적 원리에 기반한다. 풍경은 지평선을 따라 좌우로 펼쳐져 있고, 인물은 위아래의 방향성을 갖는다. 지평선의 포식자를 감시하는 초식동물의 동공이 가로 방향으로 찢어진 것도, 한 마리의 먹잇감에만 집중하는 포식동물의 동공이 세로 방향으로 찢어진 것도 바라보는 대상에 맞게 눈이 진화한 결과다. 15세기에 세종대왕이 반포한 훈민정음도 같은 형태적 원리를 따른다. 땅의 수평선을 'ㅡ'로, 인간의 수직성을 'ㅣ'로 기호화하고 하늘을 상징하는 점과 조합해 모음을 구성하는 천지인(天地人) 체계를 만들었다.

선사 시대 초기 인류도 이 같은 풍경과 인체의 수평·수직성 원리를 본능적으로 이해하고 있었다. 현존하는 석기 시대의 동굴벽화를 보면 여러 마리 동물 군집을 표현하는 그림은 대부분 가로 방향으로 화폭이 길다. 〈그림 7〉의 위쪽은 약 3만 년 전 프랑스 쇼베퐁다르크 동굴에 그려진 구석기 시대 벽화로 초원을 누리는 사자 무리의 역동적인 움직임을 가로 방향의 화폭에 담았다.

반면 아래 사진은 이탈리아 톨렌티노(Tolentino)에서 발견된 구석기 시대 조약돌로, 12.7센티미터 높이의 돌을 세로 방향으로 세워 머리가 짐승인 여성의 신체를 새겨넣었다. 가로가 풍경이고 세로가 인물이라는 시각적 프레임은 인류 역사와 함께 자연스럽게 형성되었고, 오늘날까지 그림·사진·문서·책·영상 같은 미디어의 방향성을 규정하는 기준이 되었다.

오늘날 스마트폰으로 미디어를 소비하는 방식도 이를 반영한다. 스마트폰이 등장한 초기, 사용자들은 스마트폰을 가로 방향으로 눕혀 배경이 넓은 사진과 동영상을 보는 걸 선호했다. 제조사들은 화면 폭을 가로 방향으로 조금이라도 더 늘리기 위해 기술 경쟁을 했다.

하지만 1 대 1 비례의 정사각형 화면을 제공하는 인스타그램이 선풍적인 인기를 끌면서, 개인의 일상이나 사물에 초점을 맞춘 가로 폭이 짧은 화면도 사용자들의 관심을 끌 수 있다는 가능성을 제시했다. 이후 등장한 틱톡과 쇼츠 같은 앱은 세로 방향에 맞춘 영상을 통해 인물에 더 초점을 맞춰 더 단순하고 빠른 콘텐츠 소비 트렌드를 만들었다.

가로 방향은 맥락과 배경을, 세로 방향은 대상 자체를 조명하는

〈그림 7〉 선사 시대의 풍경화와 초상화
▲ 프랑스 아르데슈에 위치한 쇼베퐁다르크 동굴벽화.
▼ 톨렌티노의 조약돌. '가로=풍경' '세로=인물'의 구도는 초기 인류의
예술 작품에도 나타난다. 프랑스 쇼베퐁다르크 동굴벽화는
원시인들의 유튜브였고 톨렌티노의 조약돌은 원시인들의 쇼츠였다.

데 최적화된 시각적 프레임을 제공한다. 상호작용과 맥락을 이해하는 것이 중요한 영화, 스포츠, 드라마 등의 콘텐츠에는 가로 방향이 더 좋은 정보 전달 방식이지만, 한 사람의 얼굴이나 신체를 집중해서 보고자 할 때는 세로 방향이 더 효과적이다. 프랑스 쇼베퐁다르크 동굴벽화는 원시인들의 유튜브였고, 톨렌티노의 조약돌은 원시인들의 쇼츠였다.

인간이 만든 인공물 중에는 세로 방향보다 가로 방향으로 긴 사각형이 더 많으며, 특히 우리 눈에 편하게 인지돼야 하는 이미지와 동영상 관련 매체는 가로 방향인 것이 압도적으로 많다. 인간의 시야는 눈을 정면으로 고정시킨 상태에서 수평 방향으로 200도, 수직 방향으로 135도 범위를 인지할 수 있다. 따라서 가시범위는 높이 1에 대해 폭 1.47의 비율을 갖는 직사각형으로 표현된다.[9] 또한 인간의 눈동자는 상하 방향보다 좌우 방향으로 더 빠르게 움직일 수 있으므로, 이 1.47배라는 비율은 가로와 세로 방향을 동시에 파악할 수 있는 알맞은 비율이기도 하다.[10]

수학자 유클리드에 의해 완벽한 비율로 제시된 황금비 1 대 1.618은 그리스 시대 이후 서양 문명에서 이상적인 미의 기준으로 받아들여졌다. 〈그림 8〉 가시 영역 사각형의 좌변을 ③에서 점선 ④로 옮기면 이 황금비가 만들어지는데, 가시범위에서 크게 벗어나지 않는다. 황금비가 아름다움의 기준이라는 주장에는 논란의

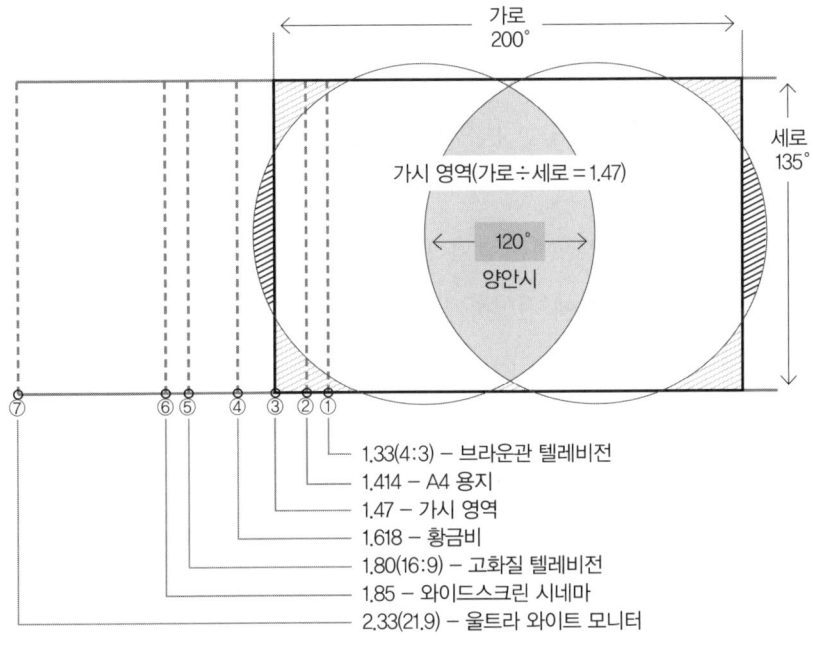

<그림 8> 인간의 시야 범위 비율과 다양한 미디어 매체 비율(점선) 비교
황금비와 A4 용지의 비례는 인간의 가시 영역과
유사하기 때문에 한눈에 쉽게 들어온다.
현대로 올수록 스크린과 모니터는 점차 가로로 길어졌다.

여지가 있지만, 이러한 비율을 가진 사물은 우리 가시범위에 잘 들어오는 비율로 인해 더 쉽고 빠르게 인지된다. 이에 따라 건축, 미술, 기하학 등 다양한 분야에서 가장 안정적인 형태로 여겨졌을 것이다.

가시 영역 중앙에는 수평 방향 120도의 양안시 영역이 존재한다. 양쪽 눈이 동시에 선명하게 볼 수 있는 이 영역은 가로로 긴 가시 영역과 달리 세로로 더 길다. 맥락보다 인물에 집중하는 초상화나 쇼츠 같은 영상이 양안시에 맞춰 세로로 구성되는 것은 광학적 관점에서 매우 합리적인 선택이었던 것이다.

ISO 표준 규격을 따르는 A0, A1, A2, A3, A4 인쇄용지의 비율은 1.414로 가시 영역의 바로 안쪽 점선 ②에 해당한다. 이 A 시리즈 용지는 반으로 접거나 두 장을 연결해도 언제나 같은 비율이 유지되는 효율성을 위해 고안되었지만, 한눈에 파악하기 쉬운 비례라는 점도 세계적으로 가장 널리 사용되는 이유일 것이다.

〈그림 8〉의 나머지 점선들은 다양한 화면 비율을 보여준다. 지난 수십 년 동안 스크린과 모니터는 몰입감과 편의성을 위해 점차 긴 가로폭으로 변화해왔다. 가로 방향으로 넓어진 화면은 더 넓은 시야를 제공함으로써 몰입감을 주고 더 많은 내용을 담을 수 있는 장점이 있다. 미래의 디스플레이는 실제 현실과 더 가까워지는 방향으로 발전할 것이다. 초고해상도를 통한 현실감을, 화면 크기 확장

을 통한 몰입감을 계속 높여갈 것이다. 동시에 가시성을 위한 곡면화가 이루어지면서 가상의 이미지는 점차 우리를 둘러싼 세상 모습을 닮아갈 것이다.

2. 집
바닥에 새겨진 한국 주거의 역사

한국인 결벽증의 기원을 찾아서

내가 가르치는 '문화적 맥락'(Cultural Context)이라는 과목의 마지막 주 강의 제목은 '동서양의 주거문화'다. 강의 첫머리에 겸재 정선과 혜원 신윤복의 회화를 보여주면서 질문을 던진다.

"한국 전통주거를 배경으로 한 두 작품 중 어느 쪽이 제대로 신발을 벗어 놓는 방법일까?"

놀랍게도 반 이상의 영국 학생은 오른쪽이 맞는 방법이라고 대답한다. 아마도 방문 앞 돌출된 쪽마루가 그들에게는 신발을 벗어 놓는 선반처럼 보이는 모양이다. 한국인이라면 유치원생도 맞힐 질문을 영국 학생들이 어려워하는 이유는, 바닥을 들어 올린 동아시아 주거 형태가 만들어내는 '높은 바닥 = 깨끗함, 낮은 바닥 = 더러움'의 위계를 경험하지 못했고, 따라서 '더러운' 신발은 반드시 낮은 바닥에 놓아야 한다는 것을 이해하지 못하기 때문이다.

〈그림 1〉 신발의 위치

◀ 정선, 「독서여가」(讀書餘暇), 1740, 간송미술관 소장.

▶ 신윤복, 「사시장춘」(四時長春), 18세기, 국립중앙박물관 소장.

영국 학생들에게 두 작품을 보여주며

신발을 벗어 놓은 위치가 올바른 것을 고르라고

물어보면 반 이상이 오른쪽을 고른다.

정답을 알려준 후, 학생들에게 상황을 설명해준다. 어느 화창한 봄날, 두 청춘 남녀가 급하게 방으로 들어갔다. 너무 급해서 제대로 신발 벗을 겨를이 없었다. 술을 들고 오던 시종은 방에서 들리는 이상한 소리에 어쩔 줄 모르고 엉거주춤 서 있다. 전통가옥의 구조와 신발이라는 소품 그리고 시종의 자세를 통해 해학적으로 주제를 전달하는 신윤복의 명작이다. 설명을 듣는 20대 초반 학생들의 얼굴에는 장난기 어린 웃음이 번진다. 동서양의 문화는 다르지만, 청춘의 감정은 같다.

한국인의 특성은 무엇일까? 누구나 자기가 느낀 혹은 매체를 통해 들은 다양한 특성이 떠오를 것이다. 하지만 내가 생각하는 가장 두드러진 특성은 깨끗함에 대한 집착이다. 목욕탕에서 이태리 타월로 때를 미는 등 신체 청결을 위한 노력만을 말하는 것이 아니다. 설거지, 빨래, 과일 씻기, 세차 등 모든 종류의 세척을 한국인처럼 광택이 나도록 구석구석 뽀드득 박박 씻고 정성을 다해 헹구는 민족은 흔하지 않다.

마실 물은 항상 정수기로 거르고, 식당에서 음식이 튈까 봐 앞치마를 두르고, 고기의 탄 부분을 떼어내는 것도 모두 불순물을 막고 제거하려는 노력이다. 유럽의 레스토랑에서 포크와 나이프를 테이블 위에 그냥 올려놓는 것은 흔한 일이지만, 한국인들은 수저받침이나 냅킨을 받치지 않으면 왠지 불안하다. 직장 화장실에서 양치

질하는 것은 서양인의 눈에 마치 공공장소에서 머리를 감는 것처럼 부적절해 보이지만, 청결 의식이 강한 한국에서는 관행으로 자리 잡은 분위기다.

깨끗함에 대한 집착은 피부 관리에서도 나타난다. 점, 잡티, 주근깨, 기미 등 백옥 같은 피부를 침범하는 어떤 불순물도 용납하지 않으려는 국민성 덕분에 K-뷰티 산업은 세계 최강이 되었다. 이런 문화 속에서 살던 한국인이 외국 생활에 적응하는 것은 쉽지 않다. 2025년 탄핵당한 한국의 전 대통령은 후보 시절 기차 앞좌석에 구두 신은 발을 올려 사회적 비난을 받았다. 자기 집 소파, 심지어 침대 위에도 신발을 신은 채 종종 드러눕는 서양에서 이런 일은 애교에 가깝다.

석회석이 함유된 수돗물을 정수 없이 마시고, 검게 탄 바비큐와 씻지 않은 사과를 그대로 먹고, 공중화장실 바닥에 스스럼없이 가방과 겉옷을 내려놓는다. 설거지 후 세제가 묻은 접시, 거품 목욕 후 거품이 달라붙은 몸, 양치 후 치약이 남은 입을 헹구는 듯 마는 듯 마른 수건으로 쓱 닦아 마무리하는 모습도 그다지 특별한 일이 아니다. 서양인의 위생 관념이 느슨한 것인가, 아니면 한국인의 기준이 까다로운 것인가?

한 집단이 공유하는 사회적 규범이나 집단적 관념이 자리 잡기 위해서는 오랜 기간 지속되는 문화적 동력이 있어야 한다. 특히 위생 관념은 반복되는 생활 습관을 통해 어릴 때 가정에서 길러지는 경우가 많다. 한 공동체의 문화적 행태와 사고방식이 가장 잘 스며들어 있는 물리적 실체는 집이다. 사람은 집을 만들고, 집은 사람의 행동과 사고방식을 만든다.[1]

집은 한 집단의 생활 방식을 '거주'라는 신체적 학습 과정을 통해 다음 세대로 전달하는 강력한 매개체다.[2] 이러한 문화인류학적 관점은 한국인의 청결에 대한 집착의 기원을 한반도의 주거로부터 찾을 가능성을 열어준다. 한국인의 높은 위생 관념에 영향을 미치는 한국 주거만의 특징은 무엇인가? 이 질문에 대한 답은 앞에서 언급한 '높은 바닥 = 깨끗함, 낮은 바닥 = 더러움'으로 정의되는 상징체계의 탄생과 진화 과정을 추적함으로써 얻을 수 있다.

온돌과 마루는 어디에서 왔나

온돌과 마루를 한국 고유의 건축 유산이라고 말하지만, 이것은 정확한 사실이 아니다. 이 두 가지 건축 방식은 한반도 외부 문화권과 교류하고 상호작용하며 형성되고 발전한 기술이다. 온돌은 한반도 북쪽과 중국 동북부 지역에서 기원전 5세기경부터 발달한 난방 방식이다. 중국에서는 캉(坑)이라는 이름으로, 한반도에서는 구들이라는 이름으로 방의 일부를 침대처럼 들어 올리는 방식으로 시작되었던 온돌은, 이후 한반도에서 방바닥 전체를 들어 올리고 아궁이를 외부에 설치하는 전면온돌 방식으로 발전했다.

지리적 범위를 더 넓히면 유럽에서도 자생적으로 발달한 온돌을 발견할 수 있다. 로마 제국의 온돌은 바닥을 돌기둥으로 받치고 그 틈으로 난로의 열이 통과한 후 굴뚝을 통해 배출되는 방식이다. 한국의 전면온돌과 유사하다. 한반도와 만주에서 주로 주택 난방을 위해 사용되었던 것과 달리, 로마의 온돌은 주택은 물론 공동 욕장이나 군사 숙소에 이르기까지 광범위하게 활용됐다. 로마의 발달한 온돌 기술은 이후 로마 멸망과 함께 수백 년간 유럽에서 자취를 감춘다. 하지만 한반도의 온돌 기술은 공법과 재료를 진화시켜 현대까지 이어져 내려오고 있다.

마루는 땅으로부터 들어 올린 목구조 바닥이다. 습기·빗물·해충에 의한 재료의 손상을 막기 위한 목적에서 유래했으며, 중국 남부에서 기원전 5세기에 만들어진 집 모양의 청동 관(棺)에서 기둥으로 들어 올려진 마루 형태를 볼 수 있다.[3] 흔히 고상주거(高床住居)라 불리는 이러한 주거 형태는 바다에 면하고 여름에 고온다습한 동남아시아, 일본, 한국에 주로 분포되어 있으며, 곡물을 저장하기 위한 창고 건물에서 비롯되었을 것으로 추측된다.

강수량이 많은 동남아시아의 주거는 마루가 더 높고, 상대적으로 강수량이 적은 일본과 한국은 그보다 낮다.[4] 동남아시아에서는 주거가 높은 기둥으로 들어 올려져 그 하부에 가축을 키우거나 물건

©Lim Jee Yuan

©서경욱

〈그림 2〉 말레이시아와 일본의 전통주거
▲ 말레이시아 전통주거는 마루가 높아
계단이나 사다리를 올라가서 들어가야 한다.
▼ 한국이나 일본 전통주거는 툇마루 앞
댓돌을 밟고 마루에 올라선다.

을 수납하는 경우가 많고, 사람이 거주하는 공간은 사다리나 계단을 통해 올라간다. 집 밖에서도 신발을 신지 않고 생활하던 과거에는 계단 앞에 놓인 항아리에서 바가지로 물을 떠 발을 닦고 들어가는 것이 관습이었으나, 신발이 보편화된 이후에는 계단 앞에서 신발을 벗는다.

한국과 일본의 전통주거는 마루의 높이가 높지 않아 사다리나 계단이 필요 없지만, 쉽게 오르내리기 위해 툇마루 앞에 댓돌을 놓아두는 경우가 많다. 지역에 따라 높이가 다르지만 한국과 일본의 마룻바닥은 걸터앉기 좋은 무릎이나 허벅지 정도의 높이로 맞춰져 있다. 땅에서 띄워진 아시아 주택은 주춧돌을 기둥 간격으로 고정한 후, 그 위에 마루를 받치는 기둥을 건물 자체 무게를 이용하여 올려놓는 방식으로 짓는다.

해체가 가능한 목재 결구(結構) 방식 그리고 외부로 열린 마루 위에서의 간편한 좌식 생활로 대변되는 동아시아 전통주거는, 서양인의 눈에 커다란 평상이나 침상처럼 잘 짜인 가구로 비친다.[5] 집을 어깨에 짊어지고 옮기는 동남아시아의 전통적 이사 방식도 두꺼운 벽체가 땅속에 단단히 고정된 현대식 주거와 대비되는 가볍고 유연한 목조가구식 고상주거의 특성 때문에 가능하다.

한반도는 남쪽의 마루 구조와 북쪽의 온돌 난방 방식이 만나는 중간 위치에서 이 두 가지 건축 기술을 모두 수용했다. 한옥의 위대

〈그림 3〉 목조주택을 옮기는 필리핀 사람들
집을 어깨에 짊어지고 옮기는 동남아시아의 전통적 이사 방식은
땅에 고정되지 않는 목조 가구식 고상주거의 특성 때문에 가능하다.

함은 마루나 온돌 각각의 기술적 완성도보다, 이 두 가지 이질적인
건축양식을 한 지붕 아래 통합한 데 있다. 목재를 결구하는 마루 구
조, 흙과 돌로 만드는 온돌 구조를 하나의 공간에 통합하는 것은 매
우 어려운 도전이었을 것이다. 그러나 한옥 장인들은 일정 간격의
기둥 모듈 안에 마루와 온돌을 맞춰 넣고, 이들을 같은 높이에서 만
나게 하는 기술적 성취를 이미 13세기 초에 이루었다.[6] 냉방기와
난방기가 하나의 구조 안에 깔끔한 디테일로 통합된, 세계 어디에
서도 볼 수 없었던 올인원 빌트인 전천후 시스템 주거의 탄생이다.

〈그림 4〉 대전 동춘당
땅에 고정된 온돌방과 땅에서 떠 있는 마루방이
결합한 17세기 건축물이다.

조선 후기 송준길이 별당으로 지은 대전의 동춘당(同春堂)에는 통일된 가구식 구조 안에 서로 다른 창 크기와 벽 구조를 가진 온돌방과 마루방이 조화롭게 공존하고 있다. 여름 공간과 겨울 공간의 결합, 가벼운 구조와 무거운 구조의 결합이면서도 서로 충돌하지 않고 아름다운 건축미를 만들어낸다. 20세기를 거치며 전통주거는 점차 현대식 주거로 변모했다. 하지만 바닥으로부터 들어 올려진 온돌과 마루는 변하지 않는 한국 주택의 유전적 특징으로 남았다.

높고 깨끗한 바닥, 낮고 더러운 바닥

한옥에는 언제든 앉거나 드러누울 수 있는 대청마루와 온돌방 그리고 걸터앉기 좋은 툇마루와 쪽마루가 있다. 마치 거대한 평상이나 침상처럼 언제나 몸을 맞대고 쉴 수 있는 안락한 공간이다. 온돌과 마루는 습기와 먼지가 있는 흙바닥과 떨어져 있으며 부지런히 쓸고 닦아 깨끗하게 유지된다.

이런 구조는 겨울의 따뜻함과 여름의 시원함을 몸으로 직접 느낄 수 있는 좌식 생활을 자연스럽게 유도한다. 거주 공간의 바닥 전체가 몸과 밀착되는 생활 방식으로 인해 신발을 외부의 낮은 바닥에 벗어놓는 습관이 생겨났고, 점차 사회적 규범으로 자리 잡았다. 결국 외부 오염원을 차단하고 깨끗함을 유지하려는 한국인의 철저한 위생 관념은 온돌과 마루의 등장으로 인해 필연적으로 시작되었다고 볼 수 있다.[7]

한편 마당, 부엌, 곳간, 변소, 축사처럼 습기와 불순물이 생기는 부속 공간은 거주 공간과 분리되어 낮은 흙바닥의 영역으로 남았다. 높은 바닥의 거주 공간은 점차 깨끗한 내부 공간이라는 상징성을 획득했고, 낮은 바닥의 부속 공간은 점차 더러운 외부 공간이라는 상징성을 획득했다.[8]

바닥 높이는 기능적으로나 상징적으로 공간의 위계를 설정하는 중요한 요소다. 서양 주거에서 가구가 발달한 역사적 이유도 각종

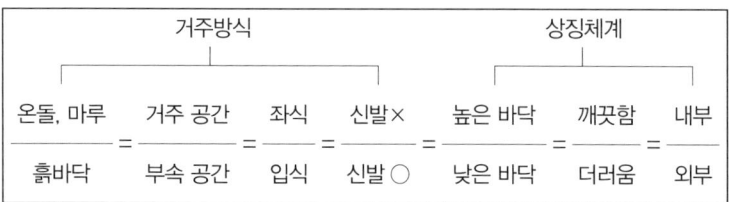

	거주방식				상징체계	
온돌, 마루	거주 공간	좌식	신발×	높은 바닥	깨끗함	내부
=	=	=	=	=	=	=
흙바닥	부속 공간	입식	신발 ○	낮은 바닥	더러움	외부

불순물이 쌓인 불결한 바닥과 신체 접촉을 최소화하기 위한 높은 바닥이 필요했기 때문이다.[9] 모든 제례 의식에 제단이 필요한 것도 제물을 바칠 깨끗하면서도 신성한 높은 바닥을 확보하기 위함이다. 인류학자 메리 더글러스(Mary Douglas)에 의하면 깨끗하고 더러운 것은 상대적 개념이다.

"그릇에 담긴 음식은 더럽지 않지만 옷에 흘린 음식은 더럽고, 신발 자체는 더럽지 않지만 침대나 식탁 위에 놓으면 더러운 것이 된다."[10]

같은 맥락에서 앉고 눕는 가구처럼 사용되는 마루나 온돌 위에 올려진 신발은 더러운 것일 뿐 아니라, 사회적 규범을 거스르는 금기가 된다.

기후와 풍토에서 시작된 한옥의 거주 방식은 수많은 세대를 거쳐 오면서 '높은 바닥 = 깨끗함 = 내부, 낮은 바닥 = 더러움 = 외부'라는 상징체계를 우리 마음속에 심었다. 집뿐만이 아니다. 한국에서 땅으로부터 들어 올려진 모든 공간은 상징적 내부 공간의 지위를 획득한다. 정자, 원두막, 평상 등도 신발을 벗고 올라가는 내부 공간이며, 심지어 야외에 깔아놓은 돗자리도 절대 신발을 신고 올라설 수 없는 내부 공간이 된다.

한민족의 오랜 좌식 생활은 언어에도 영향을 미쳤다. '들어앉다'는 '들어가다'와 '앉다'가 결합한 동사고, '나서다'는 '나가다'와 '서다'가 결합한 동사다. 집에 들어간다는 것은 곧 앉는 것이고, 집을 나간다는 것은 곧 일어서는 것이기에 정착된 이 표현은 다른 나라 언어에서는 찾기 힘든 표현이다. '버선발로 뛰쳐나가다'라는 표현도 마찬가지다. 아주 반가운 사람이 집으로 온다는 소식을 듣고 조금이라도 빨리 보고 싶은 마음에 신발을 신을 겨를조차 없었음을 표현한 관용구다. 바꾸어 말하면, 아주 특별한 일이 생기지 않는 한 집 밖을 나갈 때 반드시 신발을 신어야 한다는 사회적 규범이 반영된 표현이다.

조선 시대 김득신의 「파적도」는 바로 이런 특별한 상황을 묘사한다. 도둑고양이가 병아리를 물고 달아나는 것을 본 남편은 버선발로, 아내는 맨발로 마루에서 급하게 뛰어내려 뒤를 쫓는다. 평소에는 저지르지 말아야 할 금기를 위급 상황에서 어쩔 수 없이 깨뜨린 것이다.

서구권의 백인들은 신발을 벗지 않고 집 안으로 들어가는 것은 물론이고 맨발로 집 밖을 나오는 데도 큰 거부감이 없다. 가족을 집

〈그림 5〉 김득신, 「파적도」, 18세기, 간송미술관 소장
병아리를 물고 달아나는 고양이를 쫓는
주인 내외의 다급한 심정을 버선발과 맨발로
마루에서 뛰어내리는 모습으로 생동감 있게 표현했다.

앞까지 배웅하기 위해, 이웃집에 맡겨진 택배를 찾기 위해, 집 앞 차에서 짐을 꺼내기 위해 맨발 혹은 양말만 신고 걸어 나오는 모습은 미국과 영국의 주택가에서는 종종 접할 수 있는 풍경이다.

동아시아 문화권 안에서도 특히 한국인과 일본인은 청결함에 대한 집착이 강하고, 따라서 깨끗한 높은 공간과 더러운 낮은 공간에 대한 구분도 유별나다. 모든 집에 현관이라는 별도의 낮은 바닥 공간이 명확하게 구획된 나라는 한국과 일본밖에 없다. 우리는 현관문을 열어줘야 할 때, 어쩔 수 없이 현관 바닥을 맨발로 살짝 디뎌야만 하는 불쾌한 상황을 알고 있다. 이 찰나의 접촉을 피하기 위해 신발 위를 밟거나, 현관 바닥에 나무나 플라스틱으로 만든 작은 발판을 놓기도 한다. 일본에서 활동하던 덩컨 쇼튼(Duncan Shotton)이라는 영국인 디자이너는 일본인의 이런 습성을 흥미롭게 관찰한 후, 토비이시(Tobiishi, '징검돌')라는 기발한 제품을 출시했다.

과거부터 현재까지 바닥 높이의 위계를 유지해온 한국의 주거는, 깨끗함과 더러움을 구분하는 생활 습성을 학습시키고 다음 세대로 전달하는 문화적 매개체 역할을 해왔다. 온돌과 마루의 높이에서 시작된 위생 관념은 우리의 사고와 행동 전반에 걸쳐 영향을 미쳤을 것이고, 더 나아가 주변의 모든 불순물과 이물질을 철저히 억제하고 통제하려는 태도를 형성했을 가능성이 크다.

코로나19 팬데믹이 한창이던 2022년, 세계 44개국을 대상으로

〈그림 6〉 현관용 징검돌 토비이시
영국인 디자이너 쇼튼은 일본인들이 방문객을 위해
현관 문을 열어줄 때 신발 위를 밟거나 몸을 기울여
팔을 뻗는 것을 보고 이 제품을 떠올렸다.

한 설문조사에서 한국은 스스로 백신을 접종하겠다는 응답 비율뿐 아니라, 남들도 백신을 접종할 것이라는 믿음이 세계에서 가장 높게 나타난 나라다.[11] 또한 마스크 쓰기, 손 씻기, 거리두기 등의 청결 수칙을 어느 국가보다도 잘 지켰다는 것을 우리는 경험으로 알고 있다. 이러한 집단적 위생 관념은 하루아침에 우연히 형성된 것이 아니다.[12]

바닥 위계를 통해 본 평면의 진화

〈그림 7〉은 1930년대 서울 도화동에 지어진 한옥의 평면도로, 기역자형 안채와 문간채가 안마당을 둘러싸는 전형적인 중부지방 가옥이다. 서울의 급격한 인구 증가와 함께 이러한 '기역자형 한옥'은 1960년대까지 민간 개발업자들에 의해 작게 구획된 도심 필지에 도심형 한옥이라는 이름으로 대량 건설된다. 그림 오른쪽 도식은 각 단위 공간을 점으로, 연결 관계를 선으로 표시한 것이다. 맨 아래 외부 공간에서 출발하여 출입문을 통해 집 안으로 들어가면서 만나는 공간들을 깊이 순서대로 배열한 것이다.

맨 위쪽에는 대문에서 가장 먼 깊은 공간들이 놓인다. 검은 점은 신발을 신어야 하는 낮은 바닥 공간이고, 흰 점은 신발을 벗어야 하는 높은 바닥 공간이다. 이 도식을 통해 높고 낮은 공간들이 한국 주택의 진화 과정 속에서 어떻게 움직였는지를 파악할 수 있다. 한옥

평면 ①

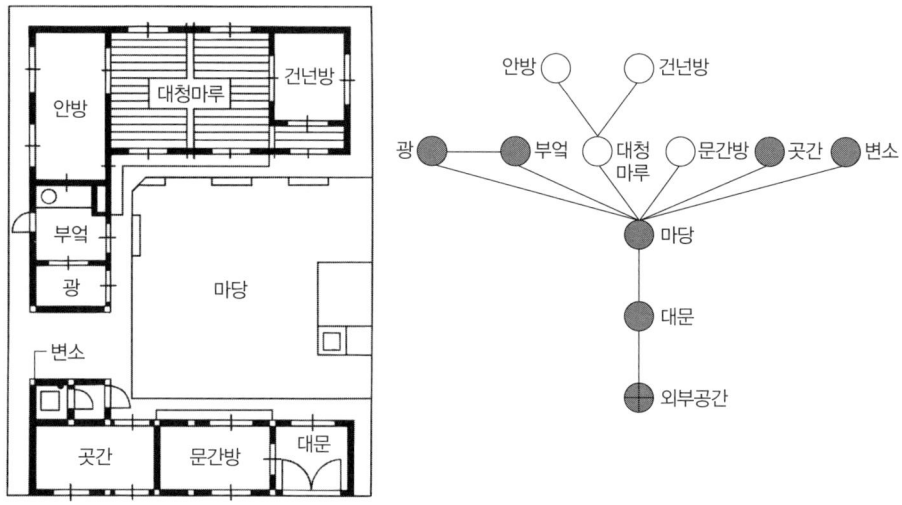

〈그림 7〉 1930년대 기역자형 한옥
오른쪽 도식은 맨 아래 외부 공간에서 시작하여
공간의 깊이에 따라 순서대로 배열한 것이다.
검은 점들은 신발을 신는 낮은 바닥 공간이다.

의 특징은 모든 검은 점이 안마당을 중심으로 연결되어 하나의 클러스터를 이루고 있다는 것이다. 다시 말해, 방이나 마루에서 내려와 한 번만 신발을 신으면 모든 낮은 공간에 도달할 수 있다.

도심형 한옥이 대량으로 지어지던 시기, 한편에서는 현대식 주택 유형이 다양하게 실험되고 있었다. 1940년대에는 일제 총독부가 군수산업체에 근무하는 노동자의 주택 부족 문제를 해결하기 위해 공급한 영단주택(營團住宅)이, 해방 이후에는 국가와 민간이 주도한 크고 작은 단독주택이 등장했다. 수백 년간 정착된 한옥의 생활방식을 새로운 틀 안에 넣는 것은 당시 건축가들에게 쉽지 않은 도전이었다. 여러 가지 유형의 평면이 시도되었지만, 많은 경우 한옥의 특성인 '안방-마루-건넌방'이 일자로 연결되는 구조와 안방 뒤로 부엌이 위치함으로써 아궁이 온돌 난방을 지원하는 방식을 차용했다.

단독주택의 출현에도 불구하고, 한옥은 1960년대까지 대다수 한국인의 생활을 담는 주거 형태였다. 이후 1950년대에 처음 등장한 아파트가 1970년대 이후 엄청난 인기를 얻으면서, 한국 주택 역사의 큰 흐름은 전통 한옥에서 아파트로 자연스럽게 연결된다.[13] 아파트 평면은 현대식 단독주택 실험에서 얻었던 경험을 바탕으로 점차 한국만의 독특한 주거 형태로 발전한다. 이제부터 살펴볼 네 개의 계단실형 아파트 평면은 이러한 변화를 단계적으로 보여준다.

〈그림 8〉의 평면 ②는 1964년 완공된 한국 최초의 계단실형 2침실 아파트다. 현관을 중심으로 다섯 개의 낮은 바닥 공간을 하나의 클러스터로 통합한 예외적인 특징을 보여준다. 현관, 욕실, 변소, 부엌, 다용도실을 서로 연결했기에 한번 신발을 신으면 낮은 공간을 연속적으로 드나들 수 있다. 좁은 아파트 공간에 한옥의 외부 공간 구조를 이식하려는 당시 건축가들의 치열한 고민의 흔적이다. 하지만 거실 앞 발코니는 어쩔 수 없이 분리되었고, 이에 따라 낮은 바닥 클러스터는 둘로 갈라진다.

평면 ③은 1968년 완공된 최초의 계단실형 3침실 아파트다. 안방-마루-건넌방 배열과 안방 뒤쪽으로 부엌이 붙는 전통적 배치가 나타난다. 아파트라는 새로운 주거 형태에 나타난 전통적 배치는 물질문명의 불연속성 이면에 흐르고 있는 문화의 연속성을 보여준다.[14] 낯설고 혼란스러운 환경의 변화를 익숙함으로 완화하려는 문화적 반작용이다. 이제 낮은 공간은 발코니, 다용도실-부엌, 욕실, 현관이라는 네 개 클러스터로 더 잘게 쪼개졌다.

1970년대 다양한 아파트 평면이 시도되던 시기를 지나 1980년대가 되면 소수의 유형이 시장을 지배하게 된다. 새로운 문화가 유입됐을 때 지역 정서에 맞는 다양한 변형이 시도되다가 최종적으로 사회적으로 합의된 소수의 토착 문화로 정착되는 문화 적응(acculturation) 현상이다.[15]

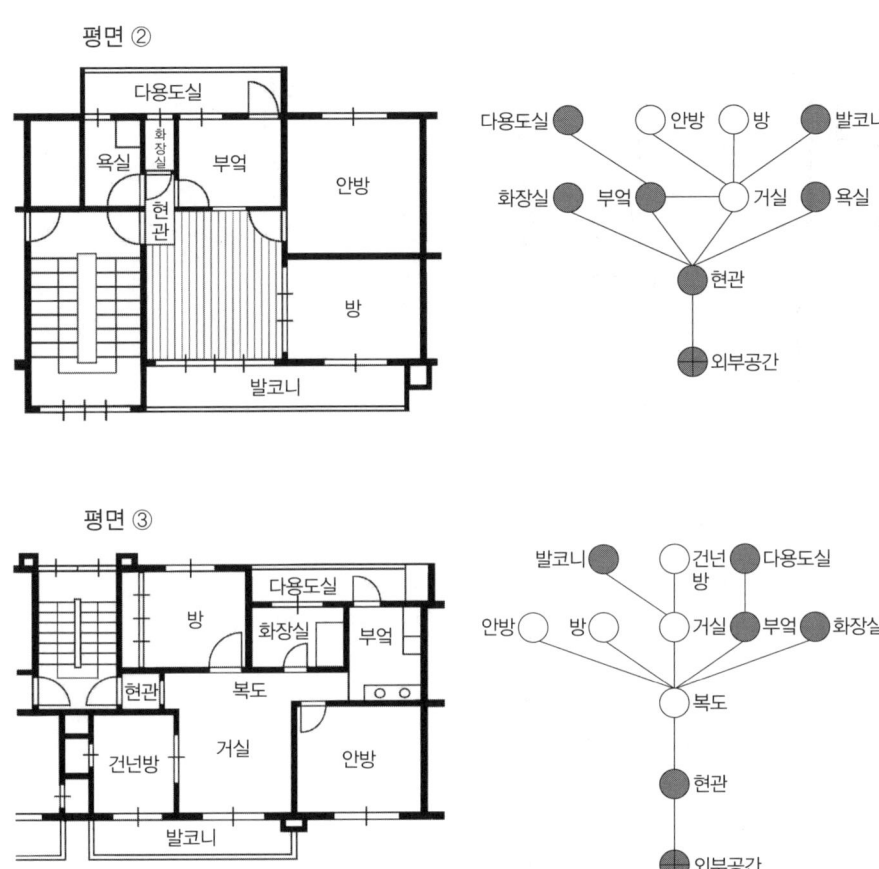

평면 ②

다용도실
욕실 / 화장실 / 부엌
현관
안방
방
발코니

다용도실 ● ─ ○ 안방 ─ ○ 방 ─ ● 발코니
화장실 ● 부엌 ● ─ ○ 거실 ● 욕실
현관 ●
외부공간 ⊕

평면 ③

방
다용도실
화장실 부엌
현관
복도
건넌방
거실
안방
발코니

발코니 ● ─ ○ 건넌방 ● 다용도실
안방 ○ 방 ○ ○ 거실 ● 부엌 ● 화장실
복도 ○
현관 ●
외부공간 ⊕

〈그림 8〉 한국 최초의 계단실형 2침실·3침실 아파트
최초의 2침실형 평면은 다섯 개의 낮은
바닥 공간을 하나의 클러스터로 연결해
한옥의 외부 공간 구조를 이식하려 했다.

평면 ④

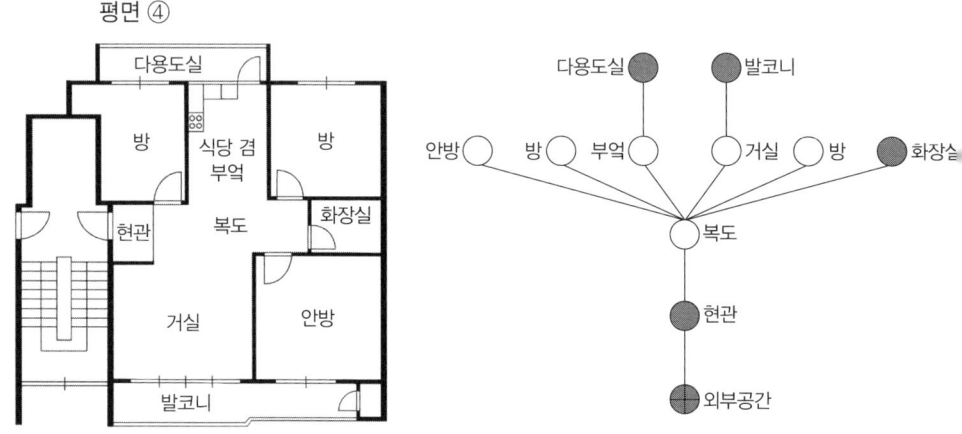

평면 ⑤

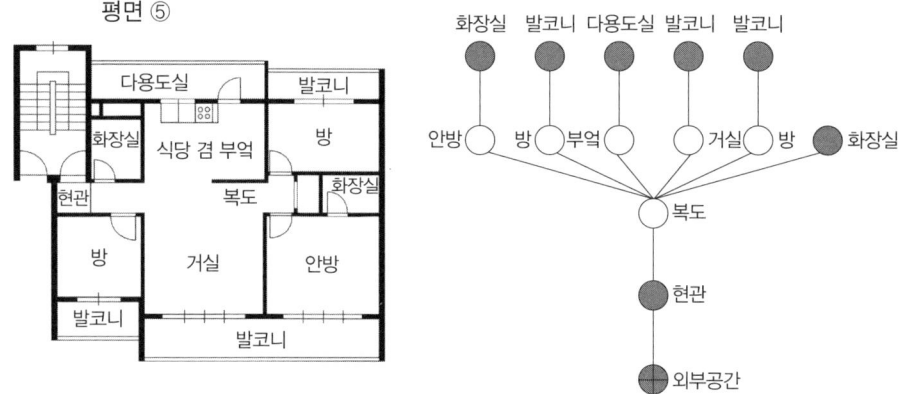

〈그림 9〉 1980년대와 2000년대 3침실 아파트
낮은 바닥 공간이 여러 개로 쪼개지면서
평면 외곽으로 흩어지는 흐름을 보여준다.

〈그림 9〉의 평면 ④는 1980년대에 가장 많이 지어진 계단실형 3침실 아파트다. 이전 1960년대 평면과 비교했을 때, 가장 주목해야 할 변화는 부엌이 높은 바닥 공간으로 변신한 점이다. 초기 아파트의 부엌은 아궁이 난방과 재래식 취사를 위한 공간이었고, 다른 부속 공간처럼 낮은 바닥으로 만들어졌다. 1970년대 보일러 난방의 등장으로 아궁이가 사라지고 조리 과정이 간편해지면서 부엌은 수백 년간 속했던 '더럽고 낮은 외부 공간'에서 벗어나 '깨끗하고 높은 내부 공간'의 지위를 획득했다. 부엌은 이제 안방과 떨어져 식사 기능과 결합하면서 식당 겸 부엌이라는 현대적 공간으로 변모한다.

평면 ⑤는 2000년대에 등장한 계단실형 3침실 아파트다. 하나의 건물 안에 더 많은 세대를 끼워넣기 위해 '안방-거실'의 2개 실로 줄였던 전면폭이 다시 3개 실로 늘어나면서 전통적인 '안방-마루-건넌방' 배치를 계승했다. 또한 발코니가 외벽면 전체로 확대되었고, 두 개의 화장실이 계획되었다. 결과적으로 낮은 바닥 공간이 그래프의 가장 깊은 위치로 흩어지면서, 낮은 바닥 클러스터는 무려 일곱 개로 쪼개진다. 이에 따라 전체적인 평면 구조는 중심의 높은 바닥 공간들을 주변의 낮은 바닥 공간들이 둘러싸는 형태가 된다. 같은 시기, 침실이나 거실을 발코니까지 확장하는 사례가 점차 늘어나면서, 낮은 바닥 공간 중 일부는 높은 바닥으로 편입되기 시작한다.

'높은 바닥과 낮은 바닥'이라는 이항대립적 개념은 한국 주거의 진화 과정을 이해하는 또 다른 접근 방법을 제시해준다. 한옥에서 마당을 중심으로 하나의 클러스터로 묶여 있던 낮은 바닥의 부속 공간들은 아파트 내부에서 점차 외곽으로 흩어진다. 이와 반대로, 온돌과 마룻바닥을 가진 거주 공간은 점차 하나로 연결된 높은 바닥을 중심부에 형성한다. 이에 따라 그래프에서 검은 점은 중심에서 외곽으로, 하얀 점은 외곽에서 중심으로 이동한다.

한국 주거의 변천사에서 가장 독특한 현상은, '낮은 바닥 = 더러움 = 외부 = 신발'이라는 상징체계가 새로운 주거 형태 안에서도 지속된다는 것이다. 현대식 아파트 안에서도 화장실, 발코니, 현관, 다용도실은 신발을 신어야 하는 '더러운 외부 공간'이며, 이에 따라 바닥을 낮추는 것은 너무나 당연한 일이다. 서양인이 슬리퍼가 놓인 한국의 화장실을 낯설게 느끼는 이유는 낮은 바닥의 상징적 의미를 모르기 때문이다. 반대로 한국인들이 유럽의 화장실을 보고 당황하는 이유는, 화장실의 바닥은 반드시 낮아야 한다는 오랜 상식이 한순간에 깨지기 때문이다. 온돌과 마루가 등장하면서 형성된 엄격한 위생 관념은 아직 한국인의 생활 방식을 지배한다.

높은 바닥의 확대와 낮은 바닥의 축소

과거의 전통 한옥과 현재의 아파트는 형태적으로 전혀 다른 주거 양식이며, 그 안에 담기는 삶의 방식도 큰 변화를 겪었다. 하지만 그 안에는 새로운 시대에 적응하면서 그 가치를 지켜온 온돌과 마루의 전통이 있다. 입식 가구의 무게에 손상되기 쉬운 다다미가 일본의 현대식 주거에서 점차 사라지는 것과 달리, 온돌과 마루는 기술혁신을 통해 오히려 그 영향력을 확대해왔다.

전통 온돌은 아궁이의 불길과 연기를 바닥 밑으로 통과시키는 구조적 특성 때문에 바닥을 높게 들어올려야 했다. 그러나 보일러를 이용한 온수 파이프 방식이 도입되면서 파이프가 묻히는 5센티미터 내외의 높이만 있으면 온돌 시공이 가능해졌다. 그 결과 난방 효율을 위해 높은 바닥뿐 아니라 낮은 바닥을 포함한 집 전체에 온돌을 깔게 되었다.

마루의 경우, 지면 위로 들어 올린 목재 프레임 위에 두꺼운 널판을 깔았던 전통 방식에서 점차 슬래브 위에 얇은 목재판을 까는 방식으로 발전했다. 이후 강마루처럼 온돌바닥에 접합되는 열전도 성능이 우수한 바닥재가 개발되면서, 거실 너머 모든 거주 공간의 바닥재로 확산했다. 이렇게 겨울 공간인 온돌과 여름 공간인 마루가 서로 중첩되면서 21세기 한국 주택은 진정한 전천후 공간이 되었다.

표면적으로 한국의 주거는 입식 가구를 활용한 서양식 라이프 스타일을 추구한다. 식사는 식당의 식탁에서, 휴식은 거실의 소파에서, 수면은 침실의 침대에서 이루어지는 것을 전제로 가구가 배치되고 방의 명칭이 부여된다. 하지만 실제 삶은 이러한 기능주의적 시나리오를 따르지 않는다. 식탁을 놔두고 거실 바닥에 앉아 생일 파티를 하고, 소파 앞 바닥에 앉아 TV를 보며 식사하는 모습은 한국인에게 너무나 익숙하다. 가구를 이용한 입식 생활을 영위하지만, 때때로 바닥으로 내려와 좌식 생활을 하는 모습은 한국인의 독특한 이원적 주거방식이다.[16]

정형화된 식탁 위의 식사는 기능적 편리함을 제공하지만, 낮은 밥상을 놓고 좌식으로 둘러앉아 음식을 나눌 때처럼 정서적 편안함을 주지 못한다. 최첨단 생활 방식과 서구 문화를 누구보다 빠르게 수용하는 한국인을 바닥으로 당기는 힘의 근원은 온돌과 마루다. 한옥의 생활 방식을 벗어난 지 반세기가 넘었지만, 온돌의 따뜻함과 마루의 시원함은 언제나 우리 마음의 고향이다.

한국인의 집은 향후 어떻게 진화할 것인가? 가장 유력한 가능성은 높은 바닥 공간의 확장이라는 오늘날의 흐름이 더욱 강화되는 것이다. 1970년대 식당 겸 부엌이라는 새로운 공간의 출현으로 높은 바닥은 그 영역이 확장되는 첫 번째 시기를 맞이했고, 2000년대 이후 거실과 침실이 발코니로 확장하면서 두 번째 확장의 시기를 거쳤다. 이 모든 변화의 이면에는 가전제품의 발전이 있었다.

전통적 방식의 음식 조리 및 저장, 세탁 및 건조, 대량의 설거지, 아궁이 난방 등의 가사 행위가 점차 냉장고, 원터치 조리기구, 세탁기, 건조기, 식기세척기, 보일러 등의 가전제품 안으로 흡수되면서 습기, 먼지 그리고 각종 불순물을 받아주던 낮은 바닥의 필요성이 줄어들었다. 전통적 세탁은 배수가 잘되는 낮은 바닥에서 손으로 이루어졌다. 1970년대에는 통돌이형 세탁기가 신체 노동을 대체했으나 소음, 진동, 누수, 배수 문제로 여전히 낮은 바닥에 설치되었다. 하지만 2000년대 이후 이러한 문제가 해결된 드럼세탁기가 등장하면서, 세탁은 낮은 바닥을 벗어나 깨끗한 거주 공간 인테리어로 흡수되는 추세다.

높은 바닥의 확장과 낮은 바닥의 축소는 다음 세 가지 이유로 점차 강화될 것이다. 첫째, 스마트홈을 지향하는 미래의 가전제품과 전자기기는 지금보다 성능과 디자인이 향상된 저소음, 저발열, 친환경, 하이테크 디자인을 기본 사양으로 갖춰 높은 바닥 공간에 어울리는 인테리어 아이템이 될 것이다. 둘째, 고연령층과 신체적 제약이 있는 거주자를 위한 유니버설(universal) 디자인과 배리어프리(barrier-free) 디자인 요건이 강화되면서 단차 없는 바닥이 보편화될 것이다. 셋째, 가까운 미래에 가사도우미 로봇과 택배 로봇이 집 내외부의 물류와 가사 노동을 대체한다면, 이들의 효율적인 이동

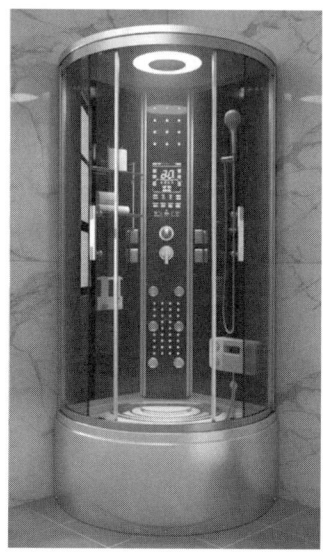

〈그림 11〉 드럼세탁기, 샤워 포드, 변기 캐비닛
물을 사용하는 기기를 독립적으로 설치해
부속 공간 내부의 바닥을 건조하고 깨끗하게
탈바꿈시켜 점차 높은 바닥 공간으로 편입된다.

을 위해 실내 공간은 끊김 없는 균일한 높이의 바닥으로 설계될 것이다.

이러한 시대적 변화는 첨단 설비의 개발과 상용화를 통해 앞당겨질 것이다. 드럼세탁기가 그랬던 것처럼, 집에서 행해지는 물을 사용하는 모든 위생 및 청결 행위도 밀폐된 설비 안으로 수용될 것이다. 독립적으로 설치할 수 있는 샤워 포드, 변기 캐비닛 등 밀폐된 캡슐 안에 오염원을 가두고 빨아들이는 첨단 위생 설비의 도입은 부속 공간 내부의 바닥을 건조하고 깨끗하게 탈바꿈시켜 높은 바닥의 거주 공간과 같은 높이에서 연결되게 할 것이다.

스마트홈을 표방하는 미래 주거는 자동화된 위생 환경을 구축해, 낮은 바닥은 점차 소멸의 길을 가게 될 것이다. 과거 우리의 사고방식에 영향을 미쳤던 깨끗하고 더러운 바닥의 뚜렷한 위계와 구분이 사라지는 미래, 엄격한 위생 관념 그리고 입식과 좌식의 공존은 여전히 한국인의 문화적 특징으로 남게 될 것인가?

3. 길
오솔길, 도로, 철도는 어떻게 생겨났나

최초의 길

인간이 사는 세상을 추상적으로 정의하면 '면'과 '선'의 조합이라고 할 수 있다. 면은 장소를 의미하며 생활이 이루어지는 영역이다. 선은 길을 의미하며 이동이 이루어지는 영역이다. 한 장소에서 벗어나 다른 장소를 향하는 길 위에서 삶은 비로소 넓게 펼쳐진다.[1] 생존하기 위해서는 다양한 자원이 필요하며, 길이 없다면 떨어진 곳의 자원을 이용할 수 없다.

선사 시대 인류는 동물의 이동으로 다져진 땅의 흔적을 따라 최초의 길을 만들었다.[2] 처음에 한 사람이 이동하기 위한 최소 너비로 만들어진 길은 많은 사람이 통행하면서 점점 다져지고 움푹 파이는데 이것을 홀러웨이(hollow way)라 한다.[3]

한번 만들어진 길은 생명력이 강하다. 누군가 그 길을 이용하는 한, 시대가 바뀌고 새 도시가 들어서도 흔적을 없애기 쉽지 않다. 미국 뉴욕의 맨해튼은 격자형 블록으로 구성된 계획도시다. 이 격자형 구조를 사선으로 가로지르는 길이 있다. 건물을 검게 칠한 맨해튼 지도에서 쉽게 눈에 띄는 이 길이 그 유명한 브로드웨이 (Broadway)다.

브로드웨이가 지나가는 블록은 사선으로 잘리는데, 어떤 블록 안에는 뾰족한 삼각형 모양 땅이 만들어진다. 이중 브로드웨이와 7번가가 교차하며 만들어지는 삼각형 땅에 자리 잡은 광장이 유명한 타임스스퀘어(Times Square)다. 삼각형 땅의 좁은 모서리에 맞춰 지어진 건물의 좁고 높은 벽면에 부착된 전광판이 이 광장의 유명한 상징이 되었다.

반듯한 도시계획 격자의 질서를 깨는 이 브로드웨이는 사실 오래전 미국 인디언들이 말을 타고 맨해튼 초원을 달리던 흔적이다. 수많은 말발굽으로 다져진 이 길은 이민자의 마을 건설에 활용되었고 이후 100층이 넘는 건물로 채워진 오늘날 뉴욕이 건설되기까지 수많은 변화 속에서도 그 모습을 유지하고 있다.

인간은 가장 에너지를 적게 쓰면서 원하는 것을 성취하려 한다. 이것을 '최소 노력의 법칙'이라고 한다.[4] 따라서 인간은 눈에 쉽게 띄는 지형을 따라 길을 냈을 것이다. 새들은 자기장으로 방향을 감지할 수 있지만, 바다 갈매기는 강줄기를 따라 내륙으로 날아가고 비둘기는 자동차 도로를 길잡이 삼아 비행한다.[5]

©Hajun Seo

〈그림 1〉 맨해튼 지도와 타임스스퀘어
브로드웨이는 맨해튼을 남북으로 길게 가로지른다.
그 가운데 타임스스퀘어가 자리 잡고 있다.

강 유역을 중심으로 문명이 형성되면서 길은 자연스럽게 강을 따라 형성되었을 것이다. 특히 물에 의한 침식에서 벗어나 있으면서 지질은 단단하고 수목이 덜 자라나는 주변 높은 지대는 길을 내기 좋다.[6] 서울의 한강, 런던의 템스강, 파리의 센강 등 오래된 도시의 강둑에는 예외 없이 옛길의 흔적이 남아 있다.

최초의 길들은 더 편하고 먼 이동을 위해 점차 서로 연결되고 가지를 치면서 복잡한 네트워크를 형성한다. 장애물이 없는 평야나 초원 지대라면 목적지를 향한 최단 거리로 평지길이 난다. 산과 언덕이 앞을 가로막으면 산자락길로 돌아가거나 이어진 능선 위를 따라가는 능선길을 만든다. 만약 돌아가기 힘든 큰 산을 만난다면 구릉 사이 가장 낮은 지점을 넘는 고갯길을 만든다. 이렇게 만들어진 길은 다양한 운명을 겪는다. 어떤 길은 브로드웨이처럼 허허벌판 위 흙길에서 변화한 대도시의 중심 도로로 격상하기도 하고, 어떤 길은 붐비던 중심 도로에서 인적 드문 뒷골목으로 전락하기도 한다.

붐비던 중심도로에서 쓸쓸한 뒷골목으로

대도시가 형성되고 도로포장 기술이 발달하면서 옛길은 존재를 위협받게 되었다. 규모와 효율을 중시하는 현대 도시계획은 슈퍼그리드(super grid)라 부르는 반듯한 격자형 도로망을 강요하면서 수천 년에 걸쳐 자연 지형을 따라 형성된 옛길을 파괴했다. 수백 년

된 한국의 옛길은 집약적인 도시화 과정 속에서 어떤 운명을 겪었을까?

〈그림 2〉의 수원시 우만동 작은 골목길에서 이 질문에 대한 답을 얻을 수 있다.[7] 우만동의 현재 지적도를 보면 큰 도로와 이면도로가 반듯하게 주택가를 분할하고 있다. 언뜻 현대식 격자형 구조로 보이지만, 화살표로 표시된 구불구불한 골목길을 찾을 수 있다. 반듯한 격자구조의 틈을 헤집고 지나가는 이 뒷골목은 어디서 왔을까.

그 아래 1975년 우만동 지형도를 보면 이곳이 논농사를 짓던 작은 농촌이었다는 사실을 알 수 있다. 회색 영역은 산과 구릉으로 구성된 임야로, 무덤을 표시하는 ⊥ 기호가 등고선이 높은 봉우리 쪽에 많이 모여 있다. 흰색 영역은 물이 모이는 계곡과 낮은 지대로 논이 자리 잡고 있다. 원으로 표시된 1~4번 주거 군락은 모두 임야의 가장자리와 논의 경계면, 즉 산기슭에 있다. 낮은 지대에 논을 만들고 산 가장자리에 집을 짓는 우리나라 농촌의 전형적인 풍경이다.

우만동에서는 앞서 언급한 길의 종류 중 고갯길(A와 B)과 산자락 길(C) 그리고 논을 가로지르는 평지길을 볼 수 있다. 네 개의 주거 군락을 차례로 연결하는 굵은 실선으로 표시된 길은 이 마을에서 가장 중요한 순환도로이자 주 진입로다. 이 길을 따라 많은 소가 달구지를 끌고 다니는 모습에서 우만동(牛滿洞)이라는 이름이 유래했다. 마치 중절모처럼 생긴 이 길로부터 소로들이 이어져 마을 구석

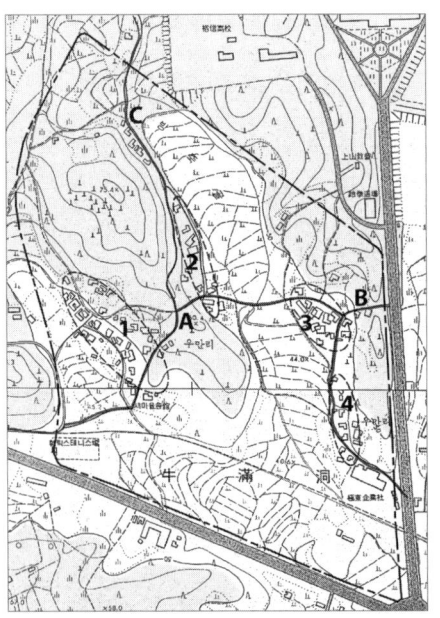

〈그림 2〉 수원시 우만동
▲ 수원시 우만동 지적도와 구불구불한 골목길.
▼ 수원시 우만동 1975년 지형도(왼쪽)와 2020년 지도(오른쪽).

구석을 연결한다.

1970년대 이후 수원시가 확장되면서 현재 우만동의 경계가 형성됐다. 산업도로가 우만동 아래를 가로지른 후, 북쪽으로 꺾인다. 그 길 북쪽 끝 넓은 산자락 위로 1970년 개교한 아주대학교가 Y자 모양의 도로와 함께 펼쳐지고 있다. 1960~70년대에 걸쳐 다양한 초중고 및 대학교가 학령인구의 증가와 함께 도시의 구릉과 산자락 위 임야에 지어졌는데, 이 과정에서 수많은 무덤을 불도저로 밀어내야만 했다. 이것이 많은 학교에서 공동묘지와 귀신에 얽힌 괴담이 떠도는 이유다.[8] 학교 교가에 '산기슭' '산의 정기' 등의 가사가 나오는 것도 이 때문이다.

뒤이어 1980~90년대에는 아파트 단지들이 역시 임야에 우선적으로 지어졌다. 〈그림 2〉의 2020년 지도를 보면 아파트 단지 경계가 굵은 점선으로 표시되어 있고 그 안쪽에 완공 연도가 표시되어 있다. 1975년 지형도와 비교해보면 1985년 첫 아파트 단지가 임야에 지어졌고 이후에도 임야와 전답을 활용하여 지어졌다는 것을 알 수 있다. 이렇게 소가 달구지를 끌던 한적한 농촌은 불과 20년 사이에 현대적 주거단지로 탈바꿈하게 된다. 신기한 점은 옛 달구지길이 현재 지도에 전체적 형태를 유지하고 있다는 것이다. 많은 도로가 사라지는 상황 속에서 이 길이 살아남은 이유는 무엇일까?

지도를 보면 아파트 단지 경계가 과거 주거 군락 네 곳을 피해 지어진 것을 볼 수 있는데, 여기에 그 이유가 숨겨져 있다. 아파트 개발이 시작되면 건설회사나 주택공사는 큰 땅을 매입해야 한다. 예나 지금이나 토지 가격은 임야〈 전답〈 택지 순서로 비싸다. 1980년 기준 1제곱미터당 평균 가격은 임야가 241원, 전답이 3,094원, 택지가 2만 3,893원이었다.[9] 전답은 임야보다 14배 비싸고, 택지는 100배 비싸다. 개발업체는 임야를 개발하는 것이 가장 큰 이익이고, 그게 어렵다면 전답을 개발하는 것이 남는 장사다.

게다가 임야는 한 사람이 큰 면적을 소유하고 있어 거래하기도 수월하다. 반대로 택지는 소유자를 설득하기 쉽지 않다. 그 시절 농촌 어른들은 자기 마을에서 평생을 살고 싶었을 것이다. 집을 팔고 정든 동네를 떠나라는 말은 반발을 불러일으켰다. 결국 속도가 생명인 아파트 개발은 주거 군락을 제외한 채 임야와 전답을 중심으로 이루어졌고, 주거 군락을 관통하고 연결하는 달구지길도 함께 개발의 광풍을 비껴갈 수 있었다. 반세기가 지나면서 농가는 모두 사라지고 다세대 주택이 들어섰지만, 달구지길은 그 틈새에서 도시의 지문처럼 살아남았다.

서울 강남은 반듯한 바둑판형 개발도시의 상징이다. 하지만 블록 내부를 걷다 보면 우만동 달구지길처럼 구불구불하고 휘어진 길들을 만난다. 〈그림 3〉의 역삼동 지도를 보면 원으로 둘러싸인 부분에 거미줄처럼 얽혀 있는 길들을 볼 수 있다. 1972년 개발 당시 항공사

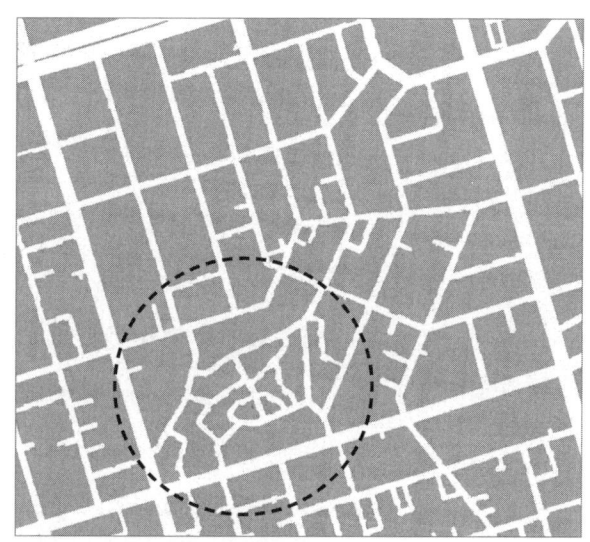

〈그림 3〉 서울시 역삼동
▲ 서울시 역삼동 2016년 지도.
▼ 서울시 역삼동 1972년 항공사진.

진을 보면 불도저가 밀고 간 빈 땅 한구석에 끝까지 남아 있는 작은 마을을 발견할 수 있다.

강남 개발이 끝나고 세월이 지나면서 마을의 옛집들은 세월을 견디지 못하고 모두 사라졌지만, 고향을 지키고 싶었던 주민들의 마음은 오래된 길의 흔적으로 대도시 블록 안에 박제되어 있다. 대규모 전쟁과 개발을 겪은 한국의 대도시에는 이제 과거의 건물이 거의 남아 있지 않다. 하지만 옛 글자 위에 새 글자를 겹쳐 쓴 팔림세스트(palimpsest) 고문서처럼 과거와 현재의 길이 겹친 도시 속 흔적들은 우리의 숨겨진 역사적 유산이다.

길의 폭은 어떻게 정해지나

미국 뉴욕주 버펄로와 올버니 사이 600킬로미터를 잇는 주요 도로인 뉴욕 5번 주도(Route 5)는 과거 모호크 인디언이 지나다니던 좁은 오솔길에서 시작됐다. 도로의 폭은 그 위를 지나는 운송수단의 종류와 통행량에 의해 정해진다. 그중에서도 가장 결정적 영향을 미치는 것은 차량의 가로 폭으로, 대부분 좌우 바퀴 사이의 거리, 즉 '윤거'(輪距)에 의해 결정된다. 차량의 윤거가 너무 좁으면 무게중심이 좌우로 흔들려 운행 안정성이 떨어지고, 반대로 너무 넓으면 제작이 힘들 뿐 아니라 도로를 이에 맞춰 넓게 만들어야 하는 문제가 발생한다.

이러한 이유 때문에 역사적으로 차량의 앞뒤 길이는 기차나 버스처럼 길어지기도 했지만 차량의 좌우 폭은 일정한 범위 안에서 만들어졌다. 도로 건설이라는 관점에서도 협곡이나 터널처럼 지형적 이유로 길의 폭이 좁아지는 구간이 존재하기 때문에 차량 폭이 증가하는 데에는 한계가 있을 수밖에 없다.

역사적으로 달구지나 수레는 모두 폭이 2미터 미만이었다.[10] 신석기 시대부터 로마 시대까지 유럽과 중동에서 사용되던 수레 폭은 1.3~1.75미터였다. 이 시기, 수레를 안정적으로 운행하기 위해 일부 지역에서는 돌길 표면에 바퀴용 홈을 판 일명 '럿웨이'(rutway)를 만들기도 했다. 이때 두 줄의 홈 사이 거리를 1.38~1.67미터로 설계했다.[11] 로마 시대 이전 지중해 지역에서 쓰던 수레 폭은 동물 두 마리가 끄는 경우 1.45~1.70미터, 말 한 마리가 끄는 경우 1.35~1.40미터, 당나귀 한 마리가 끄는 경우 1.15~1.20미터였다.[12]

로마 시대 폼페이 유적에는 수레와 마차의 바큇자국이 돌로 만든 도로에 남아 있는데, 그 폭은 1.35~1.6미터다. 로마 시대 영국의 수레 폭은 1.4~1.5미터였고 18세기까지 쓰인 영국의 역마차(stage-wagon) 바퀴 사이 간격도 1.5미터 정도였다. 이 같은 역사적 사례를 종합할 때 바퀴 달린 차량의 윤거는 역사적으로 1.75미터 이내에서 정해져왔다고 할 수 있다.

영국에서 증기기관차를 처음 만든 조지 스티븐슨(George Stephenson)

〈그림 4〉 폼페이 유적의 길
반복적으로 바퀴가 지나간 자리가 일자로 파인
로마 시대 폼페이 유적의 길로 그 폭은 1.35~1.6미터다.

은 두 철로 사이의 폭, 즉 궤간(軌間)을 4피트 8.5인치(1,435밀리미터)로 정했다. 이후 스티븐슨 궤간(Stephenson Gauge)이라 불리게 된 이 치수는 세계적으로 가장 많이 채택되는 표준궤간으로 자리 잡았다. 딱 떨어지지 않는 이상한 수치의 궤간을 선택한 이유는 무엇일까? 영국 뉴캐슬 지역 탄광에서 석탄 운송용으로 설치한 목제 레일의 궤간 중 하나가 4피트 8인치(1,422밀리미터)였는데 스티븐슨은 여기에 기술적 수정을 가했다는 것이 유력한 추측이다.[13]

그 정확한 이유가 무엇이든 수천 년의 세월 동안 바퀴 달린 차량의 윤거가 1.75미터 이내에서 정해졌고, 특히 말이 끄는 마차의 경우 그 폭이 대체로 1.4~1.5미터였던 역사적 경험이 스티븐슨의 결정에 영향을 미쳤을 것이다. 하지만 다음과 같은 흥미로운 주장이 주기적으로 소셜미디어에 올라온다.

"스티븐슨의 기차 철로 폭은 영국의 마차 폭에 맞춰 결정됐다. 영국의 마차 폭은 로마 시대 전차 폭에 맞춰 결정됐으며, 이 전차 폭은 그것을 끌던 말 두 마리 폭에 맞춰 결정됐다. 미국 NASA가 우주왕복선을 만들 때 여기에 부착할 발사 추진체를 운송하려면 기차 터널을 통과해야 했기 때문에 그 크기가 기차 철로 폭에 맞게 설계되어야만 했다. 최첨단 우주비행선의 크기는 놀랍게도 말 두 마리의 엉덩이 크기에 의해 결정된 것이다."

그럴듯하게 들리지만 과장된 이야기다. 마차와 전차 그리고 말 두 필의 폭은 앞서 언급한 역사적 자료에서 알 수 있듯이 그 수치가 한 가지로 정해진 것이 아니다. 말도 종류에 따라 엉덩이 크기가 천차만별이다. 철로 폭은 어떤 범위 안에서 상황에 맞게 결정되었을 뿐이다. 또한 발사 추진체 크기가 기차 터널을 통과하기 힘들다면 해체해 지나가거나 터널을 통과할 필요가 없는 다른 지역에서 운송하면 해결될 일이다.

스티븐슨이 정한 철로 폭을 처음부터 모두가 따른 것은 아니었다. 초기 잉글랜드의 철도 사업은 지역마다 독립적으로 추진되었기 때문에 도시마다 각기 다른 철로 폭이 만들어졌고, 이후 철도망이 전국적으로 뻗어나가면서 철로 폭이 달라지는 지점에서 많은 혼란을 초래했다. 이렇게 난립하던 궤간 중에서 마지막까지 스티븐슨 궤간과 경쟁했던 것은 브루넬(Brunel)의 7피트(2,134밀리미터) 궤간이었다.[14]

스티븐슨은 자기 궤간이 이미 널리 보급되었고 철로 건설비가 저렴하다는 것을 내세웠고, 브루넬은 7피트 궤간이 승차감이 좋고 고속열차에 적합하다는 점을 강조했다. 1846년 영국 정부는 여러 논란 끝에 기차법[15]을 공포하고 스티븐슨 궤간을 표준궤로 승인했다. 이후 영국 엔지니어들에 의해 철로 기술이 해외로 전해지면서 스티븐슨의 철로 폭은 한국을 포함한 다수의 국가에서 인정하는 표준궤로 채택되었다.

현재 표준궤를 사용하는 주요 지역은 영국, 미국, 캐나다, 유럽연합, 일본, 한국이다.[16) 러시아와 스페인은 다른 유럽 국가와 달리 각각 1,520밀리미터, 1,668밀리미터 광궤를 쓰고 있다. 이웃 나라와 궤간을 통일하면 물자와 인력을 원활하게 옮길 수 있다. 유럽 여러 나라를 기차로 쉽게 오갈 수 있는 이유다. 하지만 이웃 나라가 침략해오면 군수물자와 병력의 이동을 돕는 치명적인 결과를 초래한다. 인접한 독일과 프랑스에 침략당한 아픈 기억이 있는 러시아와 스페인은 이 때문에 의도적으로 다른 궤간을 채택했을 것이다.

일본은 메이지 정부에서 3피트 6인치(1,067밀리미터) 협궤를 채택해 1872년부터 지금까지 쓰고 있다. 하지만 1964년 개통된 고속철인 신칸센은 안정적인 운행을 위해 별도로 표준궤를 깔았다. 일본 정부는 '산악에서는 협궤가 유리하며 건설비용이 많이 들지 않는다'는 조언을 받아들여 협궤를 선택했다고 전해진다.[17) 하지만 이후 식민 지배를 하던 한반도에는 자신들에게 익숙한 협궤를 마다하고 비용이 더 드는 표준궤를 깔았다. 이것은 향후 중국이 사용하던 표준궤와 연결해 만주 진출을 원활히 하려는 철도제국주의의 일환이었다.[18)

시대를 초월한 길의 유용성

앞서 언급했듯, 인류가 만들어낸 모든 달구지·수레·마차·승용차의 윤거는 1.75미터 이내에서 결정되어 왔다. 여기에는 다양한 요인이 영향을 미쳤겠지만, 가장 큰 이유는 기존 도로 폭에 맞추는 것이 차량 보급에 절대적으로 유리했기 때문이다. 중세에 만들어진 유럽의 좁은 골목에 최신형 전기 승용차가 드나들 수 있는 것은 윤거가 크게 달라지지 않았기 때문이다. 그렇다면 다수의 승객을 실어 나르는 대중교통은 어떨까?

버스가 대중교통으로 처음 등장한 것은 1820년대다. 버스라는 단어는 사실 그때까지 존재하지 않았다. 역사적으로 마차는 귀족들을 위한 교통수단이었다. 마차나 말을 소유할 수 없었던 일반 대중은 아무리 먼 길이라도 걸어가는 것이 당연했다. 1820년대 프랑스 낭트와 파리에서 대중이 마차를 이용할 수 있는 신개념 교통 서비스가 처음 시작됐다. 정해진 시간에 정해진 목적지로 가는 마차를 누구나 요금을 내면 이용할 수 있다는 의미에서 '모두를 위한 것'이라는 뜻의 라틴어 '옴니버스'(omnibus)로 명명했다.

얼마 지나지 않아 사람들은 이것을 간편하게 버스라고 줄여 불렀고, 1850년대 이후 신문, 광고, 표지판 등에 이 줄임말이 쓰이면서 버스는 공식 명칭이 되었다. 버스를 이용하려는 사람이 많아지면서 1870년 런던 최초의 트램 서비스가 시작되었다. 초기 트램은

〈그림 5〉 19세기 런던 대중교통
말이 끄는 나이프보드(Knifeboard) 옴니버스(위)와 2층 트램(아래).
바퀴가 마찰이 적은 레일을 따라가는 트램은
더 많은 승객을 실을 수 있었다.

버스와 마찬가지로 말이 앞에서 끄는 방식이었지만, 바퀴가 도로에 박혀 있는 레일을 따라가기 때문에 노면 마찰이 적었고, 이 때문에 말의 수를 늘리지 않고도 버스보다 더 많은 승객을 태울 수 있었다.

버스와 트램은 더 많은 승객을 태우기 위해 차체가 커지고 2층 구조가 되면서, 수천 년간 1.75미터 이내 폭으로 유지되던 윤거도 2미터 가까이 넓어지게 된다. 예를 들어 런던에서 1851년 토마스 틸링(Thomas Tilling)이 운영하던 말이 끄는 2층 버스는 높이 3미터, 길이 4.5미터, 폭 2.1미터였다.[19] 1800년대 말에 이르러 유럽의 도시들은 수많은 말과 이들이 끌고 가는 버스와 트램으로 가득 찼다. 런던에서는 하루 5만 마리의 말이 배설하는 1,000톤의 똥이 도로를 뒤덮었다. 청소부들은 똥을 수레로 실어 빈민 지역에 내다 버렸고, 말의 똥 더미가 거대한 산을 이루었다.[20]

1900년대 초 이후 모터로 움직이는 차량이 도입되면서 말똥으로 인한 도로 오염 문제는 서서히 줄어들었다. 동시에 버스와 트램의 성능이 더욱 향상되면서 차량의 길이와 폭이 점차 늘어났다. 현재 유럽연합과 영국은 모터로 움직이는 차량의 최대 폭을 2.55미터로 규정하고 있다.[21] 그럼에도 불구하고 유럽 도시를 운행하는 버스와 트램이 아직도 중세에 만들어진 도로와 성문을 통과할 수 있는 것은 차량의 폭이 중세의 마차에 비해 크게 증가하지 않았기 때

〈그림 6〉 오늘날 유럽의 대중교통
1409년 지어진 영국 요크셔
베벌리 북측 성문을 지나는 2층 버스(위)와
1171년 지어진 이탈리아 밀라노
포르타 누오바 아치를 지나는 트램(아래).

문이다.

1409년에 만들어진 영국 요크셔의 베벌리 북측 성문(Beverley North Bard)은 아직도 각종 차량이 통과하는 통로로 사용된다. 1960년대까지는 성문 위쪽의 아치에 걸리지 않도록 특수 제작된 2층 버스가 운행되었다. 1171년에 지어진 이탈리아 밀라노의 포르타 누오바 아치(Archi di Porta Nuova)는 트램이 양방향으로 지나가는 유용한 통로로 활용되고 있다. 유럽 이외 국가들의 버스 폭도 크게 차이가 나지 않는다. 한국과 일본은 2.5미터, 캐나다와 미국은 약 2.6미터를 최대 폭으로 규정하고 있다.[22]

21세기에 이르기까지 역사적으로 등장한 차량의 종류를 모두 고려했을 때, 차체 폭은 산업사회 이전의 최대 1.75미터에서 산업화 이후 2.6미터로 그 최대 폭이 약 50퍼센트 증가했다. 같은 기간 차량 길이는 급격하게 길어졌다. 산업사회 이전 말이 끄는 마차의 길이는 말을 제외하면 5미터 내외였다. 그러나 현재 생산되는 버스의 경우 10미터 내외가 일반적이고, 굴절버스는 그 두 배인 20미터다. 단순히 말해, 역사적으로 차량 폭이 50퍼센트 증가하는 동안 차량 길이는 400퍼센트 증가한 것이다. 물론 여기에 기차를 포함하면 차량 길이는 훨씬 더 길어졌다고 할 수 있다.[23]

수많은 혁신과 발전이 있었음에도 마차와 승용차의 윤거가 1.75미터 이내로 유지되고, 대중교통 차량 폭이 2.6미터 이내로 유지된 이유는 인류가 수천 년 전부터 구축해온 마을과 도시의 구조와 그 안에 형성된 도로망이 차량 설계에 가이드라인으로 작용했기 때문이다. 1.75미터는 두 마리 말이 나란히 달리는 폭이자 두 사람이 여유 있게 앉거나 세 사람이 붙어 앉을 수 있는 폭이다. 2.6미터는 가운데 한 명이 통과할 수 있는 복도를 놓고 양쪽에 두 명씩 붙어 앉을 수 있는 폭이다.

바퀴가 달린 교통수단은 미래에도 끊임없이 혁신을 거듭하겠지만, 기본적인 인체 모듈에 기반한 차체의 폭은 지난 수천 년간 그랬던 것처럼 앞으로도 유지될 가능성이 크다. 인체 모듈이 뻗어나가 만들어진 인간의 도시는 다시 인체 모듈이 투영된 교통수단을 유기적으로 흡수하면서 인류 문명에 형태적 지속성을 부여한다.

4. 고개
산은 다가갈수록 완만해진다

내가 오른 곳은 그저 고갯마루였을 뿐

도시를 벗어나 고속도로를 달리면서 바라보는 먼 산들은 깎아지른 듯 가파르게 보인다. 목적지인 스키 리조트 초입에 다다르면 저 멀리 보이는 눈 덮인 슬로프는 엄청난 급경사로 느껴져 초보자들을 겁나게 한다. 부산 감천마을, 그리스 산토리니, 서울 금호동처럼 구릉에 조성된 주거지를 멀리서 보면 위쪽과 아래쪽 집들이 빈틈없이 수직 방향으로 연결되어 마치 마을이 절벽에 매달린 것처럼 장관을 이룬다.

우리는 눈을 통해 세상의 모습을 있는 그대로 바라본다고 생각한다. 하지만 시각 정보를 처리하는 뇌는 실제와 다른 과장과 왜곡을 만들어낸다. 언덕의 기울기도 예외가 아니다. 특히 멀리서 바라볼 때 얕은 오르막은 구릉처럼 보이고, 구릉은 고개처럼, 고개는 절벽처럼 느껴지는 착시를 일으킨다. 한국에서 이러한 착시를 가장 극

〈그림 1〉 38번 국도 제천 부근 오르막
▲ 오르막길의 시작점에서 750미터 떨어진 지점.
▼ 오르막길의 시작점.
멀리서 볼 때 가파르던 언덕이 다가갈수록
완만해지는 현상은 깊이 압축과 전방 축소 효과 때문에 생긴다.

적으로 느낄 수 있는 곳으로 함께 떠나보자.

산지가 많은 충청북도의 38번 국도를 서쪽으로 운전하다 보면 제천시로 빠지는 인터체인지 부근에서 가파른 고갯길이 눈앞에 나타난다. 고속국도에서 흔히 볼 수 없는 엄청난 기울기는 비현실적인 느낌마저 들게 한다. 한국의 현행 고속국도 규정에 의하면 산악 지역을 지나는 제한속도 시속 80킬로미터 도로의 종단 경사도는 6퍼센트 이하로 설계해야 한다. 다시 말해 자동차가 수평 방향으로 100미터를 진행하는 동안 수직 방향의 높이차는 6미터 이내가 되게 도로를 설계해야 한다.

멀리서 볼 때 이렇게 급해 보이던 고갯길은 이상하게도 막상 차가 가까이 다가갈수록 완만하게 느껴진다. 고개의 시작점, 즉 가장 낮은 저점에 다다르면 체감되는 경사도는 현저히 줄어들어 실제 경사도인 6퍼센트 정도의 완만한 언덕이라는 것을 비로소 깨닫게 된다. 언덕의 형태는 그대로인데 왜 이렇게 경사도의 차이가 크게 느껴지는 걸까?

이 고속국도를 6퍼센트 경사도로 가정하고 지도상 거리에 맞춰 종단면으로 그려보면 언덕의 시작 지점과 끝 지점의 높이 차이는 72미터이고 둘 사이의 수평 거리는 1,200미터로 매우 완만하다. 멀리 떨어진 관찰시점에서 언덕이 가파르게 보이는 이유는 언덕 끝 정상이 마치 가까이에 있는 것처럼 공간의 깊이가 축소되기 때문이다. 다시 말해 언덕 꼭대기가 관찰자 방향으로 끌어당겨져 보이는 것이다. 이러한 현상을 '깊이 압축'(Depth Compression)이라고 부른다.[1]

깊이 압축이 일어나는 이유에 대하여 많은 연구자가 다양한 가설을 내놓고 있지만 아직 수학적으로 정립된 이론을 도출해내고 있지는 못하다. 그러나 반복된 실험을 통해서 경험적으로 검증된 사실은, 거리가 멀수록 깊이 압축 정도가 심해진다는 것이다. 심지어 멀리 있는 평지마저도 경사가 있다고 착각한다.[2] 실제로 넓은 평야의 지평선 부근에 있는 집이나 먼바다 수평선 부근 배가 이상하게 솟아오른 것처럼 보일 때가 있다. 그 이유도 깊이 압축 때문이다.

김민기가 작곡하고 양희은이 부른 노래 「봉우리」에는 "내가 오른 곳은 그저 고갯마루였을 뿐"이라는 가사가 나온다. 인생의 고비를 넘어가는 인간의 심리를 묘사하는 가사이지만, 놀랍게도 매우 과학적인 이론을 함축하고 있다. 멀리서 보았을 때 가파르게 보였던 산도 다가가면 완만한 고갯마루에 불과하다는 깨달음은 정확히 깊이 압축 효과를 설명한다. 예술가의 감성적 직관은 때로 의도치 않게 과학적 이론을 관통한다.

멀리 있는 공간은 축소된다

원근감은 사물의 크기와 주변 공간이 관찰자의 눈에서 멀어질수록 점점 작아지는 '전방 축소'(fore-shortening) 효과 때문에 생긴다. 대한항공 주력기인 보잉 777-300ER은 길이가 73.9미터고 최고속도가 시속 950킬로미터에 이른다. 당신이 시속 950킬로미터로 차를 몰고 고속도로를 달린다고 상상해보라. 감이 오지 않을 정도로 빠른 속도다. 하지만 전방 축소 효과 때문에 먼 하늘을 날아가는 여객기는 콩알만큼 작고 매우 천천히 날아가는 것처럼 보인다. 날아가는 여객기 크기와 함께 주변 공간도 축소되어 먼 거리를 날아가도 마치 짧은 거리를 이동한 것처럼 보이기 때문이다.

전방 축소 효과는 물체가 멀어질수록 그 외곽선이 눈의 망막으로 들어오는 각도가 작아지기 때문에 생기는 현상이다. 이를 통해 인간은 거리를 파악한다. 간단한 예로, 내 앞에 서 있는 사람의 키를 확인하려면 눈동자를 머리끝에서 발끝까지 큰 각도로 움직여야 하지만, 100미터 떨어져 있는 사람의 전신은 눈동자를 거의 움직이지 않고도 한눈에 파악할 수 있다.

이제 전방 축소 효과가 거리에 따라 어떻게 달라지는지 좀더 자세히 살펴보자. 당신 앞에 두 사람이 각각 1미터와 11미터 떨어져 있을 때 두 사람의 크기는 확연히 차이가 난다. 한 사람이 바로 눈앞에 서 있고 다른 사람은 그로부터 10미터 떨어져 서 있기 때문이다. 이제 두 사람의 위치를 동시에 100미터 후퇴시켜보자. 두 사람 사이의 거리는 여전히 10미터지만, 두 사람의 크기 차이는 이제 미미

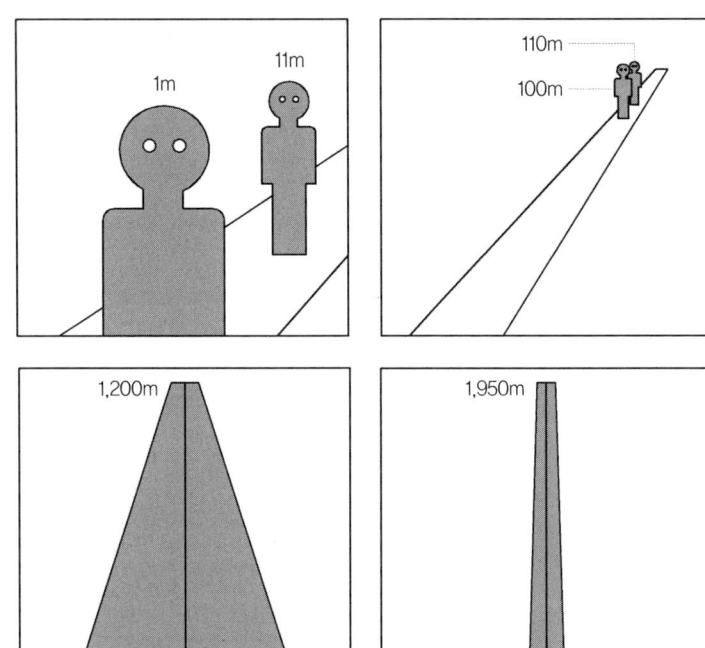

〈그림 2〉 거리에 따른 원근감 비교

▲ 10미터 간격을 둔 두 사람을 가까이에서 보면
원근감이 크게 느껴지지만, 멀리서 보면 그 차이는 미미하다.
▼ 1,200미터 길이의 경사로를 가까이에서 보면
원근감이 크게 느껴져 길고 완만하게 보인다.
멀리서 보면 원근감이 약해져 짧고 가파르게 보인다.

하게 느껴진다. 이것이 앞서 이야기한 깊이 압축 효과의 근원적인 이유다.

고갯길이 시작되는 지점에 서서 올려다보면 바로 앞의 도로 폭은 넓고 고개 정상의 도로 폭은 현저히 좁기에 원근감이 커지고, 이에 따라 고갯길의 전체 길이 1,200미터를 실제와 같이 길게 느끼게 된다. 하지만 고갯길을 멀리 떨어진 곳에서 바라보면 고개의 시작과 끝부분의 도로 폭 차이가 크지 않아 원근감이 거의 느껴지지 않는다. 이에 따라 1,200미터 길이 고갯길은 마치 100미터밖에 안 되는 짧은 구간처럼 느껴지고 실제보다 급경사라고 착각하게 된다.

일본 돗토리현의 에시마 대교는 '롤러코스터 다리'라는 이름으로 인터넷에서 화제가 되었고 영국 신문에도 보도된 유명한 다리다. 2013년 일본 자동차 브랜드 다이하츠의 TV 광고에서 경차로도 급경사를 너끈히 오를 수 있다는 연출을 위해 배경으로 쓰이면서 유명세를 타기 시작했고, 이제는 국제적인 관광 명소가 되었다. 이 다리가 사진상에서 절벽처럼 보이는 이유는 경사로의 시작과 끝부분의 도로 폭이 거의 차이 나지 않아 원근감이 느껴지지 않기 때문이다. 이에 따라 전체 경사로의 길이는 짧고 각도는 가파르게 보인다.

이런 극단적인 착시를 만드는 방법은 간단하다. 아주 먼 곳에서 망원렌즈를 이용하여 사진을 찍어 깊이 압축 효과를 극대화한 후,

〈그림 3〉 일본 시네마현과 돗토리현을 연결하는 에시마 대교
다리를 먼 곳에서 보면 깊이 압축이 일어나
아주 가파르게 보이지만
가까이 다가가면 이러한 착시는 사라진다.

다리 부분만 확대해 마치 근처에서 찍은 것처럼 만드는 것이다. 실제로 화제가 된 사진은 경사도 5~6퍼센트에 불과한 이 다리를 2킬로미터 떨어진 곳에서 촬영한 것으로 알려져 있다. 물론 에시마 대교는 다가갈수록 완만해진다. 온라인상에는 실제 다리를 방문해보니 생각보다 완만해 실망했다는 후기를 많이 찾아볼 수 있다.

공원에서 돗자리를 깔려고 잔디가 촘촘히 잘 심어진 쪽으로 가보면 의외로 잔디는 듬성듬성하고 흙바닥이 여기저기 드러나 있다. 인파가 북적이는 시장 골목이나 관광지도, 손님이 꽉 들어찬 술집도 실제로 안으로 들어가보면 생각보다 붐비지 않는 경우가 많다. 이 모든 것이 깊이 압축 효과에 의한 착시다. '담 너머 이웃의 잔디가 더 푸르게 보인다'는 서양 속담은 남의 것이 더 좋아 보이는 인간의 질투심을 지적한다. 하지만 그 안에는 깊이 압축 효과에 대한 과학적 성찰이 담겨 있다.

산은 다가갈수록 완만해진다. 시도해보지 않은 모험은 거대하고 힘들게 느껴지지만 두려움을 극복하고 처음 한 걸음을 내딛는 사람에게 그 험난함은 견딜 만한 완만함으로 바뀐다. 물론 눈앞의 고개를 오르면 손에 잡힐 것 같던 정상의 봉우리가 몇 굽이 넘어 먼 곳에 있다는 것을 깨닫고 좌절하는 순간이 올지도 모른다. 하지만 한 걸음 한 걸음 인내하며 나아가는 사람에게 목적지는 어느 순간 눈앞에 나타난다.

공간인지의 심리학

현실과 감각의 차이는 일상생활 속에도 숨어 있다. 당신이 오늘 걸었던 길가에 예쁜 가게와 카페가 많이 있었다면 당신은 그 길을 실제보다 길게 기억할 가능성이 높다. 하지만 공사장 담벼락만 단조롭게 이어진 길은 실제보다 짧게 기억한다. '정보 축적 이론'(Information Storage Theory)에 따르면 인간은 시지각적 정보의 양이 많을수록 그 길을 더 길게 인식한다. 같은 길을 걷더라도 눈에 보이는 사물이 많을수록, 교차로가 많을수록, 방향을 많이 전환할수록, 오르막과 내리막이 많을수록 거리를 더 멀게 느낀다.[3]

재미있는 것은 남성보다 여성이 실제보다 거리를 더 멀게 느끼는 경향이 있다는 것이다.[4] 수렵채집 이론에 의하면, 빙하 시대에 남성은 사냥을 통해 정확한 거리감과 공간감을, 여성은 식물 채집을 통해 배열된 물체를 파악하는 관찰력을 발달시켰다.[5] 더 높은 감수성으로 주변의 시지각 정보를 파악하는 여성은 같은 거리를 더 멀게 느낄 가능성이 크다. 같은 맥락에서 같은 여행지를 갔다 와도 여자친구나 아내의 눈에 비친 세상은 더 풍부하고 흥미로웠을 것이다. 반대로, 여성보다 더 정확한 거리감을 타고났다고 자부하는 남성들이 놓친 것은 여유, 낭만, 감동 같은 것이 아니었을까?[6]

정보 축적 이론은 거리뿐 아니라 공간 크기를 인지할 때도 적용된다. 한눈에 들어오는 텅 빈 공간보다는 벽으로 분할되고 다양한 소품이 들어찬 공간이 더 넓게 느껴진다. 시지각적 자극이 풍부하고 점유할 수 있는 곳이 많기 때문이다. 이 원리를 적용하면 집을 더 넓어 보이게 만들 수 있다. 작은 크기의 가구를 활용해서 앉을 곳과 여유 공간을 더 많이 만들고, 다양한 집기와 소품을 배치해 시선을 분산시키면 집이 더 풍요롭고 커 보일 것이다. 조명의 역할도 중요하다. 거실 전체를 밝히는 천장 중앙의 조명은 공간을 하나의 영역으로 통합시킨다. 여러 개의 간접조명과 국부조명을 구석구석 배치한다면 영역이 나뉘고 시선이 분산되면서 공간에 깊이가 만들어진다.

헬름홀츠(Helmholtz) 착시는 가로 줄무늬로 채워진 도형은 실제보다 위아래로 더 길어 보이고, 세로 줄무늬로 채워진 도형은 좌우로 더 길어 보이는 현상이다. 즉, 줄무늬 방향과 수직으로 시선이 이동할 때 더 많은 경계를 교차하게 되어, 뇌가 이동 거리를 과대평가하게 된다. 헬름홀츠 착시는 자극의 양이 늘어나면 공간의 길이를 길게 느낀다는 측면에서 정보 축적 이론과 일맥상통한다.

패션업계 종사자를 비롯해 많은 사람이 가로 줄무늬 옷을 입으면 뚱뚱해 보이고 세로 줄무늬 옷을 입으면 날씬해 보인다는 고정관념을 가지고 있다. 하지만 최근 연구에 따르면 가로 줄무늬 드레스를 입었을 때, 적어도 무늬 없는 드레스보다 날씬해 보인다.[7] 또 밝은 색깔보다 어두운 색깔의 드레스를 입었을 때 더 날씬해 보인다. 아직 논란의 여지가 있지만, 이 연구 결과는 헬름홀츠 착시가 패션에

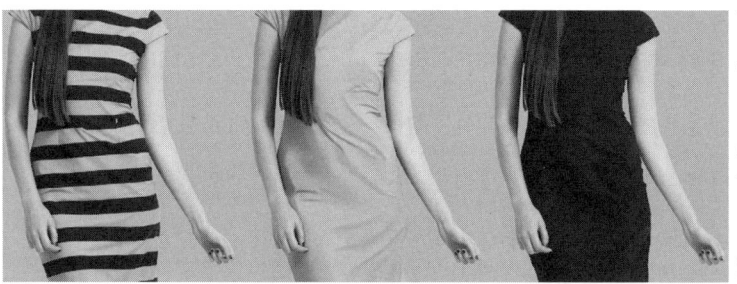

〈그림 4〉 줄무늬가 일으키는 착시
가로 줄무늬 정사각형은 세로 줄무늬 정사각형보다
홀쭉하게 보인다. 또 가로 줄무늬 드레스는
무늬 없는 드레스보다, 어두운 색 드레스는
밝은 색 드레스보다 날씬하게 보인다.

도 적용된다는 근거를 제시한다.

영국의 연구자들은 어른들과 아이들에게 거실에 들어가 한 시간 동안 책을 읽으라고 한 후 행동을 관찰했다. 어른들은 예상대로 소파와 의자에 앉아 책을 읽었다. 반면 아이들은 소파와 의자뿐 아니라 창틀에 앉고, 바닥에 엎드리고, 소파 뒤에 숨고, 방구석에 쭈그리는 다양한 자세로 책을 읽었다.[8] 어른과 달리 숨겨진 작은 공간도 유용하게 점유할 수 있는 어린이에게 거실은 그만큼 더 넓은 공간이다.

골목길과 교실도 어릴 적에는 넓어 보이지만 어른이 되고 나면 작아 보인다. 흔히 어른의 몸집이 아이보다 크기 때문이라고 생각하기 쉽지만 이것은 부수적 이유다. 아이의 눈에 골목길은 구석구석 다양한 놀거리가 있는 흥미로운 곳이고, 교실은 사람과 물건으로 꽉 차 수많은 이야기를 담아내는 커다란 세상이다. 시지각 정보의 양만큼 추억 속 장소는 더 넓어 보이는 것이다.

어른에게 의미 없는 사물 속에서 새로움을 찾는 아이에게 집, 학교, 동네는 탐험할 것이 너무나 많은 거대한 꿈동산이다. 마찬가지로, 여전히 꿈, 환상, 호기심을 가진 어른이 바라보는 세상은 그렇지 못한 사람의 세상보다 더 넓고, 흥미로움이 가득한 곳이 될 것이다.

5. 껍데기와 알맹이
겉과 속에 관한 다양한 관점

생명체의 껍데기

오래전, 초등학교에 입학한 나와 함께 찍은 사진 밑에 아버지는 이런 글귀를 적어놓았다.

"속꼬뱅이는 커가고, 껍데기는 쭈그러가고."

뜻은 정확히 몰랐지만 노랫가락 같은 운율이 있는 이 문장은 어린 내 눈에도 꽤 인상적이었다. 얼마 전 문득 생각이 나 어원을 찾아보니, 꼬뱅이 혹은 속꼬뱅이는 청송 지역의 옛 방언으로 배추의 가장 안쪽에서 새로 돋아나는 어린 싹, 즉 배추 심을 가리키는 말이었다.

속 알맹이를 지켜내기 위해 상처 입고 망가져가는 것은 껍데기의 숙명이다. 부모와 자식을 서로 분리될 수 없는 하나의 연속적인 생명 흐름으로 볼 때, 뒤따르는 자의 성장은 앞서간 자의 필연적 쇠락을 동반한다. 아버지는 늦게 얻은 아들의 성장을 바라보는 흐뭇함과 어쩔 수 없이 자신의 노화를 받아들여야 하는 아쉬움을 그렇게 짧은 문장에 담은 것이다.

모든 생명체는 생존을 위해 껍데기가 필요하다. 나무껍질, 열매껍질, 동물의 털과 피부, 물고기의 비늘, 갑각류의 외골격 등 껍데기의 종류는 다르지만 목표는 하나다. 외부의 충격, 감염, 온도 변화에 대응하고 내부에 있는 수분과 영양분이 손실되는 것을 막아 생존 가능성을 높이는 것이다. 따라서 생명이 유지되는 한 세포 재생과 자연 치유를 통해 보호막의 기능을 최대한 유지해야 한다.[1] 또한 껍데기는 생명체의 성장에 맞춰 함께 늘어나야 한다. 뱀이 허물을 벗고, 게가 탈피하고, 포유류가 세포 증식을 통해 표피 면적을 늘리는 것은 점점 커지는 체적을 덮기 위해 더 큰 껍질이 필요하기 때문이다.

생명체와 달리 흙, 돌, 물과 같이 생명이 없는 무기물에서 껍데기와 알맹이의 뚜렷한 구분을 찾기는 힘들다. 침전, 퇴적, 융기, 지진, 화산 폭발 등의 지질 현상으로 껍데기와 유사한 표면층이 형성되기도 하지만, 알맹이를 보호하기 위한 표피를 형성하는 생명현상과는 본질적으로 다르다. 껍데기는 살아 있는 것의 고유한 특징인 것이다.

인류 문명은 자연에 존재하는 껍데기의 유용성을 깨달은 순간 시작됐다고 해도 과언이 아니다. 인간은 동식물이 스스로를 보호하기 위해 기나긴 진화 과정을 통해 구축한 다양한 껍데기를 활용해 생물학적 한계를 보완해나갔다. 동물의 가죽은 질기면서 유연해 의복, 신발, 가방 등을 만드는 데 쓰였고, 모피는 방한복으로, 양모는 옷감과 담요로 활용했다. 악어나 거북이의 외피는 가방과 상자 등 공예품에, 조개껍데기는 화폐와 장신구 재료로 썼다. 나무껍질로 옷, 천, 밧줄을, 얇은 나뭇가지로 바구니와 울타리를, 풀줄기로 짚신, 새끼줄, 돗자리 등을 만들었다. 박과 대나무 같은 식물은 그릇, 바가지, 물병으로 쓰였다. 20세기에 비닐과 플라스틱과 같은 합성 재료가 상용화되기 전까지, 자연에 존재하는 천연 껍데기는 물질문명을 구성하는 가장 중요한 원재료였다.

외피를 껍데기로, 체내 조직을 알맹이로 구분하는 방식은 물리적이고 형태학적인 이분법이다. 이와 달리 몸 전체를 껍데기로, 그 안에 깃든 마음을 알맹이로 바라보는 종교적·철학적 관점이 존재한다. 몸과 마음, 육체와 영혼, 신체와 정신과 같은 인류의 오래된 이원론적 개념 안에는 물질로 이루어진 몸과 구분되는 비물질적 생명의 원천이 따로 존재한다는 가정이 깔려 있다. 1995년에 제작된 일본의 사이버펑크 애니메이션 「공각기동대」(攻殼機動隊)의 영어 제목 "The Ghost in the Shell"은 껍데기로서의 육신과 알맹이로서의 영혼을 적확하게 표현했다.

고대 이집트에서도 육체는 영혼이 머무는 그릇으로 간주되었다.

이집트인들은 죽은 자의 영혼이 저승에서 돌아와 다시 육체로 들어갈 수 있도록 남겨진 시신을 보존해 미라를 만들었다. 또한 영혼이 부패한 육체를 못 알아볼 경우를 대비해 생전 모습을 닮은 가면을 미라 얼굴에 씌웠다. 유명한 투탕카멘의 가면이 바로 그것이다. 이집트를 비롯한 여러 고대 문명에서 영혼의 부활을 위해 광범위하게 행하던 미라 제작은 고대 말기 이후 대부분 사라지게 된다.

하지만 육체와 영혼이 분리되어 있고 죽은 자의 영혼이 다시 육체로 돌아올 수도 있다는 일반 대중의 생각은 1800년대까지도 남아 있었다. 전기자극으로 죽은 근육을 움직이는 갈바니즘(Galvanism) 이론의 창시자 루이지 갈바니(Luigi Galvani)의 조카이자 볼로냐 대학의 물리학 교수였던 조반니 알디니(Giovanni Aldini)는 1803년 런던의 왕립외과대학 해부학 극장에서 수많은 의사와 과학자의 참관 하에 전기충격기를 이용해 죽은 자를 살리는 실험을 했다. 실험 대상은 아내와 딸을 살해한 죄로 한 시간 전 교수형을 당한 26세 조지 포스터였다.

전지에 연결된 막대를 시체에 대자 턱이 떨리고 한쪽 눈이 열렸다. 이어서 오른손이 올라가며 주먹을 쥐었고, 다리와 허벅지도 움직였다. 그중 가장 충격적인 장면은 전극을 귀와 항문에 댔을 때 시체가 마치 벌떡 일어나는 것처럼 움직인 것이었다.[2] 이 기괴하고 충격적인 실험은 당시 유럽 사회에 엄청난 파장을 불러일으켰고,

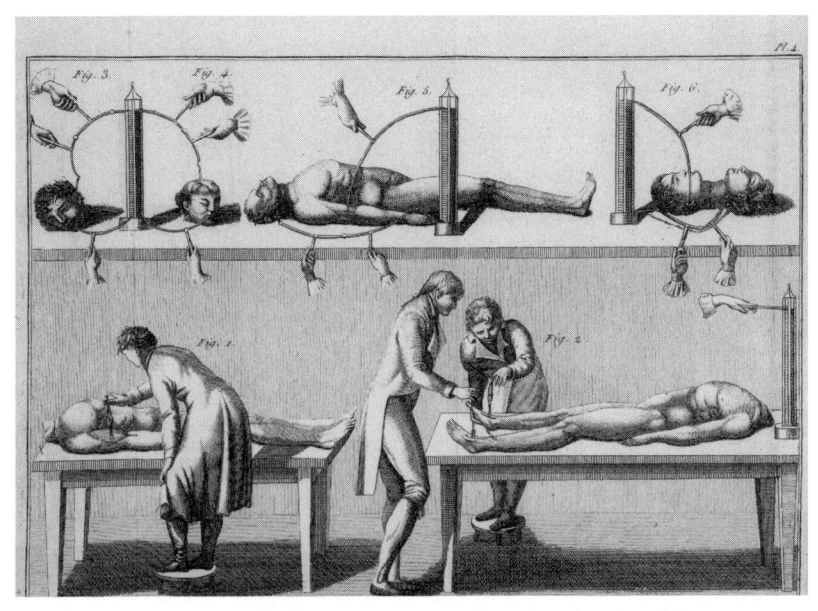

〈그림 1〉 범죄자 시체를 이용한 알디니의 전기충격 실험[3]
알디니는 동물전기를 발견한 삼촌 루이지 갈바니의
뒤를 이어 생리학을 연구했다. 그는 동물과 사람 시체에
전기충격을 가해 움직임을 관찰했다.

1818년 출판된 소설『프랑켄슈타인』에 큰 영감을 주었다.

알디니의 의학 실험과 『프랑켄슈타인』은 한편으로 전기라는 물질이 생명현상을 설명한다는 새로운 기계론적 세계관을 제시했지만, 큰 틀에서 육체와 정신이 각각 독립적으로 존재한다는 이원론적 관점을 깨지 못했다. 하지만 같은 시기 '최대 다수의 최대 행복'을 주창했던 영국의 공리주의자 제레미 벤담(Jeremy Bentham)은 사후 세계에 대한 종교적 믿음이 거짓이며 육체와 분리된 정신은 존재하지 않는다는 태도를 취했다.

벤담은 이 믿음을 실천하기 위해 죽기 전 매우 치밀한 유언을 남겼다. 자신의 시신을 해부학 연구에 사용한 후, 뼈를 다시 조립하고 방부 처리된 얼굴을 올려 형체를 다시 만들어달라고 했다. 그 위에 평소 즐겨 입던 옷, 모자, 신발, 지팡이로 평소 모습처럼 꾸민 후, 자신이 좋아하던 의자에 생각에 잠긴 자세로 앉혀달라고 했다.[4] 그는 자신의 형상을 오토아이콘(Auto-Icon), 즉 '자기 자신을 기념물처럼 만든 조형물'이라고 명명하면서, 다른 사람들도 존재하지 않는 영혼의 안식을 빌기보다 자신처럼 남겨진 육신을 통해 사회에 기여해야 한다고 말했다.

벤담의 오토아이콘은 현재 유니버시티 칼리지 런던 학생회관에 전시되어 있다. 벤담의 유언 중에는 공리주의 학파의 연례회의 등 주요 모임에 시신으로 기꺼이 참여하겠다는 의사 표현도 있었다.

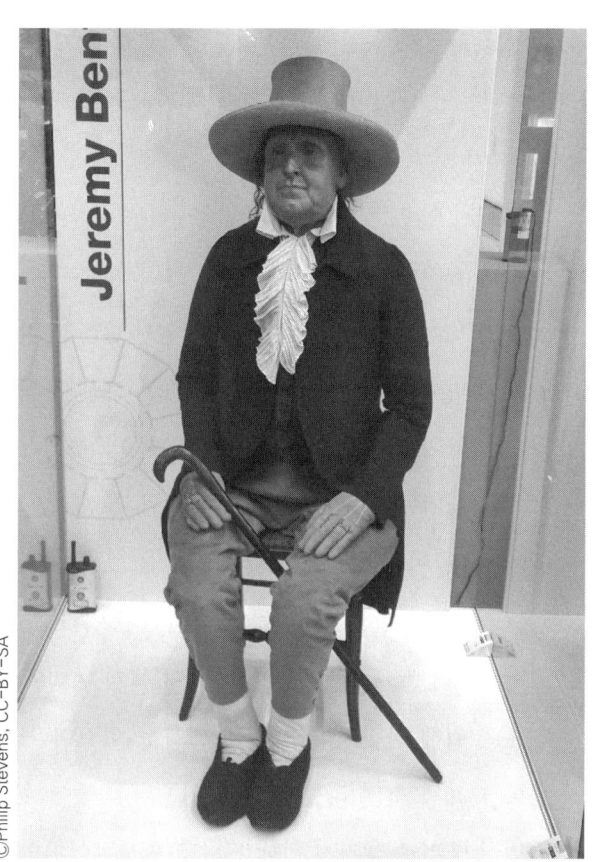

〈그림 2〉 제레미 벤담의 오토아이콘
현재 유니버시티 칼리지 런던에 전시되어 있는
벤담의 얼굴은 밀랍 모형으로 대체되었고
진짜 얼굴은 별도로 보관하고 있다.

학생들 사이에서는 벤담의 오토아이콘이 실제로 대학 이사회에 참석한다는 소문이 있었다.* 현재 학교 공식 홈페이지는 이것을 부인하고 있다.[5]

20세기 이후, 시신의 인공적 영구 보존은 의학적 연구 목적을 제외하면 좀처럼 시도되지 않았다. 그러나 예외적으로 레닌, 마오쩌둥, 호찌민, 김일성, 김정일과 같은 일부 공산권 지도자의 시신은 본인의 뜻과 관계없이 체제 강화를 위한 선전의 목적으로 방부 처리되어 영구 보존되고 있다. 인공 미라를 만들기 위해서는 부패가 빠르게 진행되는 뇌, 심장, 위, 장 등의 내부 장기와 혈액을 모두 제거해야 한다. 이런 방식은 외곽 형체만을 보존한다는 점에서 고대 이집트 등 옛 문명에서 미라를 제작하던 방법과 기본적 원리가 같다. 그러나 이집트 세계관 속 미라가 이 세계 너머에 영원히 존재하는 영혼을 위해 잠시 생명 활동이 보류된 껍질이라면, 공산권의 유물론적 세계관 속 미라는 망자의 실존과 죽음이라는 역사적 사실을 영원히 증거로 남기기 위해 트로피나 조각상처럼 철저히 물질화시킨 껍질이다.

---

* 이사회 회의 테이블의 지정된 자리에 벤담이 휠체어로 옮겨지면 곧바로 회의가 시작되고, 회의록의 참석자 명단에 '투표 없이 참석'으로 이름이 적힌다고 했다. 또한 이사회 투표 결과가 정확히 반반으로 나뉠 경우 오토아이콘은 항상 해당 사안을 실행하는 쪽으로 투표하는 것으로 간주해 이사회가 최종 결정을 내린다는 구체적 내용까지 오르내렸다.

신체를 둘러싼 일곱 개의 껍질

아주 먼 옛날, 다른 동물처럼 튼튼하고 두꺼운 털, 가죽, 비늘, 외골격을 갖지 못했고 움직임마저 느린 인간은 가장 취약한 종이었다. 인류가 이러한 생물학적 한계를 극복하고 지구 전역으로 뻗어간 것은 스스로 만든 인공 껍질로 몸을 감싸 불리한 환경을 극복했기 때문이다.

현대인에게는 총 일곱 개의 껍질이 있다. 러시아 인형 마트료시카처럼, 몸에 밀착된 제1껍질 피부에서 시작해 지구 위 생물의 보호막인 제7껍질 생물권까지 점차 넓은 범위의 껍질이 안쪽 껍질을 감싸는 내포 관계를 형성한다. 최초의 인간은 피부와 생물권이라는 단 두 개의 자연 보호막을 가지고 있었다. 수십만 년이 흐른 지금, 인간은 이들 사이에 옷, 특수복, 탑승형 캡슐, 건물, 도시라는 무려 다섯 개의 인공 껍질을 만들어 전례 없이 튼튼한 다중 보호막을 구축했다.

일곱 개 껍질을 이동성을 기준으로 분류하면, 처음 네 개의 껍질을 이동식, 다음 세 개의 껍질을 고정식으로 나눌 수 있다. 즉 피부, 옷, 특수복, 탑승형 캡슐은 인체를 감싸면서 동시에 인체와 함께 이동하는 보호막이다. 건물, 도시, 생물권은 인체의 움직임과 관계없이 한곳에 고정된 보호막이다. 인간은 제2껍질인 옷을 지어 입으면서 춥거나 거친 자연환경을 극복했고, 제3껍질인 특수복을 만들게

이동성	위계	껍질의 종류	감각	신체 유사도	강도	예상수명
이동식	1	피부	+	1등급		100년
	2	옷	−	2등급		20년
	3	특수복	−	3등급		10년
	4	탑승형 캡슐	+	4등급		30년
고정식	5	건물	−	5등급		100년
	6	도시	−	6등급		500년
	7	생물권	−	7등급		수백만 년

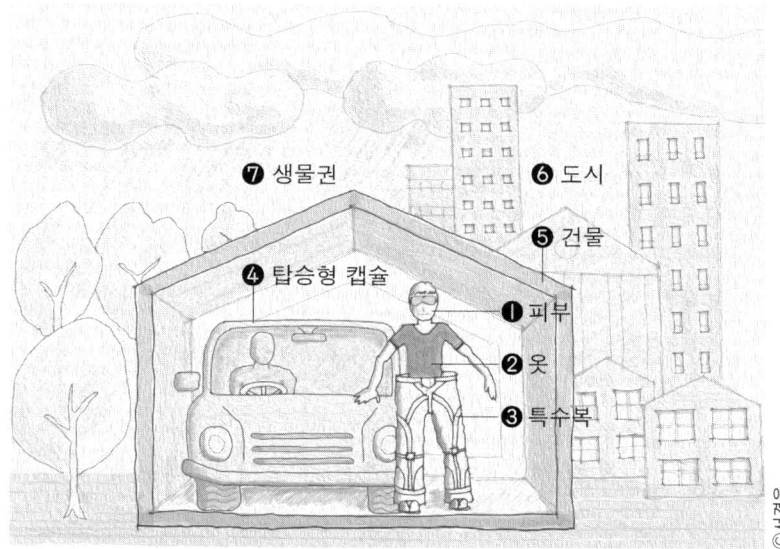

〈그림 3〉 인체를 둘러싼 일곱 개 껍질
네 개의 이동식 껍질과 세 개의 고정식 껍질이 인체의 보호막을 형성한다.
위계가 높아질수록 신체 유사도가 낮아진다.

되면서 극한기후를 극복했으며, 제4껍질인 탑승형 캡슐을 제작하게 되면서 깊은 바닷속과 우주까지 도달할 수 있게 되었다. 이동식 껍질의 위계가 높아질수록 강도는 점점 높아지고 신체 형태와의 유사도는 점점 낮아진다.

제1껍질인 피부의 표피는 사실 죽은 세포로 구성된 피부 각질층으로 덮인 막이다. 이 피부 각질층은 28~30일을 주기로 몸에서 떨어져 나가고, 다시 그 아래의 세포가 올라오면서 새 각질층을 형성한다. 목욕탕에서 미는 때의 주성분이 바로 이것이다. 피부에는 500만 개의 작은 땀샘과 모낭이 뚫려 있으며 눈, 코, 입, 귀, 항문, 성기의 아홉 개 큰 구멍을 통해 공기, 음식물, 체액, 노폐물 등이 끊임없이 흡입되고 배출된다. 피부는 몸에 밀착되어 있으므로 신체 유사도가 1등급이며, 이동식 껍질 중 가장 긴 100년 이상의 예상 수명을 가지고 있다.

피부는 각종 감염, 온도변화, 마찰, 충격에 취약하기 때문에 인류는 생존을 위해 제2껍질 옷을 만들었다. 최초의 옷은 나뭇가지와 잎을 엮은 원시적이고 약한 형태였을 것이다. 그러나 곧 동물 가죽을 활용한 견고한 옷을 만들었고, 점차 털과 섬유를 직조하는 단계로 기술을 발전시켰다. 옷은 몸의 형태를 따라 만들어지지만 원활한 움직임을 위해 여유 공간이 있어야 하므로 피부보다 낮은 2등급 유사도로 만들어진다.

문명의 발전과 함께 평상복의 바깥에서 추가 보호막을 제공하는 제3껍질 특수복이 개발되었다. 중세에서 1800년대까지는 금속과 천연 재료를 활용한 갑옷, 비옷, 잠수복, 소방복, 작업복 등이 만들어졌다. 1900년대에 플라스틱과 비닐 같은 합성수지가 상업화되면서 우주복, 방사선 차단복, 방호복, 클린룸 슈트 등 현대적 특수복이 본격적으로 만들어진다. 특수복은 작업자의 다양한 신체 형태와 관절 움직임을 무리 없이 수용해야 하므로 내부에 충분한 여유 공간이 필요하다. 따라서 신체 유사도는 옷보다 낮은 3등급이다.

수 세기 동안 특수복이라는 이동식 껍질의 한계에 갇혀 있던 인류에게, 20세기 제4껍질 탑승형 캡슐의 등장은 혁명이었다. 자동차, 잠수정, 헬리콥터, 비행기, 우주선 등 외기로부터 차단되어 스스로 이동하는 탑승형 캡슐을 통해 인간은 지구 환경에 대한 통제를 강화하고 우주로 눈을 돌리기 시작했다. 탑승형 캡슐은 신체 굴곡에 맞춰진 시트, 손에 맞춰진 핸들과 레버, 출입문과 같이 제한된 범위에서 신체 형태를 모방한 4등급 신체 유사도로 만들어진다. 인공 껍질 중 유일하게 헤드라이트, 온도 센서, GPS 내비게이션 등의 장치를 통해 신체감각을 증강한다는 것도 탑승형 캡슐이 가진 장점이다.

네 개의 이동식 껍질에 더해 인간에게는 세 개의 고정식 껍질이 있다. 이동식 껍질이 개인이 통제하고 조절하는 가변적 경계면이라면, 고정식 껍질은 불가변적 경계다. 제5껍질 건물은 땅에 고정되어 기후의 영향을 차단하고 외부로부터 침입을 막는다. 건물의 재산 가치가 가장 높은 이유는 모든 껍질 중 가장 강도가 높고 예상 수명이 100년 이상이며, 건물이 놓인 토지에 대한 권리도 함께 소유할 수 있기 때문이다. 층고, 복도 폭, 출입문 크기, 계단 높이 등이 인체에 맞춰지지만, 전체적으로 신체 형상을 직접 모방하지 않아 신체 유사도는 5등급이다.

건물이 모이고 인프라가 연결되면 제6껍질 도시가 만들어진다. 건물이 현대인의 인공 동굴이라면, 도시는 현대인의 인공 숲이다. 현대적 도시는 에너지와 물류 흐름의 효율성에 초점을 맞춰 설계된다. 그럼에도 보행로, 핸드레일, 계단, 맨홀, 버스 정류장, 벤치 등 인간과 접하는 부분은 인체 모듈을 따르므로 도시의 신체 유사도는 6등급이다. 개별 건물은 계속 지어지고 또 허물어지지만, 그 집합체로서의 도시는 인공 껍질 중 가장 긴 수백 년 이상의 수명을 갖는다.

제7껍질 생물권은 생명체가 자연적으로 생존할 수 있는 지구의 보호막이다.[6] 지구의 대기는 생물의 생존을 위한 공기를 제공해주고 태양의 자외선을 걸러주며 적정 온도를 유지해준다. 또한 지구 자기장은 생물 서식에 치명적인 태양방사선과 태양풍을 막아준다. 80억 인구의 '인류세'(人類世)를 살고 있는 우리는 지구가 사람으로 꽉 찼다고 생각한다. 하지만 인공적인 구조물로 덮여 있거나 인간의 거주 및 활동이 실제로 이루어지는 면적은 놀랍게도 바다를

포함한 전체 지구 표면 5억 1,000만 제곱킬로미터 가운데 1퍼센트 도 채 되지 않는다.[7]

실제 점유 면적은 이토록 작지만, 인간 문명은 이 광대한 일곱 번째 껍질을 빠르게 파괴하고 있다. 화석연료 사용으로 인한 이산화탄소 증가는 지구에서 우주로 빠져나가는 열을 가두어 지구온난화를 가속화하고 생태계 균형을 파괴하고 있다. 생물권의 기온 상승은 하위 여섯 개 껍질에 연쇄적인 열 관리 위기를 야기하고 있다. 피부에서 도시까지 모든 껍질에 걸쳐 외부 열 차단과 내부 열 배출을 위해 다양한 수단과 방법을 동원하고 있지만 상황은 점점 악화하고 있다. 다른 껍질과 달리 인류 생존 자체를 좌우하는 제7껍질의 보존 여부에 전 지구 생명체의 미래가 달려 있다.

공적 자아와 사적 자아

껍데기와 알맹이의 이분법은 인간 신체에 대한 논의를 넘어 외부로 노출된 공적 자아와 안에 내재된 사적 자아에 대한 사회학적 논의에도 적용될 수 있다. 어빙 고프먼(Erving Goffman)의 명저 『자아 연출의 사회학』은 무대 앞과 무대 뒤라는 연극적 비유를 통해 인간이 가진 두 개의 상반된 사회적 자아를 파헤쳤다. 무대 앞은 관객에게 보이는 공간으로 배우가 주어진 역할을 수행하고 관습을 준수하는 곳이다. 이곳에서는 자신에게 할당된 페르소나의 가면을 쓰고 그에 맞게 공적으로 행동하면서 남에게 비치는 자기 모습을 늘 관리해야 한다.

반면 무대 뒤는 연기자가 가면을 벗고 역할에서 벗어나 긴장을 푼 진정한 자아로 돌아가는 사적인 공간이다. 우리는 모두 공적인 무대 앞과 사적인 무대 뒤를 오가면서 이 두 가지 공간과 그곳에서 만나는 사람들을 분리하려 노력한다. 하지만 동네 목욕탕에서 벌거벗은 채 직장 상사와 마주치는 순간처럼 이 둘이 섞이는 어색한 순간이 종종 생긴다.

2000년대 초, 축축하고 어두운 런던의 어느 겨울밤, 뮤지컬 「레미제라블」의 평일 마지막 공연을 관람한 후, 기숙사로 돌아가려고 채링크로스(Charing Cross)의 버스 정류장에 서 있었다. 얼마 지나지 않아 한 여성이 옆에 와 섰는데 왠지 낯이 익었다. 어디서 봤을까? 기억을 더듬다 문득 깨달았다. 조금 전 뮤지컬에서 에포닌 역을 맡았던 배우였다.

커다란 무대에서 프랑스 혁명 당시 복장을 입고 「On My Own」이라는 애절한 짝사랑의 노래로 나를 감동시킨 배우가 청바지에 배낭을 멘 채 나와 같이 버스를 기다리는 상황은 뭔가 비현실적이었다. 24번 버스가 도착하자 그녀도 내 뒤를 따라 올라탔고, 내가 내리기 전 역인 캠던타운(Camden Town)에서 하차한 후 멀어져갔다. 한 배우의 격정적인 무대 위 카리스마와 놀랍도록 평범한 무대 밖

모습을 동시에 목격했던 그날 밤은 특별한 기억으로 남았다.

사회생활에서 무대 앞과 무대 뒤를 혼동하는 상황을 흔히 공사(公私) 구분을 못 한다고 표현한다. 그런데 한국에는 이런 상황이 하나의 문화로 정착된 경우가 있으니, 직장에서 슬리퍼를 신는 문화다. 내가 근무했던 미국 버펄로의 한 회사에서는 정장이나 캐주얼 정장을 입는 것이 드레스 코드였지만, 눈과 비가 많이 오는 지역 특성상 많은 직원이 운동화나 장화를 신고 출근을 했다. 하지만 직장에 도착하면 다들 구두로 갈아 신고 근무를 시작했다.

한국은 이와 정반대다. 다들 구두를 신고 출근한 후, 슬리퍼로 갈아 신는다. 정장에 슬리퍼는 마치 수영복에 구두를 신은 것처럼 구색이 맞지 않는 패션이다. 머리에서 발목까지는 공적 공간의 규범을 준수하지만, 발목 아래로는 사적 공간의 자유를 추구하는 이상한 공사의 공존이다. 온돌과 마루 위의 좌식 문화에 익숙한 우리에게 신발을 벗는 것은 심리적 안정감과 신체적 편안함을 제공하며, 따라서 능률을 높일 수 있을지도 모른다. 하지만 회사 임원, 클라이언트, 협력업체 직원들이 수시로 오가는 직장이라는 공적 공간에서 슬리퍼를 신는 관행은 독특한 한국만의 직장 문화다.

팬데믹 기간 동안 많은 재택 근무자가 공적 공간과 사적 공간이 혼재된 상황을 겪었다. 화상회의 소프트웨어 업체들은 사적 공간을 보여주기 싫은 사람들을 위해 여러 가지 가상 배경을 준비해놓기도 했다. 하지만 사람들은 공식적인 회의 도중 동료들이 사는 집 안을 들여다보고, 같이 사는 아이들, 개, 고양이가 화면에 불쑥 나타나는 낯선 상황을 대체로 유쾌하게 받아들였다.

컴퓨터 카메라에 상반신만이 비쳤기 때문에, 사람들은 예의에 어긋나지 않는 상의를 골라 입으면서도 노출되지 않는 하의는 반바지, 파자마, 추리닝 같은 편한 의상을 입는 이른바 '허리 위 패션'을 추구했다.[8] 마치 무대를 향해 상반신만 내밀고 하반신은 무대 뒤에 숨겨진 것처럼 하나의 몸이 공적 공간과 사적 공간에 동시에 존재하는 이상한 경험이었다. 가끔은 실수로 무대 뒤의 적나라한 모습을 들키는 불상사도 일어났다. 한국의 한 교수는 욕조 안에 알몸으로 몸을 담근 채 음성만으로 수업을 진행하다, 실수로 카메라가 켜지는 바람에 큰 망신을 당했고 이 뉴스는 전 세계로 타전됐다.[9]

껍데기와 알맹이의 이분법은 대인 관계에 있어서 겉으로 드러난 태도와 숨겨진 속마음을 구분하는 데에도 적용된다. 부끄러움을 모르는 사람을 일컬어 낯짝이 두껍다거나 철면피라고 지칭한다. 마음약한 사람을 일컬어 속이 물러 터졌다고 표현한다. 생각과 다른 행동을 하는 사람을 겉과 속이 다르다고 말한다. 속마음을 완전히 터놓는다는 것은 약점과 치부를 노출할 수 있으므로, 일반적인 대인 관계에서 선뜻 할 수 없는 행동이다.

하지만 속마음을 감춘다면 관계는 진전될 수 없다. 'Vulnerable'

이라는 영단어의 사전 뜻은 '상처받기 쉬운'이다. 하지만 그 안에는 '속마음을 드러낼 진정성이 있는'이라는 숨은 뜻이 있다. 셀레나 고메즈(Selena Gomez)는 그녀의 2020년 발표곡 「Vulnerable」에서 사랑하는 사람에게 자신의 사악함, 비밀, 나약함을 모두 드러내겠다는 진심을 'I'll stay vulnerable'이라는 가사로 표현했다. 자신의 부족함을 숨기는 것은 자연스러운 본능이지만, 브레네 브라운(Brené Brown) 같은 심리학자는 오히려 이를 드러내는 'vulnerability'를 추구하는 것이 진정한 자신으로 살아가기 위한 출발점이라고 말한다.[10] 치부를 보여주고 또 받아들일 수 있는 관계가 진정한 사랑이고 우정이다.

　일본인은 한국인에 비해 더 친절하고 예의 바르다는 인상을 준다. 일본인이 '스미마셍'(すみません)이라는 표현을 지나치리만큼 자주 쓰며, 공적 공간에서 개인 성향의 표출을 극도로 삼간다는 것은 잘 알려진 사실이다. 일본에서는 이러한 겉과 속의 대립적 관계를 '오모테'(表, おもて)와 '우라'(裏, うら)라는 개념으로 설명하며, 이것이 구체적으로 나타난 것을 개인의 진심인 '혼네'(本音)와 표면적 언행인 '다테마에'(建前)로 구분한다. 한국에서도 예의가 중시되지만, 그것은 속마음이 겉으로 투영된 것이어야 한다고 생각한다. 반면 일본에서는 겉과 속의 분리를 당연하게 여기며, 이를 상황에 맞게 관리하는 능력을 사회적 기술로 받아들인다.

겉과 속을 철저하게 분리하는 일본인의 경향은 주거 평면에서도 엿볼 수 있다. 전통주거에서 현대주거에 이르기까지, 일본 건축은 현관 주변을 밀폐된 복도나 홀로 만들어 안쪽 공간과 철저히 차단된 '사회적 잠금장치'로 만든다.[11] 따라서 거실을 중심으로 한 안쪽 공간으로 진입하기 위해서는 반드시 중문을 거쳐야 한다. 시각적으로 넓게 트인 확장된 거실을 추구하는 한국과 대비되는 일본의 특징이다.

모노리스, 껍데기와 알맹이의 결합

돌은 껍데기와 알맹이의 경계 없이 표면과 내부가 하나로 연결된 물질로 인류 문명사에서 특별한 역할을 해왔다. 생명체와 같은 존재감을 지녔으며 시간의 질감(patina)을 아름답게 드러내는 속성으로 인해 영원함의 상징으로 여겨져 왔다. 미술 비평가 존 러스킨(John Ruskin)은 돌의 특별함을 찬양했다.

"시간은 석조물의 조잡함을 풍요롭게, 과도함을 단순하게, 과격함을 부드럽게, 모호함을 두드러지게 만들어준다. 세월의 흐름은 석조물의 부족함을 숨겨주고 기존의 아름다움을 은은한 빛으로 감싸준다."[12]

고고학적으로 단일한 돌덩이를 고대 그리스어의 하나를 뜻하는 'mónos'와 돌을 뜻하는 'líthos'를 합쳐 모노리스(monolith)라 부른다. 하지만 현대적 의미로는 돌, 금속, 유리 등의 단단한 물질로 만들어진 이음새가 없고 쉽게 분할할 수 없는 거대한 덩어리를 포괄적으로 지칭한다.

단일 재료로 구성된 모노리스의 순수성과 완결성은, 유한한 존재인 인간에게 세속을 넘어서는 영원성을 체험하게 한다. 선사 시대부터 현대에 이르기까지 수많은 기념물과 건축물을 단일 재료의 일체형 덩어리로 만든 것은, 바로 이러한 초월적 신비감을 구현하려는 인류의 욕망 때문이다.

디지털 설계 및 시공 기술이 발전하면서 복잡한 이음새를 최대한 감춘 매끈한 외관의 모노리스 형태로 더 많은 건축물을 지을 수 있게 되었다. 유려한 비정형 곡면을 은색 알루미늄 패널로 감싼 서울 동대문의 디자인플라자(DDP), 반듯한 유리 큐브 형태를 땅 위로 들어 올린 독일 슈투트가르트 미술관(Kunstmuseum Stuttgart), 현대적으로 해석한 초대형 아치를 화강암으로 감싼 프랑스 라데팡스의 그랜드 아치(La Grande Arche de la Défense)는 그 대표적 사례다. 이들은 스톤헨지, 고인돌, 피라미드의 전통을 계승하는 현대적 모노리스다. 내부가 비어 있지만 빈틈없이 조립된 일체형 표피로 속이 꽉 찬 듯한 인상을 준다. 이런 완결된 외형은 새로운 시대를 상징하는 도시의 아이콘이 되었다.

2012년 완공된 서울시청 신청사는 모노리스의 대표적 실패작이

〈그림 4〉 모노리스 건축의 성공작과 실패작
왼쪽 위부터 시계방향으로 동대문디자인플라자, 서울시청사,
파리 그랜드아치 라데팡스, 슈투트가르트 현대미술관.
다른 세 개의 성공작과 다르게 서울시청사는
최악의 실패작으로 평가받는다.

다. 삼각형 유리 격자로 덮인 비정형 파사드가 상부에 돌출된 처마를 감싸면서 지붕으로 연결되는 모습은 자유로운 곡면으로 모노리스를 구현하려 한 건축가의 의도를 보여준다. 하지만 건물의 좌우 측면에서 이러한 곡면의 역동성은 멈추고 느닷없이 평평한 입면이 나타난다. 곡면이 급작스레 평면으로 전환되려다 보니 식빵이 잘린 듯한 어정쩡한 모서리가 생겼고, 이 연결부위를 시공하면서 어쩔 수 없이 두꺼운 금속판을 수직으로 덧대는 최악의 땜질 디테일이 만들어졌다.

이 뚜렷한 경계로 인해 안 그래도 이질적인 정면과 측면은 철저히 분리된 별개의 입면이 되었고, 이음새를 감추거나 최소화할 때 생기는 모노리스의 일체감은 돌이킬 수 없이 파괴되었다. 그나마 측면에서도 일관성 있게 유지되었던 유리 격자 표피는 후면으로 돌아가는 순간 불투명한 패널로 덮인 지루한 오피스 외관으로 바뀌면서 모노리스가 추구하는 단일 재료의 순수성마저 사라진다. 이러한 형태적 문제점 외에도 역사, 맥락, 기능 등에서 비판을 받는 서울시청 신청사는 2013년 건축 전문가 100명이 뽑은 최악의 한국 현대 건축물 1위로 선정되었다.

시간을 초월한 영원성과 완결성을 느끼게 해주는 모노리스 형태는 건축물뿐만이 아니라 자동차, 생활용품, 전자기기에 이르기까지 다양한 제품의 디자인에 영향을 미치고 있다. 최소한의 재료로 이

음새를 감추고 표면의 군더더기를 제거한 일체형 형태는 모든 첨단 제품이 꿈꾸는 형태다. 스마트폰 디자인은 이러한 디자인 흐름에서 최전선에 서 있다.

2007년 아이폰의 등장 이후 모든 스마트폰 업체는 경쟁적으로 물리적 버튼을 없애고, 배터리 교체를 불가능하게 만들고, 모든 슬롯과 포트를 숨기거나 없애 내부를 들여다볼 수 없는 딱딱하고 견고한 덩어리를 지향하고 있다. 이러한 완벽한 봉인은 돌로 만든 모노리스의 축소판과도 같다. 마치 선사 시대 사람들이 거석을 숭배했던 것처럼, 현대인은 스마트폰의 미스터리한 완결성을 숭배한다. 변하지 않고, 열리지 않으며, 인간의 모든 욕망과 꿈을 담고 있는 스마트폰은 껍데기와 알맹이가 하나로 합쳐진 주머니 속 모노리스다.

제3부
문화의 형태

1. 배열
가지런함과 뒤죽박죽에 대한 고찰

분류, 물건을 배열하는 방법

2016년, 영국 전역의 철도역과 기차 안에 붙은 보안 캠페인 포스터에는 짧은 세 문장이 쓰여 있었다. "See it. Say it. Sorted." 발음하기 쉽고 기억하기 쉬운 이 슬로건으로 인해 캠페인은 큰 성공을 거뒀고, 이 문장은 지금까지도 영국인들의 뇌리에 박혀 있다. 문제를 해결하는 3단계를 '발견, 신고, 해결'이라고 명쾌하게 요약한 이 슬로건에서 내가 의외라고 생각했던 점은 '해결하다'라는 뜻을 가진 수많은 단어 중 왜 굳이 '분류하다'라는 의미인 'sort'를 썼을까 하는 것이었다.

한국에서 영국으로 직장을 옮기고 새로운 도시에 정착하기 위해 분주하던 시절, 내가 이웃과 동료들에게 가장 많이 들었던 질문도 "Have you sorted everything?"이었다. 영국식 영어에서 'sort'는 '문제를 해결하다'라는 관용어로 쓰인다는 걸 이때 알게 되었다. 우리 삶의 복잡한 문제들은 대부분 그것을 분류함으로써 해결된다. 분류는 뒤죽박죽 섞인 것을 가지런하게 배열하기 위한 전략이다.

한눈에 파악할 수도, 셀 수도 없는 너무나 많은 주변 물체를 이해하기 위해 사람들은 아주 먼 옛날부터 분류라는 생각의 체계를 만들었다. 가장 원시적이고 간단한 최초의 분류체계는 이분법이다. 남자와 여자, 동물과 식물, 물과 불, 하늘과 땅, 오른쪽과 왼쪽, 밤과 낮, 삶과 죽음, 깨끗함과 더러움처럼 두 가지 반대되는 개념을 도입함으로써 이 거대한 세상은 반으로 나뉘어 뇌에 입력된다. 이로써 세상은 더 쉽고 빠르게 이해되기 시작한다.

이후 학문의 발전과 함께 분류체계가 점차 발전하여 18세기 스웨덴의 식물학자 칼 폰 린네(Carl von Linné)에 의해 분류학이라는 이름의 현대적 분류체계가 시작되었다. 우리가 학창 시절 외웠던 '종속과목강문계'가 린네의 분류체계로부터 발전한 명명법이다.

분류체계는 학문 분야는 물론이고 사회 전반에 필요한 개념이다. 정부와 기업에서 매년 이야기하는 구조조정도 본래 뜻은 조직의 분류체계를 손보는 작업이다. 일상생활 속에서도 우리는 책꽂이에서 책을 분류하고, 냉장고에서 음식을 분류하고, 페이스북과 인스타그램에서 친한 친구와 아는 사람을 구분하면서 끊임없이 크고 작은 분류체계를 스스로 만들어낸다.

21세기 현대인에게 가장 힘든 분류는 컴퓨터 파일 분류다. 나름대로 폴더에 이름을 달고 적당한 구분을 해보지만, 파일의 양은 끝없이 증가하고 폴더 디렉토리는 끝없이 분화한다. 한동안 쓰지 않던 파일을 찾아 미로 같은 디렉토리 안 수많은 폴더를 끊임없이 클릭해야만 했던 답답한 심정을 겪어본 사람들은 알 것이다. 그나마 얼마 전까지는 책상 위 컴퓨터 속 파일만 잘 정리하면 족했다. 하지만 이제는 데스크톱, 노트북, 태블릿, 스마트폰은 물론 클라우드에 파일을 저장하게 되면서, 현실보다 더 복잡한 가상 세계의 분류체계를 만들어내야 할 운명에 처했다.

분류 방법을 정의하는 다양한 이론이 있으나, 가장 간단한 것은 월리스(Wallace)가 정의한 인식론적 방식, 발생학적 방식, 기능적 방식이다.[1] 첫째 인식론적 방식은 본질적 속성에 의한 분류로, 이 방법으로 옷을 분류한다면 모자, 셔츠, 바지, 양말과 같이 착용하는 신체 부위에 따라 분류할 수 있다. 대부분 집에서 옷장을 정리할 때 쓰는 방식이다. 둘째 발생학적 방식을 따른다면, 그 옷을 만든 제조사의 브랜드를 따라 자라, 리바이스, 유니클로, 폴로 등과 같이 분류할 수 있다. 셋째 기능적 방식을 따른다면, 옷의 쓰임새에 따라 스포츠웨어, 정장, 잠옷, 캐주얼과 같이 구분할 수 있을 것이다.

백화점에서는 이 세 가지 방식을 모두 활용하여 매장을 꾸민다. 우선 옷의 기능적 쓰임새에 따라 층별로 정장, 캐주얼, 아동복, 스포츠웨어 등으로 대분류한 후, 발생학적 기준에 따라 제조사 브랜드

별로 매장을 나누는 중분류를 거쳐, 마지막으로 인식론적 기준에 따라 신체 부위별로 각 매장 안에서 소분류를 하는 방식이다. 물론 모든 백화점이 이러한 분류체계를 따르지는 않는다. 편집숍들이 입점한 백화점의 경우, 다양한 브랜드의 제품을 한 매장 안에 섞어 전시하기도 한다. 결국 분류체계는 전략적으로 취사선택되며, 시스템이 복잡해질수록 여러 방식을 복합적으로 활용하게 된다.

최근 정리정돈에 대한 대중의 관심이 높아지면서 각종 지침서가 서점에서 팔리고 있다. 일본의 정리 전문가 곤도 마리에는 '설레지 않으면 버려라'라는 방법으로 세계적 인기를 끌었다. 그녀는 미니멀리즘을 표방하며, 적게 소유하고 공간을 비워 심플한 라이프 스타일을 추구한다. 하지만 이러한 공간을 유지하려면 늘 부지런히 청소하고 잡동사니를 숨기는 번거로움을 감수해야 한다. 소파 위 개지 않은 빨래, 식탁 위 먹고 남은 음식, 잠시 바닥에 놓아둔 가방, 거실 테이블에 놓아둔 빈 잔 등은 사람 사는 집이라면 항상 생겨나는 것들이다. 하지만 미니멀리즘 공간 속에서는 당장 제거해야 할 시각적 공해이자 오염원이 된다.

사실 미니멀리즘이 정리정돈을 위한 유일한 해답은 아니다. 그 반대편에는 맥시멀리즘이라는 또 다른 정리 방식이 있다. 각종 소품, 액자, 거울, 화분, 책, 조명, 쿠션 등이 일정한 콘셉트에 맞춰 가득 들어찬 거실은 화려하면서도 아늑한 느낌을 연출한다. 미니멀

〈그림 1〉 파리 루브르 박물관
루브르 박물관은 비너스상 전시 공간을
미니멀리즘으로 꾸몄다.
넓은 공간에 유일하게 존재하는 전시물은
더욱 중요하고 상징적인 것으로 보여
관객의 시선을 집중시킨다.

〈그림 2〉 런던 존 손 박물관
존 손 박물관은 모든 전시실을 맥시멀리즘으로 꾸몄다.
시대와 지역을 구분하지 않고 다양한 유물을
올려놓을 수 있는 모든 곳에 가득 채웠다.

리즘이 대체로 현대적인 느낌을 지향한다면, 맥시멀리즘은 대체로 클래식한 느낌을 지향한다.

미술관에서 전시회를 기획할 때도 미니멀리즘과 맥시멀리즘의 두 극단 사이에서 콘셉트에 따라 적절한 방식을 취한다. 아주 중요하고 유명한 예술 작품은 별도로 구획된 공간에 단독으로 전시함으로써 관객들의 시선을 집중시키는 미니멀리즘 기법을 활용한다. 루브르 박물관의 비너스상이 좋은 예로, 단 하나라는 유일성은 작품을 중요하고 상징적인 것으로 만든다. 반면 다수의 작품을 함께 진열하는 방식은 시선을 분산시키고 하나하나의 중요성을 감소시키지만, 작품 사이의 맥락이나 관계를 보여줌으로써 한 시대나 작가의 경향을 파악하게 해준다.

영국 런던의 존 손(John Soane) 박물관은 맥시멀리즘을 바탕으로 모든 전시실을 꾸민 흔치 않은 박물관이다. 시대와 지역의 구분 없이 다양한 종류의 유물을 벽, 기둥, 난간 등 전시가 가능한 모든 공간에 빼곡히 배치했다. 관객들은 내부를 연결하는 통로와 계단을 따라가면서 다양한 시점에서 유물을 바라볼 수 있다. 채움의 방식도 비움의 방식만큼 공간을 아름답게 만들 수 있다.

음식이 배열되고 섭취되는 방법

상다리가 휘어진다는 우리말 표현이 있다. 상다리가 눌려 휘어질

정도로 음식이 많다는 칭찬이다. 물론 다른 나라에도 비슷한 표현이 있다. 일본에도 공들여 차린 음식에 테이블이 휘어질 것 같다는 말이 있다. 영어권에도 음식 무게로 테이블이 신음한다는 표현이 있다. 하지만 외국에서는 한국의 밥상처럼 많은 종류의 음식을 한꺼번에 차리는 것이 곧 고급 식사를 의미하지는 않는다. 그나마 일본은 우리처럼 밥과 함께 여러 가지 반찬을 먹지만 그 가짓수와 양이 적다.

서양의 고급 식사는 음식이 순차적으로 나오는 코스밀(course meal) 형식이다.[2) 코스밀이 시차를 두고 서빙되는 음식의 조화와 다채로움을 중시한다면, 한국은 상에 오르는 음식 가짓수를 중시한다. 오첩, 칠첩, 구첩, 십이첩 반상은 밥, 국, 김치와 함께 나오는 반찬 수에 따라 등급을 매긴 것으로, 십이첩 반상은 조선 시대 궁중 연회에서 나오는 최고 등급의 상차림이었다. 한국인이 가짓수 많은 반찬을 미덕으로 여기게 된 이유는 무엇인가?

〈그림 3〉은 내가 도시 공간에 대한 강의를 할 때 공유 자원과 사적 자원의 차이를 비유적으로 전달하기 위해 보여주는 사진이다. 영국 학생들에게 이것이 몇 명이 먹는 상차림인지 맞혀보라고 하면, 다섯 명에서 열 명까지 다양한 대답이 나온다. 두 명이 먹는 상차림이라는 정답을 말해주면 다들 당황하는 눈치가 역력하다. 사진처럼 선으로 영역을 나눠 어디까지가 내 음식이고 어디까지가 같이 먹는

개인 음식

공유 음식

개인 음식

〈그림 3〉 한식 상차림
한식은 개인 음식과 공용 음식이 하나의 밥상에 공존한다.
한국인에게는 당연한 상차림이지만
한식을 처음 접하는 외국인은 어디까지가
개인 영역인지 쉽게 구분하지 못한다.

음식인지를 설명해준다.

반찬 개수와 관계없이 1인당 한 그릇의 밥이 놓이는 것이 우리에게는 당연하지만, 한식에 익숙하지 않은 서양인에게는 낯선 개념이다. 한국인의 밥상은 쌀밥 중심이다. 쌀밥을 단독으로 먹으면 싱거우니 국과 반찬을 곁들였을 것이다.[3] 하지만 왜 그렇게 반찬 가짓수에 집착하게 되었을까? 먼저 한국인이 밥을 먹는 동작을 살펴보자.

밥 한 숟가락을 입에 넣고 쌀의 온기, 찰기, 맛을 파악한다.
쌀을 씹으면서 눈으로는 같이 섞이면 좋을 반찬을 살핀다.
선택한 반찬을 젓가락으로 집어 입에 넣고 밥과 함께 섞는다.
반찬과 섞여 간이 밴 밥을 음미한 후 목구멍으로 넘긴다.
때때로 국 한 숟가락으로 간을 맞추고 원활한 목 넘김을 돕는다.

입에 넣는 밥과 반찬의 양과 비율은 사람마다 다르지만, 밥만 단독으로 씹어 넘기는 법은 좀처럼 없다. 입안의 밥은 반찬이 들어오길 잠시 기다렸다 함께 섞어야 한다. 이렇게 여러 가지 음식을 입에 넣다 보면 입안을 꽉 채우는 경우가 생기는데, 이때 필요한 것이 국이다. 믹서기에서 음식이 잘 갈리도록 물을 첨가하듯, 입안에 떠 넣는 한 숟가락의 국물은 또 다른 맛의 조합을 만들어줄 뿐 아니라 씹어 넘기는 과정을 수월하게 해준다. 반찬의 종류가 다양할수록 입안에서 조합되는 음식의 풍미는 더욱 다양해진다.

　서양의 식사는 주방에서 결정된 맛을 그대로 받아들이는 수동적 과정으로, 여러 가지 음식과 음료수를 한꺼번에 입안 가득 넣는 것은 예의에 어긋난 행동이다.[4] 하지만 한국의 식사는 입안에서 밥과 반찬을 조합해 먹는 사람이 다시 한번 맛을 조절하는 것을 당연하게 여긴다. 따라서 상다리가 휠 것 같은 밥상은 앞으로 펼쳐질 다채로운 미각적 경험에 대한 기대를 한껏 높여준다.

　결과적으로 반찬이 많은 한국식 상차림의 기원은 결국 맛이 가미되지 않는 쌀밥이 중심이 되었기 때문이고, 여기에 다양한 반찬이 밥과 섞이는 풍부한 맛의 조합을 우리 민족이 선호하기 때문이다. 오첩반상을 먹는다고 가정했을 때 국을 포함하면 여섯 개 음식이 밥과 섞여 총 64가지 맛의 조합이 가능하고, 십이첩반상을 먹는 경우 8,192가지 조합이 가능하다. 물론 보통 사람이 밥을 먹을 때 밥 한술과 함께 입안에 넣는 반찬 수는 제한적이므로 이것은 이론적 수치에 불과하지만, 그만큼 먹는 사람 입장에서 맛을 편집할 가능성이 열리는 것이다.

　한국인이 가장 쉽게 접하는 상다리 휠 상차림은 제사상이다. 음식 종류가 너무 많아서 기억하기 어려운 것은 물론이고 상 위에 배치하기도 어려워서 홍동백서, 어동육서, 좌포우편과 같은 골치 아픈 배치 이론까지 만들어졌다. 제사가 끝나면 가족과 방문한 친척 모두 함께 밥을 먹는데 수많은 반찬에다 개인별로 밥과 국을 올려 놓기에는 상이 너무 비좁다.

이렇게 많은 사람이 많은 수의 음식을 나누어 먹을 때 생기는 상차림의 복잡함을 해결해주는 음식이 바로 비빔밥이다. 비빔밥은 하나의 그릇에 밥과 다양한 반찬을 함께 담아 반찬이 놓이는 상 위의 공간을 줄이고 반찬을 집는 시간과 노력을 덜어준다. 비빔밥에 더해진 참기름과 고추장은 이질적인 재료들을 통일된 질감과 풍미로 엮어준다. 비빔밥은 서양의 샌드위치나 햄버거처럼 시간과 공간의 효율성을 끌어올린 음식이다.

비빔밥의 효율성을 한층 더 끌어올린 음식이 김밥이다. 조선 시대 주먹밥이나 일본의 초밥에서 영향을 받았다는 설이 있으나, 그 기원과 관계없이 김밥은 한식의 특징인 다양한 식재료가 밥과 함께 섞이는 방식으로 진화했다. 김밥은 규격화되고 표준화된 현대식 비빔밥이다. 모든 재료가 김으로 싸인 김밥 한 줄은 간단한 한 끼로 적당한 분량이다. 이것을 다시 일정 두께로 썰어 한입 크기로 모듈화해 유통, 보관, 섭취에 걸친 모든 과정에서 효율성을 극대화했다. 소풍이나 나들이에 김밥이 아닌 다른 음식을 준비한다는 것은 생각만 해도 번거롭다.

통계청의 2023년 양곡소비량조사를 보면 국민 1인당 연간 쌀 소비량은 56.4킬로그램이다. 서구화되고 다양해진 식단과 다이어트를 중시하는 흐름에 의해 1984년의 130.1킬로그램 이후 해마다 지속적으로 감소한 결과다. 1일 소비량을 기준으로 하면 155그램이니 밥 한 그릇을 90그램으로 했을 때 하루 두 공기도 먹지 않는 셈이다.

옛 선조들은 밥을 얼마나 많이 먹었을까? 『조선왕조실록』에 의하면 1419년 세종 1년에 15세 이상의 백성들에게 하루 쌀 일곱 홉을 지급하지 않으면 농사지을 힘이 없을 거라는 기록이 있다.[5] 일곱 홉은 1킬로그램으로, 조선 시대 성인은 2023년 대한민국 국민 평균보다 무려 여섯 배 이상의 쌀밥을 먹었다는 말이다. 밥의 양이 많으니 당시에는 더 많은 국과 반찬이 필요했을 것이다.

더 오래된 기록인 송나라 사신의 견문기 『고려도경』(高麗圖經)도 고려 사람이 많이 먹는다고 언급했다.[6] 1882년에 초판이 출간된 미국의 동양학자 윌리엄 그리피스의 견문록 『은자의 나라 한국』에는 한국인들이 빈부, 신분과 관계없이 엄청난 양을 먹는다는 대목이 나온다.[7] 그는 많이 먹는 것이 한국에서는 미덕이기에 잔칫상에서 중요한 것은 질보다 양이라고 했다. 이와 같은 역사적 자료를 종합해볼 때, 한국인들은 많은 양의 밥을 먹기 위해 반찬 가짓수를 많이 올리는 것을 진수성찬의 전제 조건으로 여겼고, 다양한 반찬을 한눈에 볼 수 있도록 한 상 가득 배열하는 것에서 시각적 만족을 얻었을 것이다.

한국인의 식사 방식은 개인 맞춤형 편집을 지향한다. 주방장이 만들어낸 맛을 그대로 따르기보다 먹는 사람이 스스로 섞고 재편집하는 탈중앙적 방식이다. 처음에 상 위의 그릇에 담겨 있던 음식은 손을 거쳐 최종적으로 입안으로 들어간다. 음식의 이동 경로에 놓인 이 세 지점에서 언제든 재편집된다. 비빔밥은 그릇에서 섞이고, 쌈밥은 손 위에서 섞이고, 밥과 반찬은 입안에서 섞인다.

때로는 함께 식사하는 사람에게 내 편집 방식을 권유한다. 나만의 비율로 제조된 쌈을 남의 입에 넣어주기도 하고, 수저로 뜬 밥 위에 반찬을 올려주는 정겨운 풍경은 다른 문화권에서 보기 힘들다. 음식뿐만 아니라 술도 마시는 사람이 섞고 편집한다. 서양의 칵테일이 바텐더에 의해 만들어지는 것과 달리, 소주와 맥주를 섞는 '소맥'은 각자 선호하는 비율로 직접 섞는다.

이마저도 잔이 아닌 입에서 섞이게 고안한 것이 바로 폭탄주다. 맥주가 담긴 큰 잔에 양주가 담긴 작은 잔을 빠뜨려 두 술이 공존하면서도 섞이지 않도록 만든 후, 입안으로 잔을 털어 넣는 순간 비로소 섞인다. 널리 보급되지는 않았지만, '포탄주'라는 한 단계 진보한 제조법도 있다. 폭탄주를 만들 때 양주잔 안에 포도 한 알을 추가로 빠뜨려, 두 가지 술과 안주가 한꺼번에 입안에서 섞이게 하는 최고 난이도의 폭탄주다. 음식을 섞고 편집하는 데 있어서 한국인을 따라올 민족은 없다.

동시적 배열과 순차적 배열

한식의 밥과 국 그리고 각종 반찬은 준비 과정과 조리법이 각각 다르다. 따라서 그 많은 음식을 식사 시간에 맞춰 준비한 후, 한 상에 동시에 올리는 데 상당한 기술이 필요하다. 특히 따뜻한 음식이 많은 상차림의 경우 이러한 음식의 동시성을 맞춘다는 것은 많은 경험과 실수 없는 실행을 요구한다.

반면 서양의 식사는 코스밀 방식으로, 음식이 순서대로 나오는 순차성의 개념을 따른다. 요리가 시차를 두고 나오기 때문에 한 상에 모든 요리를 한꺼번에 올리는 일은 없다. 그 대신에 앞으로 나올 음식을 먹는 데 필요한 포크, 나이프, 스푼 등의 커틀러리가 각 자리에 미리 놓인다. 특히 샐러드, 수프, 생선 요리, 메인 요리, 디저트의 순서로 다섯 차례 음식이 제공되는 고급 식사 테이블에는 일반적으로 중앙의 쇼플레이트 왼쪽에 세 개의 포크, 오른쪽에 하나의 스푼과 두 개의 나이프를 놓는다. 또한 쇼플레이트 위쪽에 디저트용 스푼과 포크 그리고 버터나이프를 놓는다.

한식의 상차림이 음식을 한꺼번에 배열하는 방식이라면, 양식의 상차림은 음식 대신 커틀러리를 한꺼번에 배열함으로써, 마치 책의 목차처럼 앞으로 서빙될 음식의 개수와 종류에 대한 시각적 예측을 가능하게 한다. 일부 유럽인의 경우 개인용 접시 여러 개를 처음부터 겹쳐놓기도 한다. 맨 위 접시에 서빙된 음식을 다 먹으면 그 접시

〈그림 4〉 3코스밀을 위한 접시와 커틀러리
양식 상차림은 음식 대신 커틀러리와 접시를
한꺼번에 배열해, 앞으로 서빙될 음식의
개수와 종류를 예측하게 해준다.
이 상차림은 세 차례 음식이 제공된다.

만 치우고 그 아래 접시에 다음 음식을 받는다. 이 경우 커틀러리는 수평 방향으로, 접시들은 수직 방향으로 음식의 순차성을 시각화한다.

동시성과 순차성은 인간의 다양한 행위에 적용되는 두 개의 시간적 배열 방식이다. 순차성은 일상적인 생활 속에 늘 존재하는 기본적인 삶의 방식이다. 아침에 일어나 샤워하고 아침을 먹고 출근하고 퇴근하여 집에 오면, 옷을 갈아입고 저녁 식사하고 취미생활을 하다 잠자리에 든다. 이 모든 행위는 동시에 겹치기도 하지만, 대체로 순차적으로 배열된다. 하지만 가끔 특별한 경우, 이러한 순차적 행위들이 동시성 모드로 전환될 때가 생긴다. 가장 대표적인 경우가 손님 초대다.

손님이 도착하는 시간에 맞춰 다양한 준비를 모두 끝내 동일한 시간의 선상에 한 줄로 정렬해야 한다. 평소보다 공들인 요리를 끝내고, 묵은 빨래를 끝내고, 신경 안 쓰던 구석까지 청소하고, 쓰레기통을 다 비우고, 보기 싫은 것을 다 숨기고, 쌓인 그릇을 설거지하고, 샤워하고, 좋은 옷을 골라 입고, 테이블을 세팅하고, 환기하고, 촛불을 켜놓는 등의 모든 행위를 손님이 초인종을 누르는 약속 시간 전에 남김없이 끝내야 한다. 이렇게 다양한 시간대에 행하던 수많은 집안일을 같은 시간에 맞춰 끝내기 위해서는 고도의 집중력과 에너지가 필요하다.

이런 노력 덕분에 손님이 가고 나면, 한동안은 손댈 필요 없는 잘 정돈된 집에서 냉장고에 남아 있는 맛있는 음식을 먹으며 평소보다 훨씬 편하고 여유 있는 시간을 보낼 수 있다. 이사, 여행, 결혼식, 장례식, 졸업식 등 모든 특별한 이벤트는 이렇게 순차적으로 펼쳐졌던 다양한 일이 시간 위의 한 지점으로 수렴하는 동시성의 원리에 의해 작동한다.

상다리가 휘어지는 동시성의 상차림을 선호하는 한국인이 뷔페에 열광하는 것은 너무나 당연한 일이다. 유럽과 달리 대부분의 고급 호텔에서 뷔페가 성업 중이며, 고기 뷔페, 일식 뷔페, 샐러드 뷔페, 해산물 뷔페, 한식 뷔페 등 대중형 뷔페를 합하면 그 종류와 점포 수가 그 어느 나라보다도 많다. 우리가 뷔페를 찾는 이유는 다양하고 맛있는 음식을 양껏 먹을 수 있기 때문이다.

하지만 뷔페의 이러한 장점은 단점으로도 작용한다. 수많은 종류 중 맛있는 음식을 가려내기 위해서 맛없는 음식도 어쩔 수 없이 맛봐야 하기 때문이다. 그렇게 100퍼센트 맛있지 않았던 용량 초과의 식사가 끝난 후 식당 문을 나설 때면 다시 오고 싶은 생각이 들지 않는다. 차라리 맛집에서 먹는 단품 메뉴가 가성비 좋고 뱃속이 편했을 거라는 후회마저 든다. 포만감에 빠져 사는 삶은 피곤하다. 모자람과 아쉬움 속에서 느끼는 작은 만족이 우리를 더 행복하게 하는지도 모른다.

화장실로 살펴보는 정리정돈의 사회학

모든 배열은 어떤 분류 기준을 얼마나 엄격하게 적용하느냐에 따라 결과물이 달라진다. 분류 기준이 강하면 물건이 명쾌하게 구획되지만, 분류 기준이 느슨하면 서로 섞일 수 있다. 사회학자 배질 번스타인(Basil Bernstein)은 전자를 강한 분류, 후자를 약한 분류라고 정의했다.[8] 그는 이 두 가지 분류방식(Classification)을 가지고 학교 과목을 설명했다. 과목 간의 분류가 강한 경우, 강한 경계벽을 사이에 두고 교육 내용이 서로 침범하지 않는다. 대부분 학교에서 채택하는 과목 구분형 교과과정이 여기에 해당한다. 반면, 분류의 강도가 약할 경우 그 경계벽은 열어져 교육 내용이 섞이기 시작한다. 약한 분류는 통합형 교과과정에 적합한 방법이다.

번스타인은 분류방식에 더해 이를 실행하는 실행방식(Framing)이라는 개념을 도입했다. 분류방식이 교과과정의 틀을 짜는 '시스템 구축'이라면, 실행방식은 이렇게 정해진 교과과정을 교실에서 실제로 가르치는 '시스템 운용'이다. 이때 강한 실행은 교과과정이 요구하는 지침에 따라 정해진 내용을 그대로 가르치는 방식이고, 약한 실행은 교사의 주관적 해석을 통해 유동적이고 즉흥적으로 가르치는 방식이다.

이것을 연극에 비유하자면 강한 실행은 대본에 적힌 그대로 연기하는 것이고, 약한 실행은 배우가 자기 해석을 넣어 즉흥적인 연기를 하는 것이다. 일반적으로 강한 분류는 강한 실행을 유도하고, 약한 분류는 약한 실행을 유도한다. 번스타인은 분류방식과 실행방식의 개념이 어떻게 우리 일상생활에 적용될 수 있는지를 잘 정돈된 화장실과 뒤죽박죽인 화장실을 비교하며 설명한다.[9)]

첫째 화장실은 반짝거리는 타일로 마감된 잘 정돈된 공간이다. 세련된 디자인의 세면대가 있고, 그 위 예쁜 받침에 비누가 놓여 있다. 흰색 수건이 크롬 도금된 수건걸이에 반듯하게 걸려 있고, 휴지는 고급스러운 커버 아래 잘 고정되어 있다. 이렇게 모든 물건이 놓여야 할 자리에 정확하게 놓여 있고, 화장실 문은 잘 닫히고 잘 잠겨 외부로 소음이 새어 나갈 염려가 없다. 이 화장실은 '강한 분류' 공간이다.

이 화장실에 들어가는 순간 어떻게 화장실을 써야 하는지를 즉시 파악할 수 있다. 이곳은 모든 것이 객관적 원칙에 의해 작동되며, 기존 질서가 반복 재생산되는 공간이다. 이 화장실은 당신의 판단이나 재량보다 정해진 규칙을 따르는 '강한 실행'을 요구한다. 언뜻 보면 이 화장실은 억압적이고 불편한 공간으로 느껴질 수 있다. 하지만 드러난 규칙을 깨지만 않는다면 당신은 이곳에서 감시와 통제에서 벗어나 프라이버시를 가질 수 있다. 한마디로 '규칙 안에서의 자유'가 보장된 공간이다. 사용한 흔적을 남기지 않고 떠날 수 있는 이러한 공간은 사회적 파워가 없는 사람에게 유리하다.

둘째 화장실은 뒤죽박죽 어질러진 공간이다. 튀어나온 창턱 위에 구겨진 수건이 놓여 있고 벽에는 포스터가 조잡하게 붙어 있다. 휴지걸이는 부러지고 변기 커버에는 금이 가 있으며, 거의 남지 않은 두루마리 휴지가 세면대 위에 놓여 있다. 화장실 문손잡이에는 싸구려 인형이 걸려 있고, 꽉 닫히지 않는 문틈으로 소음이 새어 나간다. 이 화장실은 물건의 위치가 구분되지 않는 '약한 분류' 공간이다.

이곳에서는 무엇을 어떻게 쓰고 어디에 놓아야 하는지 파악하기가 힘들다. 모든 것이 주관적 판단으로 작동하며, 과거보다 현재를 중시한다. 따라서 이 화장실은 정해진 규칙보다 사용자의 판단과 재량을 따르는 '약한 실행'을 요구한다. 언뜻 보면 이곳은 편하고 자유로운 곳으로 느껴질 수 있다. 하지만 당신이 눈치채지 못한 은밀한 규칙이 숨어 있을 가능성이 크다. 문고리에 걸린 인형이 '화장실 사용 중'을 표시한다는 것도 말해주기 전에는 알 길이 없다. 소음까지 밖으로 새 나가는 이 화장실에서 프라이버시를 갖기는 어렵다. '자유 속의 감시'가 이루어지는 이 공간은 사회적 파워가 있는 사람에게 유리하다.

화장실의 사례로 살펴본 분류방식과 실행방식의 개념을 사무실 공간 계획에도 적용할 수 있다. 사무실은 크게 개방형과 폐쇄형으로 구분될 수 있다. 개방형 사무실은 칸막이벽을 최소화하거나 없애고 모든 근무자가 서로 쳐다볼 수 있는 열린 사무공간으로 약한 분류와 약한 실행을 지향한다. 폐쇄형 사무실은 팀별, 부서별 사무공간을 벽이나 파티션으로 분리한 사무공간으로 강한 분류와 강한 실행을 지향한다. 카페에서 일하는 것처럼 자유롭고 편안해 보이는 개방형 사무실은 오늘날 대학 졸업자들이 꿈꾸는 최고의 근무환경이다.

하지만 이곳에는 은밀한 규칙이 숨어 있을 가능성이 크다. 예를 들어 구석 창가 자리는 대표가 가끔 앉기 때문에 비워놓아야 하고, 잠시 자리를 비울 때는 책상 위에 책을 올려놓아야 한다는 등의 숨겨진 규칙들은 신입사원 입장에서 파악하기 어렵다. 또한 불특정 다수의 시선에 항상 노출되는 이곳에서는 감시를 피할 수 없고 프라이버시를 갖기 힘들다. 결과적으로 개방형 사무실은 대표나 임원들처럼 파워를 가진 사람에게 유리한 공간이다.

반면 폐쇄형 사무실은 벽으로 구획된 공간에 각 부서가 독립적으로 배치되는 전통적 사무공간 배치다. 공간의 규칙은 수가 많으나 공개적이고 명확해서 새로 온 신입사원도 어느 공간에서 어떤 일이 일어나는지 쉽게 파악할 수 있다. 폐쇄형 사무실은 답답하고 위계적으로 느껴진다. 하지만 근무자는 다수의 시선과 감시에서 벗어날 수 있고, 사무실이 더 작게 구획될수록 그 안에서 프라이버시를 가질 수 있다. 이런 공간은 신입사원처럼 사회적 파워가 약한 사람에게 더 유리한 공간이다.

　개방형과 폐쇄형 사무실에는 각각 뚜렷한 장단점이 있기에 어느 공간구조가 더 생산성이 높다고 단언하기는 힘들다. 최근 미국 기업들을 대상으로 한 조사에서 근무자들은 개방형과 폐쇄형 사무실 중 하나의 근무환경에 놓일 때보다, 두 가지 다른 근무환경을 필요에 따라 선택할 수 있을 때 더 효율적으로 업무를 수행하는 것으로 밝혀졌다.[10] 이에 따라 평소에 핫데스크 방식의 자유로운 개방형 공간에서 업무를 보고, 대면 회의나 온라인 회의가 있을 때는 구획된 회의실을 사용하며, 혼자 집중해야 할 업무는 별도의 구획된 개인용 큐비클 안에서 수행하는 하이브리드 방식의 근무환경이 점차 각광받고 있다.

2. 짝퉁
카피와 오리지널의 차이

하늘 아래 새로운 것은 없다

2011년 4월 애플은 삼성 갤럭시탭과 스마트폰이 아이패드와 아이폰의 디자인 및 기술 특허를 침해했다고 캘리포니아 법원에 소송을 제기했다. 애플의 주장은 아이패드의 직사각형 모양, 둥근 모서리, 얇은 두께, 평평한 화면 등의 외형적 요소를 갤럭시탭이 카피했다는 것이었다. 이에 삼성은 이러한 디자인 요소가 애플만의 독창적 아이디어가 아니라 이전부터 존재했던 개념이라고 주장하며 스탠리 큐브릭 감독의 1968년 영화 「2001 스페이스 오디세이」에 나오는 태블릿 기기를 근거로 제시했다.

애플이 일부 승소를 거둔 이 유명한 소송은 디자인 창작의 권리에 항상 논란의 여지가 있으며 세상에 완벽하게 새로운 아이디어는 존재하지 않는다는 것을 알게 했다. 사실 이러한 생각은 오래전부터 모든 문명에서 받아들여진 사상이다. 『논어』는 옛것을 익힘으로써 새것을 안다고 했고, 성경『전도서』1장 9절은 태양 아래 새로운 것은 없다고 말한다.

한 가지 아이러니한 점은 남의 디자인을 카피하는 것을 가장 옹호했던 사람이 소송을 제기한 스티브 잡스 자신이었다는 사실이다. 그는 한 인터뷰에서 이렇게 말했다.

"피카소는 좋은 예술가는 복제하고 위대한 예술가는 훔친다고 했다. 우리도 항상 위대한 아이디어를 거리낌 없이 훔쳐왔다."

사실 피카소가 이런 말을 했는지는 아직 정확히 밝혀진 바가 없지만 스티브 잡스를 비롯한 많은 명사가 이를 인용하면서 널리 알려졌다. 이 말의 기원으로 보이는 가장 확실한 문구는 영국의 시인 엘리엇(T.S. Eliot)이 1920년에 발표한 『성스러운 숲』이라는 에세이 집에서 찾을 수 있다.

"미숙한 시인들은 모방하고, 성숙한 시인들은 훔친다. 나쁜 시인들은 가져간 것을 망치고, 좋은 시인들은 그것을 더 좋게, 혹은 적어도 다른 것으로 만든다."

여기서 모방과 대비되는 의미로서 훔친다는 단어를 사용한 이유는 아이디어를 가져왔으나 그것이 잘 드러나지 않는다는 의미를 전달하고자 했기 때문이다. 즉 재해석과 변형을 통해 기존의 아이디어를 독창적으로 만들어야 한다는 뜻이다.

건축물, 예술작품, 산업디자인 등 모든 종류의 창작은 추상적 영감보다는 경험과 학습을 통해 머릿속에 이미 구축된 문제 해결을 위한 유형들, 즉 솔루션 타입(solution types)을 활용해 진행된다.[1] 새롭고 참신한 디자인이라고 생각해도 사실은 과거의 사례를 본뜨거나 다른 장르의 예술작품에서 아이디어를 얻은 경우가 많다. 단지 그러한 기존의 영향을 얼마나 자기만의 예술적 언어를 통해 목적과 상황에 맞게 풀어냈느냐가 성공의 관건이 된다.

예술가 중에서도 건축가는 타인의 작품을 카피하는 것에 대해 좀 더 관대하다. 왜냐하면 건축 디자인은 그 시기의 기술과 재료의 발전에 큰 영향을 받는데, 그 결과 디자인이 일정한 형태로 수렴하는 경우가 많기 때문이다. 예를 들어 2000년대 이후 컴퓨터를 이용한 디지털 설계와 제작 방식의 발전은 기존의 반듯한 건물과 달리 구부러지고 휘어지고 복잡하게 뒤엉킨 비정형 건축물 설계를 가능하게 했다. 이라크 태생 영국인 여성 건축가 자하 하디드(Zaha Hadid)가 설계한 동대문디자인플라자가 그 대표적 사례로, 마치 UFO가 내려앉은 듯 초현실적 유선형 외관을 자랑한다.

이렇게 20세기 후반에 등장한 비정형 기술의 발전은 흔히 방울건축(Blobitecture)이라 부르는 특정 유형의 건물 형태로 수렴되는 경향을 보이며, 수많은 건축가가 이러한 솔루션 타입 위에 자신만의 독창적 재해석을 입혀 세계 각지에 같은 유형의 건물을 만들어내고 있다.

유명 건축가들은 타인의 아이디어를 가져오는 행위에 대해 다음과 같이 말한다.[2]

프랭크 게리(Frank Gehry): 처음에 난 라파엘 소리아노(Raphael Soriano)와 하웰 해리스(Harwell Harris)를 모방하려 노력했다. 누구나 자기만의 스타일을 찾기 전까지는 롤모델이 있어야 한다.

로버트 벤투리(Robert Venturi): 영향을 받거나 카피하는 것은 아무런 문제가 되지 않는다. 어린이들은 모방을 통해 배운다. 하지만 출처를 언급해야 한다.

독창성보다 품질이 더 중요하다. 일을 잘하는 것이 일을 최초로 하는 것보다 낫다. 어떤 경우에도 독창적인 것은 드물고 예술가의 최우선 덕목이 아니다. 기존의 전통과 통념에서 살짝 변형시키는 것이 더 좋을 수 있다.

로버트 스턴(Robert A.M. Stern): 원본이 훌륭할 경우 나는 그 아이디어를 훔친다. 다른 건축가의 아이디어를 빼앗는 것과는 전혀 다른 의미다. 그 건축가는 손해 보지 않는다. 오히려 더 영향력이 커진다. 우리는 다른 건축가들로부터 늘 복제하고, 빌리고, 모티프를 발견한다. 건축가들은 언제나 다른 예술가들을 인용해 왔다.

형태적 원형

파리 루브르 박물관의 입구는 세계적 건축가인 미국의 페이(I.M. Pei)가 디자인했다. 그 형태와 비율을 이집트 기자의 피라미드에서 가져왔다는 것을 누구라도 쉽게 알 수 있다. 하지만 누구도 그의 건축을 표절이라고 트집 잡지 않는 이유는 피라미드 형태가 수천 년에 걸쳐 형태적 원형으로 자리 잡았기 때문이다.

형태적 원형은 솔루션 타입 중에서도 오랜 세월에 걸쳐 정착된 가장 특징적이고 원초적인 형태 언어다. 디자인 표절에 대한 명쾌한 기준을 정하기는 어렵다. 하지만 디자인 형태가 대다수 사람에게 하나의 원형으로 받아들여질 때, 그것을 활용하는 것은 표절이 아니다. 페이는 피라미드라는 형태적 원형을 활용하여 박물관 중정 크기에 맞게 크기와 배치를 조정하고 지하로 빛이 유입되도록 유리를 활용함으로써 주어진 환경, 즉 콘텍스트(context)에 맞는 재해석을 한 것이다.

건축학과의 설계 수업 과정은 학교마다 특징이 다르다. 하지만 전 세계 모든 건축학과에서 공통으로 교육하는 내용은 좋은 선례를 찾아 분석하도록 하는 것이다. 그만큼 기존 디자인의 장점을 내 작품으로 흡수하는 것은 건축계에서 매우 자연스럽고 권장되는 일이다. 내가 가르치는 영국의 건축학과 학생들이 종교 관련 건축물을 설계할 때면 꼭 찾아보는 선례가 있으니, 바로 세계적인 건축가 안도 다

〈그림 1〉 형태적 원형

▲ 루브르 박물관 입구(왼쪽)와 기자 피라미드(오른쪽).

▼ 홋카이도 물의 교회(왼쪽)와 시가현 시라히게 신사 도리이(오른쪽).

다오가 설계한 물의 교회다. 십자가가 건물 내부가 아닌 그 앞 인공 호수 위에 서 있는 것을 본 학생들은 그 창의적 발상에 감탄한다.

물의 교회는 기독교의 상징인 십자가를 건물 밖 풍경 속에 배치함으로써 종교적 영역을 예배당 너머로 확장한 걸작이다. 하지만 영국 학생들이 잘 모르는 사실은 이것이 완전히 새로운 시도는 아니라는 점이다. 일본에서 신들을 모시는 신사를 지을 때 신성한 영역의 입구를 표시하는 구조물인 도리이(鳥居)를 그 앞에 만든다. 그 앞에 호수나 바다가 있다면 물 위에 도리이를 세우는 경우를 흔히 볼 수 있다. 이러한 일본 신사의 전통적 배치 방식은 형태적 원형이 되어 안도 다다오에게 영향을 미쳤을 것이다.

아르누보 건축의 대가인 안토니오 가우디(Antonio Gaudi)의 최고 작품으로 꼽히는 바르셀로나의 사그라다 파밀리아 대성당은 직선과 직각으로 이루어진 기존 건축물과 대비되는 자유로운 곡면을 가진 유기적 형태가 인상적인 건축물이다. 컴퓨터가 없던 시절에 가우디는 이 복잡한 건물 형태를 실현하기 위해 각 부분별 모델을 만들어 테스트를 거치고 현장 시공까지 직접 감독한 것으로 유명하다. 모든 건축가가 인정하는 가우디만의 창의력은 도대체 어디에서 온 것일까?

바르셀로나에서 북동쪽으로 한 시간 남짓 차를 달리면 코스타 브라바(Costa Brava)라는 유명한 지중해변 휴양지가 나타난다. 이곳의

〈그림 2〉 사그라다 파밀리아 성당, 코스타 브라바, 몬세라트(왼쪽부터)
사그라다 파밀리아 성당의 모습은
바르셀로나 근방 산과 절벽을 빼닮았다.

해안 암벽은 용암이 흘러내리는 듯한 사그라다 파밀리아 성당 외벽과 닮았다. 이번엔 바르셀로나에서 북서쪽으로 한 시간 차를 달리면 몬세라트(Montserrat)라는 산이 나온다. 이 산 위에는 몬세라트 수도원이 위치하고 그 위로 기둥 형태의 바위들이 무리를 지어 솟아오른 모습이 사그라다 파밀리아의 원뿔형 첨탑과 닮았다.

가우디가 어떤 영감을 받아 사그라다 파밀리아의 형태를 떠올렸는지에 대한 기록은 없다. 하지만 자연을 닮은 디자인을 추구하는 아르누보 스타일을 지향하던 그가 자신이 자라나고 활동했던 카탈루냐 지역의 자연환경에서 영감을 받았다는 것은 매우 합당한 추측이다.

오리지널과 짝퉁

스티브 잡스가 위대한 예술가는 훔친다고 말했을 때, 그는 포장지로서의 겉모양보다는 더 깊은 의미에서의 디자인을 말했다.

"대부분에게 디자인이란 단어는 겉치장이나 인테리어 장식을 뜻하지만, 나에게 디자인은 인간 창조물의 심오한 정신이 그 겉을 둘러싸는 여러 겹의 레이어를 통해 자연스럽게 표출된 것이다."[3]

결국 스티브 잡스가 말한 것은 표면적 속성을 그대로 베끼는 것이 아니라, 재해석과 변형을 통해 제품이 추구하는 본질적 지향점에 맞도록 재창조하는 것이다. 내면의 정신이나 본질을 갖추지 못한 채 표면적 흉내만 내는 행위를 우리는 흔히 모방, 표절, 짝퉁, 위조, 카피라고 부른다. 작가 내면의 정신세계가 예술 행위를 통해 외부로 표출되었을 때 우리는 작가의 진정성과 독창성을 인정한다.

하지만 내면의 정신세계는 직접 들여다볼 수 없는 영역이다. 따라서 작품에 드러난 의미, 표현 기법, 스타일 등 외적인 요소를 통해 간접적으로 유추해야 하는 한계가 있다. 이 때문에 예술계에는 진짜라고 사칭하는 가짜들이 늘 존재해왔다. 소더비 예술연구소에서 예술범죄를 가르치는 개러스 플레처(Gareth Fletcher)는 역사적으로 위작과 진품에 대한 논쟁이 늘 있었던 점으로 미루어 대부분의 유명 갤러리는 위작을 소장하고 있을 것이라고 말한다.[4]

미술계에서 가장 유명한 위작 사건은 20세기 초 네덜란드의 한 판 메이헤런(Han van Meegeren) 사건이다. 메이헤런은 「우유 따르는 여인」 「진주 귀걸이를 한 소녀」 등으로 유명한 17세기 네덜란드의 거장 얀 페르메이르(Jan Vermeer)의 화풍을 완벽히 모방한 후, 새로 발견된 작품으로 속여 다수의 구매자에게 거액에 판매했다.[5] 사실 그의 처음 의도는 위작으로 돈을 버는 것이 아니었다. 자신의 그림을 렘브란트의 아류라고 조롱하는 평론가들에게 상처받은 그는 네덜란드 최고 화가인 페르메이르의 위작을 만들어 유명 갤러리에서 진품으로 인정받은 후, 스스로 위조품임을 밝힘으로써 실력을 과시하고 싶었다. 하지만 거액의 판매대금이 들어오자 그는 생각을 바꿔 영원히 위조 작가로 살기로 마음먹는다.

메이헤런의 가장 유명한 위작은 1937년에 그린 「엠마오에서의 저녁 식사」다. 저명한 감정가들의 감정을 거쳐 네덜란드 국립미술관이 이 그림을 구매했으며, 루브르 박물관의 큐레이터도 이 작품에 찬사를 보냈다. 그는 제2차 세계대전 중 나치 고위층인 헤르만 괴링(Hermann Göring)에게도 그의 위작을 현 시세 미화 800만 달러를 받고 판매했다. 제2차 세계대전이 끝난 후 그는 나치에게 네덜란드의 문화유산인 페르메이르의 작품을 판 죄로 법정에 서게 되었고, 이 혐의에서 벗어나기 위해 그것이 위작임을 어쩔 수 없이 자백했다. 메이헤런은 법정에서 직접 페르메이르 스타일로 그림을 그려 보임으로써 그것이 위작임을 증명했고, 이렇게 평생을 위조 작가로 살았던 그의 숨겨진 인생이 세상에 드러났다.

「모나리자」는 세계에서 가장 유명한 초상화다. 사람들은 파리 루브르 박물관에 전시된 그림이 레오나르도 다빈치의 유일한 진품이라고 믿지만, 사실 다빈치가 활동하던 당시 그려진 여러 가지 버전이 존재한다. 이 가운데 일부는 다빈치가 직접 그렸거나 같은 작업실에서 다빈치의 지도하에 제자가 그렸다는 미술계의 주장이 꾸준히 제기되고 있다.

특히 「아일워스(Isleworth) 모나리자」로 알려진 작품의 경우 붓 터치를 광학적으로 분석한 결과 루브르에 걸린 「모나리자」와 같은 화가의 같은 시기 작품이라는 연구 결과가 제시됐다.[6] 스위스 모나리자 재단과 일부 학자는 한 발 더 나가 「루브르 모나리자」는 다빈치의 두 번째 버전이고, 「아일워스 모나리자」가 원본이라고 주장한다.[7] 르네상스 시대 유명한 건축가·화가·역사학자였던 조르조 바사리(Giorgio Vasari)는 1550년 『르네상스 미술가평전』이라는 책을 펴내면서 다빈치의 「모나리자」에 대해 다음과 같이 기술했다.[8]

레오나르도는 프란시스코 델 조콘도를 위해 그의 아내인 모나리자의 초상화를 4년 동안 그렸으나 미완성으로 남겼다. 현재 이 그림은 프랑스 국왕 프랑수아의 소유로 퐁텐블로에 있다. …… 눈썹은 털이 살갗에서 돋아나는 방식을 보여주면서, 어떤 곳은 더 빽빽하고 어떤 곳은 더 성글다. 살갗의 모공을 따라 굽어지는 모습이 이보다 더 자연스러울 수 없었다.

「루브르 모나리자」와 「아일워스 모나리자」를 비교해보면 후자가 바사리의 묘사에 더 부합한다는 것을 알 수 있다. 우선 「아일워스 모나리자」는 숲 배경이 그려지지 않은 미완성품이다. 또한 「아일워스 모나리자」에서는 바사리가 상세히 묘사한 눈썹의 형태를 볼 수 있지만 「루브르 모나리자」는 눈썹 자체가 희미해 거의 보이지 않는다. 모나리자는 1479년 6월 15일생으로 다빈치가 초상화를 그리기

〈그림 3〉「루브르 모나리자」(1515년경)와 「아일워스 모나리자」(1506년경)
20대 초반 모습을 그린 「아일워스 모나리자」의 얼굴은
30대 모습을 그린 「루브르 모나리자」보다 젊어 보인다.

시작하던 1503년 당시 24세였다. 따라서 20대 초반의 얼굴을 그린 「아일워스 모나리자」가 원본이라는 설이 더욱 힘을 얻는다.

반면 「루브르 모나리자」는 30세 중반의 얼굴로 다빈치가 10여 년 후에 그린 그녀의 두 번째 초상화일 가능성이 있다. 그밖에 다른 증거로 사물을 안개에 가려진 듯 뿌옇게 처리하는 벨라토(velato) 기법이 있다. 「루브르 모나리자」의 배경에 사용된 이 기법은 다빈치가 1508년 이후 사용했다는 것이 학계의 일치된 견해다. 이러한 모든 근거는 「아일워스 모나리자」가 「루브르 모나리자」보다 먼저 그려졌다는 일부 전문가의 주장을 뒷받침한다.[9]

그럼에도 불구하고 다수 학자는 다빈치가 1503년부터 1519년 사망 시까지 약 16년에 걸쳐 「루브르 모나리자」를 지속적으로 수정하고 덧칠해 완성했다는 '장기 제작설'을 지지하며, 아일워스 버전은 당대의 뛰어난 모작이거나 다빈치 공방에서 그려진 제자 작품이라고 추측한다. 이처럼 세계에서 가장 위대한 초상화의 원본 여부는 아직 미스터리로 남아 있다.

「모나리자」에 대한 논란은 이뿐만이 아니다. 심지어 위작으로 판명이 난 작품이 대중의 관심을 받을 만한 사회적 논란과 유명세를 거쳐 작품의 가치가 인정되고 시장 가격이 상승한 경우도 있다. 프랑스의 고미술 판매상 레이먼드 헤킹(Raymond Hekking)은 1953년 단돈 3파운드, 현 시세 미화 110달러에 「모나리자」 위작을 구입한 후, 그것이 1914년 루브르 박물관에서 도난당했던 레오나르도 다빈치의 진품이고 루브르가 되찾은 작품은 가짜라고 주장했다.[10] 헤킹은 스스로 영화까지 제작하면서 이것이 진품임을 열성적으로 홍보했고 각종 언론매체가 이를 보도하면서 이 작품은 「헤킹 모나리자」라는 이름으로 유명세를 타게 된다.

대다수의 예술품 전문가는 이것이 17세기 이탈리아의 예술학교에서 다빈치의 기법을 배우기 위해 그린 위작이라고 판정했다. 하지만 일부 예술품 전문가로부터 진품일 수도 있다는 감정을 받으면서 더 유명해진 이 작품은 결국 2021년 파리 크리스티 경매장에서 미화 340만 달러, 우리 돈 약 50억 원에 판매된다.[11] 「헤킹 모나리자」는 가짜라 할지라도 시간이 흐르며 축적된 서사를 통해 그 자체로 독특한 가치를 창출할 수 있다는 점을 보여주는 흥미로운 사례다.

음악계에서 가장 유명한 가짜 사건은 1980년대 말에서 1990년대 초 전 세계적으로 대히트를 기록한 흑인 듀오 밀리 바닐리(Milli Vanilli) 스캔들이다. 밀리 바닐리는 매력적인 두 명의 독일 출신 흑인 청년 롭 필라투스(Rob Pilatus)와 팹 모반(Fab Morvan)으로 구성된 듀오로 이들의 음반은 전 세계에서 800만 장 이상 팔렸고 1990년 그래미 최우수 신인상을 수상하면서 스타덤에 오른다. 하지만 앨범 전곡을 다른 보컬리스트들이 녹음했으며 이들은 단지 무대에서 립싱크만 했다는 사실이 밝혀지면서 그래미상은 취소되고 모든 활동이 중단된다. 그런데 밀리 바닐리의 이야기는 여기서 끝나지 않는다.

이듬해인 1991년, 실제 노래를 불렀던 브래드 하우웰(Brad Howell)과 존 데이비스(John Davis)는 새로운 멤버를 추가하여 '진짜 밀리 바닐리'(The Real Milli Vanilli)라는 새로운 그룹을 만들고 "진실의 순간"(The Moment of Truth)이라는 타이틀의 앨범을 발표한다. 이 앨범은 독일 앨범 차트 20위, 싱글 「Keep on Running」이 독일 싱글 차트 4위에 오르는 선전을 했으나, 가짜 밀리 바닐리의 폭발적인 성공에는 턱없이 미치지 못하면서 그룹은 다시 해체된다.

1998년 독일 프랑크푸르트의 호텔에서 롭 필라투스가 알코올 중독과 약물 과용으로 서른두 살에 생을 마감하면서 밀리 바닐리의 이름은 역사 뒤로 완전히 사라지는 듯했다. 하지만 2010년대에 다시 한번 반전이 일어나는데, 가짜 밀리 바닐리의 멤버 팹 모반과 진짜 밀리 바닐리의 존 데이비스가 듀오를 결성해 공연을 시작한 것이었다.

언론들은 이를 "목소리가 얼굴을 만나다"(voice meets face)라는 제목으로 보도했고, 이들은 수년간 공연을 성공적으로 이어갔다. 뒤에 숨어 노래만 했던 실력자와 잘생긴 얼굴을 내세워 앞에서 립싱크만 했던 두 사람이 만나 그룹을 만든 것은 음악사에 전무후무한 사례다. 밀리 바닐리 스캔들은 예술을 구성하는 데 있어서 내용과

〈그림 4〉 밀리 바닐리와 '진짜 밀리 바닐리'
▲ 밀리 바닐리의 멤버 롭 필라투스(왼쪽)와
팹 모반(오른쪽)이 1990년 그래미 시상식에서
그래미 협회장 마이클 그린과 포즈를 취하고 있다.
▼ '진짜 밀리 바닐리' 보컬리스트 존 데이비스.

겉모습의 상호보완적 역할에 대해서, 또한 가짜도 나름의 가치와 서사를 가질 수 있다는 것을 알려준다.

앞서 우리는 스티브 잡스의 말을 인용하면서 내면의 정신이나 본질을 갖추지 못한 채 표면적 흉내만 내는 행위를 모방, 표절, 짝퉁, 위조, 카피라고 정의했고 이것은 부정적인 의미를 함축한다. 하지만 위조 작가 메이헤런, 「헤킹 모나리자」, 가짜 밀리 바닐리 이야기는 진실과 거짓의 공존은 받아들일 수밖에 없는 예술의 살아 있는 역사이며 문화의 일부라는 것을 말해준다. 가짜의 존재는 그것에 비추어진 진짜의 의미를 되새겨주고 창작품을 바라보는 시각을 바로잡아준다. 선과 악, 아름다움과 추함, 고통과 쾌락의 상호작용처럼 한쪽이 없으면 다른 쪽도 의미를 상실하는 불가분의 관계다.

독일의 철학자 발터 베냐민(Walter Benjamin)은 예술작품이 지니는 독특한 존재감과 시간적·공간적 맥락에서의 유일무이함을 아우라(Aura)라고 정의했다.[12] 그는 20세기 이후 가속화된 사진술과 영화 같은 기술적 복제가 예술작품을 대량으로 유통해 작품의 감상 방식을 바꾸고 원본의 아우라를 약화한다고 했다. 하지만 복제본의 확산은 양면성을 지닌다. 예술작품이 더 이상 특정 장소나 소유자에 국한되지 않게 되자 대중은 예술작품에 쉽게 접근할 수 있게 되었다. 베냐민에 따르면 이는 새로운 형태의 예술적 참여와 경험 그리고 민주화를 가능하게 한다.

미국 저작권법은 창작물을 허락 없이 사용할 수 있는 범위를 규정한 '공정 이용의 제한'이라는 법에서 '변형적 사용'을 자유로운 사용 조건의 하나로 들고 있다.[13] 즉 원작을 단순 복제하는 것이 아니라 새로운 의미나 목적을 추가했다면, 그것은 또 다른 창작에 해당하므로 원본 작품의 지적 소유권을 침해한 것이 아니라는 것이다.

헤킹 모나리자와 같은 카피는 베냐민의 관점에서 볼 때 원본의 아우라를 지니지 않지만, 복제 자체가 예술 기법의 계승과 발전을 위한 과정으로 여겨지던 17세기 이탈리아의 역사적 맥락에서는 새로운 의미와 목적을 갖는 또 다른 창작인 것이다. 밀리 바닐리도 창의적 댄스와 카리스마를 통해 비디오 시대에 걸맞은 상품성을 스스로 만들어냈다는 점을 주목해야 한다.

창작은 진공상태에서 이루어지지 않는다. 인공지능과 양자컴퓨터가 등장한 21세기, 우리는 원본과 복제의 의미가 근본적으로 재정립되어야 하는 역사적 전환점에 서 있다.

3. 첫인상
사물은 최초의 이미지로 각인된다

처음 느낌 그대로

싱가포르 국립대학의 심리학자들은 한 그룹의 실험자들에게는 로맨틱한 사랑의 경험에 대해, 다른 한 그룹에게는 싱가포르의 명소에 대해 글을 쓰게 한 후 음식의 단맛 정도를 평가하게 했다.[1] 놀랍게도 사랑의 추억을 떠올렸던 첫 번째 그룹은 사탕, 캐러멜, 초콜릿의 맛을 두 번째 그룹보다 더 달게 느꼈을 뿐 아니라, 아무것도 첨가하지 않은 생수까지도 달게 느꼈다. '사랑의 달콤함'은 문학적 비유가 아닌 실제 우리 감각기관에서 나타나는 현상인 것이다.

오늘 사랑에 빠진 사람에게 세상은 어제보다 아름답고, 매일 마시던 물마저 달콤하다. 하지만 안타깝게도 사랑이라는 감정은 오래 지속되지 않는다. 이탈리아 파비아 대학의 과학자들은 사랑하는 사람의 핏속에 신경성장인자(Nerve Growth Factor)라는 뇌 신경망을 발달시키는 영양물질이 더 많다는 사실을 발견했다.[2] 이 물질은 격렬한 사랑을 겪는 처음 몇 개월간 뚜렷하게 증가하지만, 그후 다시 줄어들어 1년 후에는 사랑하기 이전과 같은 양으로 돌아간다.

이소라의 슬픈 발라드 「처음 느낌 그대로」의 가사처럼 사랑이 저무는 순간에도 처음처럼 사랑한다는 말은, 뇌신경학적 관점에서 볼 때 감정의 과장이거나 착각이다. 당신의 첫사랑이 애틋한 기억으로 남아 있는 것은 짝사랑으로 끝났거나, 타오르던 감정의 불꽃이 꺼지기 전에 헤어졌거나, 아니면 애틋한 장면만을 당신이 선별적으로 추억하고 있기 때문일지 모른다.

모든 인연은 첫눈에 스치는 특별한 인상에서 비롯된다. 사랑도, 우정도 그리고 삶의 모든 만남까지. 이 첫인상은 어떻게 만들어지는가? 새로운 자극을 감지하면 뇌는 불확실성을 해소하기 위해 다섯 가지 감각을 활용해 그 속성을 빠르게 분석한다. 시각은 가장 지배적인 감각이다. 중추신경계로 들어가는 신경섬유의 3분의 2 이상이 눈에서 비롯된다. 나머지 3분의 1에 해당하는 신경섬유는 촉각, 청각, 후각, 미각과 연결되어 있다.

다섯 가지 감각의 공간적 범위를 개략적으로 도식화하면 이렇다. 시각과 청각은 원거리 감각이다. 시각은 형체가 있는 대상을 수 킬로미터 떨어진 곳에서도 감지할 수 있고, 청각은 매질을 통해 전달된 소리를 수 킬로미터 떨어진 곳에서도 인식한다. 후각은 공기 중 분자가 코의 점막에 도달해야 작동하므로 주변 환경에 따라 제약

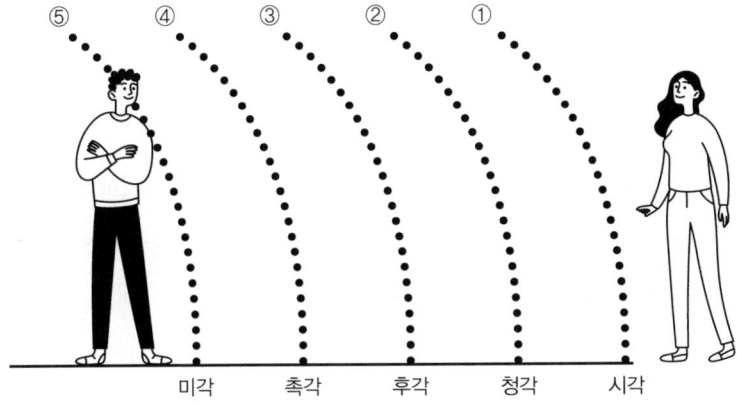

⑤ ④ ③ ② ①

미각　　촉각　　후각　　청각　　시각

〈그림 1〉 다섯 가지 감각의 공간적 범위(출처: Lawson 2001 재구성)[3]
일반적인 경우 점점 가까워지는 주변 사물과 사람은
시각, 청각, 후각, 촉각, 미각의 순서로 파악된다.

받는다. 촉각은 피부 접촉을 통해 감지하고, 미각은 화학 성분을 혀로 감지하는 근거리 감각이다. 일반적으로 첫인상은 이렇게 시각, 청각, 후각, 촉각, 미각의 순서로 형성되며, 자극과 대면하는 거리가 멀수록 그리고 시간이 짧을수록 원거리 감각에 더 깊이 의존한다.

1996년 여름, 정신없는 신입사원 시절을 보내고 있던 나에게 지도교수님이 회사 전화로 연락해왔다.

"자네 사귀는 여자 있나? 내가 잘 아는 집 딸이 있는데 꼭 만나봐, 정말 괜찮은 처자야!"

순식간에 약속이 잡혔고, 그 주말 나는 양복을 입고 광화문 코리아나 호텔 커피숍에 도착했다. 일명 '선의 전당'이라 불리던 이곳은 당시 소개팅 형식의 가벼운 맞선을 보려는 남녀들의 성지였다. 안으로 들어가자 화려한 조명 아래 20여 개의 테이블이 배치되어 있었고, 긴장한 듯 홀로 앉아 있는 30대 남자들이 다수 보였다. 오후 3시 약속에 맞춰 나온 맞선남들이 분명했다. 카운터 직원이 슬쩍 내 모습을 살펴보더니, 테이블 번호가 쭉 적혀 있는 아크릴판을 들고 와 한구석에 내 이름과 그녀의 이름을 받아 적는다.

"16번 테이블에 앉아 계시면 오시는 대로 안내해드리겠습니다."

휴대폰이 대중화되지 않았던 그 시절, 과연 선의 전당다운 깔끔한 안내 시스템이었다.

3시 정각이 지나자 단정한 정장 차림의 여자들이 한 명씩 문을 열고 들어오기 시작했다. 입구에서 아크릴판을 확인한 후, 테이블을 찾아가는 여자들을 바라보는 남자들의 심정은 복잡 미묘했다. 혹시 저 여자가? 설마 저 여자가? 몇 명의 여성이 그렇게 상대방을 찾고 대화가 시작되던 무렵, 긴 생머리에 검은색 바지 정장을 입은 여자가 커피숍 문을 열고 들어왔다. 직원의 안내를 받고 잠시 주변을 살피더니 경쾌한 걸음으로 내 테이블 쪽으로 방향을 튼다. 혹시? 다가오는 구두 소리가 들리고, 마침내 내 앞에 선 그녀는 수줍은 말투로 내 이름을 확인하며 자리에 앉는다.

이어진 긴 대화 속에서 형성된 그녀의 첫인상은 참 좋았다. 커피숍을 나와 광화문 거리를 나란히 걸으면서 느껴지는 샴푸 향은 그녀의 존재를 보다 구체화시켜주었고, 헤어지면서 나눈 가벼운 악수로 그녀의 실체를 느꼈다. 그날 코리아나 호텔에서 만났던 맞선 커플 중 누군가는 사랑하는 사이로 발전해 감각의 최종 단계인 미각의 영역으로 진입하게 되었을지도 모른다.

친밀함의 마지막 단계에 위치한 미각은, 역설적이게도 우리에게 세상을 알게 해줬던 최초의 감각이다. 시각이 채 완성되기 전, 엄마의 젖꼭지에서 시작하여 손에 잡히는 모든 것을 혀끝으로 맛보았던 아기 때의 원초적 감각은 이후 접하는 더 큰 세상을 이해하는 데 있어 미각적 구체성을 부여한다. 기대감에 침이 고이고, 긴장감에 입이 마르고, 놀라면 입이 벌어지고, 힘을 쓸 때 이를 악물고, 집중하면 입술을 오므리거나 혀를 내미는 것도 바깥세상의 경험이 입안에서 재구성되기 때문이다. 이렇게 세상에 대한 우리의 모든 감각적 경험은 갓난아기의 입안 감각으로부터 시작된 것이라고 보아도 과언이 아니다.[4)]

물론 모든 새로운 자극이 항상 시각, 청각, 후각, 촉각, 미각의 순서를 따르는 것은 아니다. 바람을 타고 오는 꽃향기는 꽃이 보이기도 전에 콧속 후각세포를 건드린다. 한두 방울 차가운 물기가 뺨 위에 떨어지고, 어디선가 나뭇잎을 때리는 빗소리가 들리기 시작하면, 이윽고 시원하게 쏟아지는 빗줄기가 눈에 보인다. 하지만 삶의 모든 만남에 있어서 시각은 가장 큰 비중을 차지한다.

프린스턴 대학의 실험 결과에 의하면 인간은 단 100분의 1초 동안 얼굴을 쳐다보고 상대방의 성향을 파악한다. 이후 몇 초의 시간이 더 흐르면서 좀더 세부적인 성향을 살펴보게 되지만, 최초에 형성된 인상은 바뀌지 않고 유지되거나 오히려 강화되는 경향이 있다.[5)] 또 다른 연구에서는 동일한 인물을 찍은 여섯 장의 사진 중 가장 매력적인 사진부터 보여주면 사람들은 그 사람을 더 매력적으로 평가하고, 반대로 가장 덜 매력적인 사진부터 보여주면 그 사람에 대한 매력도가 낮게 평가되는 고착화 효과를 확인했다.[6)]

첫인상에 대한 개인의 판단은 제한된 경험과 본능에 기반한 근거가 취약한 정보다. 캐나다 토론토 대학의 심리학자들은 범죄자와 비범죄자의 사진을 놓고 진행한 실험을 통해 사람들이 판단한 인상과 실제 범죄 사실과는 아무런 연관성이 없다는 것을 밝혔다.[7] 연예인이 광고하면 판매량이 뛰는 현상도 미디어를 통해 친숙해진 얼굴을 마치 오래 알고 지낸 사람처럼 신뢰하는 착각 때문이다.[8] 미국 플로리다주 법원의 판결을 분석한 한 연구는 신뢰할 수 없어 보이는, 다시 말해서 나쁜 인상을 가진 사람들이 더 높은 빈도로 사형을 선고받았다는 사실을 밝혀냈다.[9] 첫인상이 죽고 사는 운명을 가를 수도 있는 것이다.

연구자들은 말하는 내용과 태도가 일치하지 않을 때, 사람들은 표정(55%), 목소리(38%), 언어적 표현(7%) 순서로 더 큰 판단의 근거를 얻는다는 것을 밝혔다.[10] 즉, 상대방이 당신의 진심을 판단하고자 할 때 말 자체의 내용보다는 눈에 보이는 것을, 그다음으로는 귀에 들리는 목소리를 더 중요하게 여긴다는 것이다.

관상, 믿을 것인가 말 것인가

고대로부터 파트너를 잘 선택하는 것은 생존을 결정하는 문제였다. 이 때문에 개인적 판단의 한계를 극복하고자 만들어진 기술이 관상술이다. 관상술은 얼굴이나 손의 형상을 해석해 그 사람의 운명을 미리 보려는 이론으로, 그 기원이 알려진 것만 해도 메소포타미아 문명까지 거슬러 올라간다. 대영박물관에 소장된 기원전

1,000년경 만들어진 점토판에는 다음 내용이 아카드어로 새겨져 있다.[11]

여자의 손이 비정상적으로 크다면,
고된 노동이나 큰 불행이 닥칠 것이다.
손이 작다면, 건강염려증이 있을 것이다.
손이 길다면, 부유해질 것이며, 신성한 존재다.
손이 짧다면, 가난할 것이다.

이런 관상학적 운명론은 여러 세대에 걸쳐 전해 내려오는 지혜를 모아 체계적인 이론을 제시하는 것처럼 포장되어 있다. 그러나 통계학이나 분류학적 기법이 존재하지 않던 그 옛날 유의미한 이론을 구축했을 가능성은 희박하다. 더구나 크고 작고 길고 짧음은 상대적이라서 기준이 애매하기 그지없다. 그럼에도 불구하고 관상술은 다양한 형태로 모든 시대에 걸쳐 영향력을 행사했다.

동양에서는 중국 주나라에서 관상 이론이 시작된 후, 각 시대마다 관련 서적이 등장했다. 중국 관상학의 고전으로 꼽히는 대표적 이론으로는 10세기경 중국 송나라의 마의상법(麻衣相法)을 들 수 있는데, 얼굴을 12궁(十二宮)으로 나누어 운명을 해석했다. 조선에서도 이를 바탕으로 다양한 이론을 발전시켰고, 조선 왕조에서는 관상학

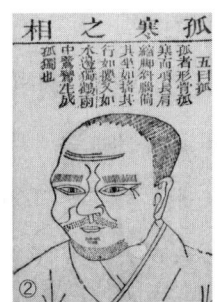

〈그림 2〉 마의상법에 담긴 얼굴의 네 가지 유형
① 두툼한 눈과 칠흑같이 깊고 선명한 눈동자,
매사에 평온함을 유지하며 복과 부귀를 누릴 운명.
② 목이 길고 어깨가 기울어지고 무릎이 삐뚤어졌으며
앉은 모습은 나약하고 걷는 모습은 오그라든 전체적으로
고독하고 초췌한 외형으로, 약초를 캐며 살아갈 운명.
③ 머리가 뱀이나 쥐처럼 생겨 변덕이 심하고 성격이 포악하여
가난하고 흉한 운명을 타고났으며, 일찍 죽을 가능성이 큼.
④ 먼지처럼 혼탁하고 세속적인 상으로
입는 옷과 먹는 음식이 거칠며 재물을 모으려 함.

을 인재 선발에도 활용한 것으로 전해진다.

높은 지위의 복장을 하고 얼굴이 반듯하며 눈빛이 뚜렷한 경우 좋은 운세를, 낮은 지위의 복장을 하고 얼굴에 굴곡과 주름이 많으며 눈동자를 내리깔았다면 나쁜 운세를 점치는 경향이 뚜렷하다. 이 같은 관상 이론은 외모와 의복에서 풍기는 직관적 느낌에 충실하다. 삶의 굴곡이 크고 고된 노동을 많이 했으며 경제적으로 궁핍한 사람의 경우 나쁜 관상으로 귀결될 수밖에 없다는 면에서 이론적 정교함이 떨어진다.

중세 유럽의 경우, 사람 얼굴을 동물과 비유하여 그 성격을 유추하려는 시도가 많이 있었다. 이탈리아 나폴리의 학자였던 잠바티스타 델라 포르타(Giambattista della Porta)는 1586년 인간의 관상학에 대한 네 권의 책을 통해 동물과 인간의 유사성을 탐구했다. 〈그림 3〉은 책에서 발췌한 것으로, 네 가지 동물 유형과 관련된 관상을 기술하고 있다.

잠바티스타 델라 포르타의 이론은 동물에 대한 일반적 편견을 이와 닮은 사람의 성향에 직접 적용하려는 일차원적 시도다. 현대적 관점에서 개는 순수한 귀여움을, 고양이는 도도한 매력을 상징하는 것과 비교했을 때, 동물을 바라보는 시각이 시대에 따라 어떻게 변화했는지를 볼 수 있다. 게다가 이 책에서 가장 나쁜 인상으로 언급되는 작은 뺨과 갸름한 얼굴이, 오늘날 한국에서 매력적인 외모가

〈그림 3〉 잠바티스타 델라 포르타가 기술한 동물 유형과 관련된 관상

① 원숭이 상: 고대 그리스 철학자 폴레몬(Polemon)은
작은 뺨과 갸름한 얼굴이 악의와 교활함을 의미한다고 했으며,
관상학자 아다만티우스(Adamantius)는 질투심을 나타낸다고 했다.

② 독수리 상: 이마에서부터 조화롭게 이어진 굽은 코는
아리스토텔레스가 『관상학』에서 말한 왕의 위엄과
대담함 그리고 위대한 정신을 의미한다.

③ 개 상: 폴레몬과 아다만티우스는 개처럼 길게 돌출된 이마가
최고의 지성과 학습 능력을 의미한다고 말했다.
플루타르코스(Plutarchos)는 플라톤이
이런 이마를 가졌다고 기록했다.

④ 고양이 상: 원숭이처럼 작은 뺨과 갸름한 얼굴을 가진
고양이는 도벽이 있고 간교하며 음흉하다.
이런 얼굴형을 가진 인간들도
역시 음흉하고 간교하며 악의적이다.

되었다는 것은 참으로 아이러니하다.

중세가 끝나고 근세로 들어오면서 관상학은 좀더 많은 사례와 세부적 분석을 바탕으로 이론적 깊이를 보여주기 시작한다. 1772년 스위스의 신학자이자 관상학의 주창자였던 요하나 카스퍼 라바터(Johana Caspar Lavater)는 매우 구체적인 도해를 포함한 관상학 에세이를 출간한다.[12] 이 책은 1940년까지 150쇄 재판될 정도로 큰 영향을 미쳤다.

책에 포함된 수많은 도해는 언뜻 보기에 유사한 두상에 대해 각각의 성향을 기술했다. 동양의 관상학이 주로 정면에서 바라본 얼굴을 기준으로 운명을 판단한다면, 서양의 관상학은 정면뿐 아니라 옆얼굴에 대한 해석도 많다. 만약 여러분이 그림 속 네 사람 중 믿음직스러운 동업자를 찾아야 한다면 누구를 선택할 것인가?

결과적으로 네 얼굴 다 장단점이 공존하지만, 첫째 얼굴이 부족한 결단력을 보완한다면 동업자로서 가장 좋은 파트너가 될 수 있을 것이다. 이 책은 유명한 위인들의 얼굴을 예로 들면서 왜 이들이 성공할 만했는지 설명함으로써 이론적 신뢰성을 얻으려 노력한다. 하지만 위와 같은 일반인 얼굴을 평가하면서는 초라한 복장, 많은 얼굴 주름, 얼굴 비대칭 등을 나쁜 운명과 연결해 서술했다. 앞서 살펴본 동서양의 관상학 이론이 그러하듯, 라바터도 겉모습에 드러난 사회적 지위와 건강 상태 등을 바탕으로 주관적 견해에 의존한 운

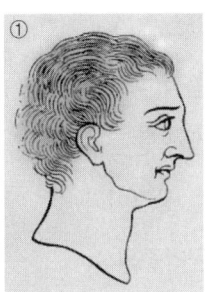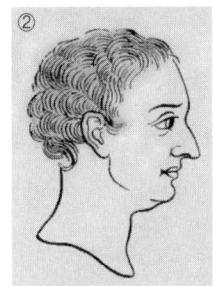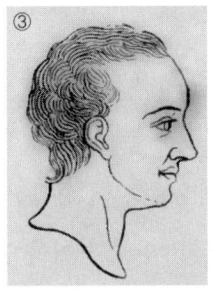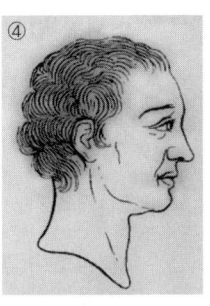

〈그림 4〉 요하나 카스퍼 라바터, 『관상학에 대한 에세이』, 1772
① 이마와 코는 자비로움과 이해력을
보여주지만, 결단력이 부족함을 시사한다.
② 표정이 숭고하지만 공허하다.
선이 약한 이마는 우둔함의 흔적을 보여준다.
③ 선한 성격이지만 이마의 곡선과
턱선은 나약함을 말해준다.
④ 코는 식견을, 눈은 통찰력을 드러내지만,
이마와 입에서 둔함과 경솔함이 보인다.

명론을 펼쳤다.

　동서양의 관상서가 갖는 공통적 한계는 생물학적·인종적 다양성을 고려하지 않았다는 점이다. 예를 들어 라바터는 눈썹과 눈동자의 거리가 가까울수록 더 성실하고, 생각이 깊고, 강직한 성격이라고 말했다. 이것은 안구가 이마 안쪽으로 위치한 북유럽 인종의 특징이기 때문에 한국을 포함한 동아시아 인종에게는 적합하지 않은 이론이다. 그의 견해를 따른다면 앞의 마의상법에서 제시한 얼굴 중 네 번째 '속되고 혼탁한 상'이 눈썹과 눈동자가 가장 가까우므로 가장 성실한 성격으로 해석되어야 한다.

　관상학의 전통은 근세 이후에도 계속 이어졌다. 19세기 후반 영국의 프랜시스 골턴(Francis Galton)은 우생학을 창시해 유럽 백인의 특징을 우수한 형질로 규정하는 인종차별적 이론을 만들었다. 나치 독일의 히틀러는 이를 활용하여 아리안족의 큰 키, 밝은색 피부와 머리카락, 푸른 눈동자 등을 우수한 형질로, 유대인·집시·장애인의 특징을 열등 형질로 규정하여 인종청소의 근거로 활용했다.

　관상학은 공동체 생활에서 조화를 이루고 갈등과 충돌을 피하기 위해 출발한 인류의 문화유산으로서 가치를 갖지만, 아직 과학적 이론의 전제 조건인 재현가능성을 충족하지 못하는 유사 과학이나 사이비 과학의 영역에 속한다. 그럼에도 불구하고 수십만 년 동안 판타지, 신화, 미신, 초자연적 현상, 기적을 믿어왔던 인류는 오늘도 관상, 사주, 별점과 같은 점술에 귀를 기울이고 인생의 중요한 결정을 맡기기도 한다.

작은 우연이 운명을 좌우한다

최초의 짧은 느낌에 따라 상대방에 대한 지배적인 견해가 형성되는 첫인상처럼, 어떤 사회현상은 초기에 만들어진 작은 행운이나 불행 때문에 성패가 결정된다. 이를 확률이론적으로 보여주는 유명한 사고실험이 '폴리아의 항아리 문제'다. 수학자 조지 폴리아(George Pólya)가 제안한 이 실험의 규칙은 간단하다. 두 가지 색의 공이 들어 있는 항아리에서 무작위로 공을 하나 뽑아 색을 확인한 후, 이것과 같은 색의 공을 항아리 안에 추가로 넣는다.

만약 검은 공과 하얀 공이 한 개씩 들어 있는 항아리가 있다면, 검은 공을 뽑을 확률은 2분의 1이다. 첫 시도에 검은 공을 뽑았을 경우, 규칙에 따라 같은 검은 공 하나를 추가로 넣게 되므로, 항아리 안에는 이제 검은 공 두 개와 하얀 공 한 개가 담기게 되어, 두 번째 뽑기에서 검은 공을 뽑을 확률은 3분의 2로 늘어난다. 이 과정을 수없이 반복하면, 최종적으로 검은 공을 뽑을 확률은 얼마가 될까? 〈그림 5〉는 이 과정을 10만 번 반복한 실험을 총 열 차례에 걸쳐 수행했을 때의 결과다. X축은 공을 뽑은 횟수를 1에서 10만 번까지 보여주고, Y축은 검은 공을 뽑을 수 있는 확률 범위를 0퍼센트에서

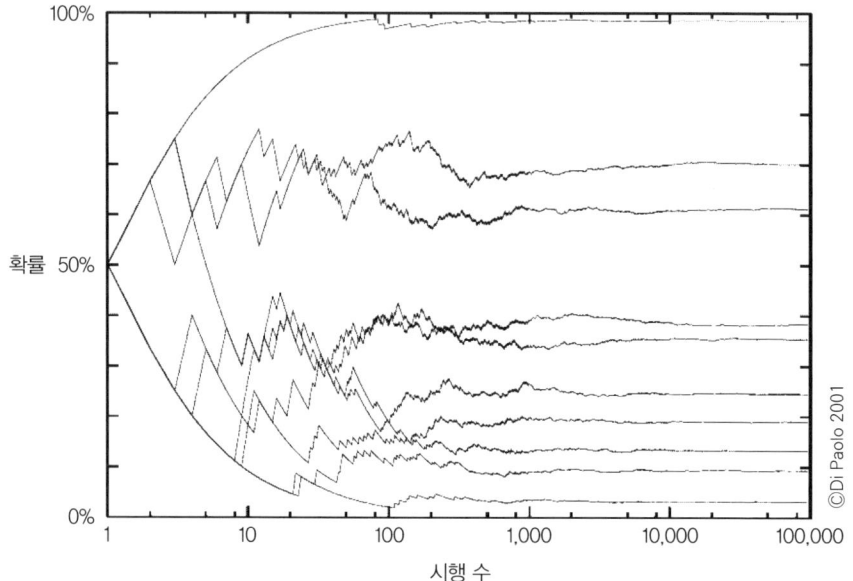

〈그림 5〉 폴리아의 항아리 실험
두 가지 색의 공이 든 항아리에서 공을 뽑아,
뽑은 공과 같은 색의 공을 항아리에 추가한다.
초기에 뽑은 공 색깔에 따라
그다음 뽑기 확률이 크게 변한다.

100퍼센트까지 보여준다. 10회에 걸친 실험 결과가 한꺼번에 그려져 있다.[13]

10회 실험 모두 검은 공을 뽑을 확률이 50퍼센트인 최초 조건에서 시작된다. 두 번째 시도에서 Y축의 확률은 위아래로 갈라지고, 10회 시도까지 위아래로 요동치며 다양한 확률로 갈라진다. 초기에 어떤 공을 뽑는가에 따라 그다음 뽑기의 확률이 크게 변하기 때문이다. 뽑기 횟수가 10을 넘어서면 진폭이 줄어들지만, 아직 크게 위아래로 흔들린다. 뽑기 횟수 100을 지나면 진폭은 현저히 줄어들고, 1,000을 지나면 특정 확률로 고착되기 시작한다.

최종 확률은 다양하게 나타난다. 맨 위처럼 확률 100퍼센트에 수렴하기도 하고, 맨 아래같이 0퍼센트에 수렴하기도 하며, 그 사이의 다양한 확률로 나타나기도 한다. 즉, 검은 공을 뽑을 최종 확률은 처음에는 예측할 수 없지만, 초반 운에 의해 특정 영역으로 수렴하고, 이후 특정 값으로 고착된다는 것이다. 폴리아의 항아리는 초기에 획득된 지배력이 계속해서 증가하는 선점 효과나 자기 강화 현상을 설명할 때 유용하다.[14] 또한 경제학에서 초기 이점을 가진 기술이나 제품이 시장에서 지배적인 위치를 차지하게 되는 과정, 진화생물학에서 특정 유전자가 점점 우세해지는 과정을 설명하는 데 활용된다.

폴리아 항아리 모델의 자기 강화 효과를 현실에서 보여주는 사례가 우리가 오늘날 사용하는 쿼티(QWERTY) 키보드다. 개인용 타자기 개발이 처음 시작되던 19세기, 가장 중요한 과제는 인쇄소에서 대규모 출판을 위해 사용하던 금속활자 인쇄기를 개인 문서 작업에 맞도록 소형화하는 것이었다. 따라서 타자기라기보다 소형 인쇄기에 가까운 다양한 형태가 시도되었다.

1829년 윌리엄 오스틴 버트(William Austin Burt)가 발명한 타이포그래퍼(Typographer)라는 타자기는 시계 모양의 다이얼을 돌려 레버를 원하는 활자에 맞춘 후 글자를 찍어내는 방식이었다. 1843년 찰스 서버(Charles Thuber)는 맹인을 위한 타자기를 발명했다. 좌우로 움직이는 실린더에 종이를 끼운 후 위쪽 원형 디스크에 꽂혀 있는 점자를 아래로 눌러 프린트했다. 1865년 존 프랫(John Pratt)이 발명한 타자기 이후로 글자를 찍어내는 활자와 분리된 현대적 의미의 키보드가 여러 발명가에 의해 다양하게 시도된다.

초기 키보드는 알파벳 순서로 자판을 배열하는 경우가 많았다. 하지만 자주 사용하는 문자들이 가까이 배치되어, 빠르게 타이핑할 때 활자막대가 서로 엉키는 문제가 발생했다. 크리스토퍼 숄스(Christopher Sholes)는 이를 해결하기 위해 자주 사용하는 글자들을 분산시킨 쿼티 배열을 고안했다. 이 배열은 경험적으로 만들었기 때문에 다른 자판 배열보다 우수하다는 과학적 근거는 없었지만, 1873년 레밍턴(Remington)이라는 타자기 업체가 그의 특허를 사들이고 쿼티 타자기를 생산하면서 초기 우위를 점하기 시작했다.

20세기 초, 때마침 타자기가 사무실의 필수품이 되면서 쿼티를 기반으로 타자 교육이 진행되었다. 사용자 저변이 확대되자 회사들은 다른 모델을 도입하기가 점점 어려워졌다. 이후 대부분의 타자기 제조업체가 쿼티를 채택하면서 그 지배력은 거스르기 어려운 흐름이 되었다. 물론 경쟁자가 없었던 것은 아니었다. 쿼티의 단점은 왼쪽에 자주 쓰는 글자가 몰려 있다는 것인데, 이를 개선한 드보락(Dvorak)이나 콜맥(Colemak) 자판이 대안으로 부상하던 시기도 있었다. 하지만 이미 시장을 장악한 쿼티를 대체하기에는 역부족이었다.[15]

쿼티 키보드의 사례가 보여주듯 선점이 가져오는 효과는 크다. 선점을 하게 되면 제품 사용자 사이에 관계망이 구축된다. 사람들은 점차 이것을 표준으로 생각하게 되어, 제품은 이후 점점 더 강력한 시장 지배력을 획득한다. 키보드 사례 외에도 다양한 실생활 속 경험을 통해 알 수 있다. 선거철이 되면 발표되는 각종 설문조사의 가상대결 득표수에 정치인들이 민감한 이유도, 현재 변곡점을 맞이하고 있는 휴머노이드 로봇, 자율주행 자동차, 인공지능 서비스 등을 제공하는 첨단 IT업체들이 시장 선점에 사활을 거는 이유도, 초반에 '대세'로 각인되면 눈덩이를 굴리듯 시간이 갈수록 지배력이 강화된다는 것을 잘 알고 있기 때문이다.

스큐어모프, 물건의 첫인상

스큐어모프(Skeuomorph)는 오리지널 디자인에서 사용되던 형태나 속성이 이후 단순한 미적 장식이나 표면적 디자인 언어로 남는 것을 말한다. 가장 쉬운 예가 스마트폰의 전화 앱이다. 통화 기능을 직관적으로 알려주기 위해 지금은 사용하지 않는 옛 수화기 모양을 그려 넣었다. 수화기를 손으로 잡고 양 끝의 스피커와 마이크를 귀와 입에 가까이 대기 위해 고안된 이 오래된 형태는 강력한 첫인상이 되어 아직도 사람들의 마음속에 전화기의 원형으로 남아 있다. 우리가 나중에 통화하자는 제스처를 취할 때 엄지와 새끼손가락을 펴 입과 귀에 대는 것도 옛 수화기의 표면적 언어를 빌린 스큐어모프적 행동이다.

무엇이 사라진 디자인 언어를 다시 찾게 만드는가? 새로운 기술, 재료, 형태로 만들어진 신제품이 나오면 사람들은 그 낯선 기능과 분위기에 다시 익숙해져야 한다. 이때, 스큐어모프 기법은 과거로부터 비롯된 익숙함으로 새로움에 대한 심리적 적응을 수월하게 만들어줌과 동시에 급작스러운 변화를 단계적이고 연속적으로 느끼도록 해준다. 스큐어모프는 기술 발전에 저항하는 물건의 첫인상이다.

〈그림 6〉은 다양한 스큐어모프의 사례를 보여준다. ①은 서양 고전 건축에 특징적으로 나타나는 트리글리프(triglyph)다. 그 기원에

라펠

서전스커프

〈그림 6〉 스큐어모프의 다양한 사례
① 트리글리프 장식, ② 라피아 와인병 싸개,
③ 아이폰 앱 아이콘, ④ 벽난로 장식, ⑤ 재킷 장식.

대한 학설은 다양하지만,[16] 가장 설득력 있는 것은 목조건축에서 건물 정면을 향해 끼워진 들보의 끝부분을 다듬으면서 세로 줄무늬가 생겼고, 이후 건축 기술이 발전해 중요 건축물들이 석조건축으로 대체되는 과정에서 이것을 장식적 요소로 남겨놓았다는 것이다.[17]

②에서 와인병을 싸고 있는 라피아 재킷(raffia jacket)도 기능이 장식으로 바뀐 사례다. 유리병은 전통적으로 입으로 불어 만들었기 때문에 몸통이 공처럼 둥글어서 똑바로 세울 수 없었고, 이에 이탈리아 일부 지방에서는 병 아랫부분을 라피아 섬유로 싸서 평평한 바닥을 만들었다. 틀에 부어 주조하는 현대식 와인병은 모두 평평한 바닥으로 만들어지지만, 일부 이탈리아 와인 브랜드는 전통과 정체성을 보여주기 위해 라피아 사용을 고수하고 있다.

③에서 아이폰 앱 아이콘들은 과거의 도구 형태를 이용해 어떤 기능이 수행되는지를 알려주는 스큐어모프 디자인이다. 그러나 왼쪽 초창기 아이콘과 오른쪽 오늘날 앱 아이콘의 디자인 의도에는 뚜렷한 차이가 존재한다. 아이폰의 출현은 모바일 기기의 혁신이었고, 앱 아이콘을 터치하는 과정은 낯설었다. 초기 아이콘에는 새로운 기기를 대할 때 느끼는 혼란과 단절감을 낯익은 아날로그적 친밀감으로 보완하려는 의도가 숨어 있다. 사람들이 스마트폰의 새로움에 완전히 적응하자, 아이콘 디자인은 감각적이고 미니멀한 스타

일로 변모했다.[18] 초기 아이콘이 과거지향적 감성을 투영했다면, 후기 아이콘은 미래지향적 감성을 추구한다.

④는 장식화된 벽난로를 보여준다. 벽난로는 서양 주택에서 난방 기능과 더불어 가족의 추억과 따뜻함을 상징하는 가장 중요한 요소다. 한국인에게 안방과 아랫목이 마음의 고향이라면 서양인에게는 벽난로 앞이 그런 공간이다. 보일러를 사용하는 미국과 유럽의 신축 주택은 더 이상 벽난로가 필요하지 않지만, 벽난로 프레임을 장식으로 만들고 그 안에 화로 모양 장식을 덧붙이거나, 불꽃 모양을 보여주는 간단한 장치와 보조 난방기를 넣기도 한다. 타오르는 불길과 그로부터 전해지는 열기는 사라졌으나, 서양인들은 이 장식화된 벽난로 프레임의 존재만으로도 '홈'(home)이 상징하는 편안함과 따뜻함을 느낀다. 사람들은 멘틀피스(mantelpiece)라 부르는 벽난로 위 선반에 가족사진, 기념품 등 소중한 물건들을 올려놓고 그 위로 거울이나 그림을 걸어 벽난로의 중심성을 더욱 강조한다.

⑤는 신사복의 접힌 깃 라펠(lapel)과 단추 달린 소매 서전스 커프(Surgeon's Cuff)를 보여준다. 라펠은 추울 때 목을 덮고 더울 때 밖으로 접는 깃이 신사복의 장식 요소로 발전한 것이다. 고급 신사복의 라펠에 남아 있는 단춧구멍도 과거 단추를 잠갔던 흔적을 의도적으로 남긴 것이다. 한편 서전스 커프는 그 이름처럼 외과의사들이 수술할 때 재킷 소매를 걷기 쉽도록 소매 끝을 절개하고 단추를 달았

다는 설을 비롯해 유래에 대한 견해가 다양하다. 오늘날 보급형 신사복은 원가 절감을 위해 단춧구멍을 생략하고 단추만 달아 놓는 경우가 대부분이다. 고급형 신사복은 실제로 단추가 기능하기 때문에, 자신이 입은 신사복의 품질을 과시하고 싶은 경우 마지막 한두 개 단추를 의도적으로 풀어놓은 채 입기도 한다.

이외에도 패션 산업에는 다양한 스큐어모프의 사례가 있다. 리바이스 청바지의 주머니 모서리에 박히는 금속 리벳은 미국 서부 개척 시대 노동자들의 주머니가 잘 찢어지는 단점을 보완하는 장치였다. 앞주머니에 덧붙은 작은 주머니는 회중시계를 넣기 위한 용도라는 것도 널리 알려진 스큐어모프의 사례다.

문명은 쉬지 않고 진보하며 새로운 재료, 기술, 아이디어를 담은 신제품이 삶의 모습과 가치를 변화시키는 속도는 놀랍도록 빠르다. 급격한 변화에 의한 과거와의 단절은 세상의 흐름에서 멀어진 듯한 초조와 불안을 야기하고, 이에 사람들은 낯섦 속에서 익숙함을 찾아 마음의 안정과 삶의 연속성을 유지하려 노력한다. 이러한 사람들의 심리를 적극적으로 제품 디자인에 반영한 것이 스큐어모프 기법이다.

변화와 안정, 불연속과 연속, 새로움과 익숙함의 균형을 찾고자 하는 인간의 욕구는 단지 물질문명에 국한되지 않는다. 새로운 이성이나 친구를 사귈 때도 우리는 공통 관심사와 공통 인맥을 찾아

'알고 보니 과거로부터 쭉 이어져온' 관계의 연속성을 만들려 노력한다. 다른 집, 다른 도시로 이사했을 때의 낯섦과 어색함은 함께 이사한 가족이나 친구 혹은 이삿짐에 실려 온 오래된 집기와 물품을 통해 위안으로 바뀐다. 새 직장, 새 학교로 옮겼을 때 느끼는 위축감과 긴장감은 우연히 마주친 옛 친구와 동료를 통해 안정감으로 바뀐다. 새로움만이 존재하는 세상은 고단하고, 익숙함만이 존재하는 세상은 지루하다. 삶은 언제나 이 둘 사이의 황금비를 찾아가는 과정이며, 스큐어모프는 낯선 물건에 새겨진 첫인상의 기억이다.

4. 노이즈
순수함을 망치고 싶은 욕구

노이즈, 잡음에서 음악으로

깨끗함 속에 섞여 있는 불순물을 흔히 노이즈(Noise)라고 한다. 노이즈는 원래 잡음 또는 불필요한 거친 소리를 뜻하지만, 오늘날에는 원하지 않는 신호나 형태, 사회적 동요, 주의를 끄는 행동 등을 광범위하게 지칭한다. 즉, 노이즈는 더럽고 나쁘고 제거해야 하는 시스템 안의 균열, 흠, 잡티, 이물질, 에러, 불순물이다.

이러한 부정적 의미에도 불구하고 노이즈에는 우리가 되찾고 싶은 삶의 열망과 욕구가 숨어 있다. 순수함이나 깨끗함과는 거리가 먼 일렉트릭 기타의 거친 파열음, 찢어진 청바지, 문신, 피어싱, 그라피티, 공포영화에는 사람들을 열광시키는 왠지 모를 매력과 쾌감이 있다. 우리는 늘 조화로움과 완벽함을 추구하지만, 동시에 그것이 가진 순간성, 덧없음, 위태로움, 긴장감으로부터 벗어나 자유로워지고 싶어 한다.

올해부터는 명작 소설을 읽고, 건강한 음식을 먹고, 규칙적으로 운동을 하면서 하루도 헛되이 보내지 않는 삶을 살겠다고 다짐하지만, 주말이 오면 씻지도 않고 소파에 누워 트랜스지방이 듬뿍 들어간 정크푸드를 먹으며 인터넷 속 시답지 않은 동영상을 하루 종일 들여다보는 나태함을 꿈꾼다. 완벽함에서 도망치고 싶은, 순수함을 망치고 싶은 이 변태적 욕구는 어디서 비롯된 것일까?

원하지 않는 불필요한 소리를 노이즈라고 정의한다면 그 반대인 의미 있는 소리는 시그널(signal)이라고 할 수 있다. 현대음악의 발전은 노이즈가 시그널의 영역으로, 다시 말해서 소음이나 잡음으로 여겨지던 소리가 음악으로 인정되어가는 과정이다. 이탈리아의 미래주의 화가이자 음악가였던 루이지 루솔로(Luigi Russolo)는 1913년 「노이즈의 미학」(The Art of Noise)이라는 선언문을 발표하면서, 19세기 기계의 발명과 함께 세상에 태어난 노이즈는 미래에 인간의 감각을 일깨우고 세상을 풍요롭게 할 것이라고 단언했다. 그는 스스로 제작한 인토나루모리(Intonarumori)라는 소음 발생 기계를 가지고 공연하면서 노이즈를 새로운 음악으로 받아들일 것을 주창했으나, 사람들은 이를 전위 예술가의 퍼포먼스로 치부했다.

그로부터 18년이 지난 1931년, 미국 악기 회사 리켄배커(Ricken-backer)가 프라이팬(Frying Pan)이라는 일렉트릭 기타를 판매하면서 전혀 다른 상황이 전개된다. 제작사의 의도는 기존 어쿠스틱 기타

〈그림 1〉 인토나루모리
1913년, 루이지 루솔로는 스스로 고안한
소음 발생 기계를 가지고 공연을 하면서
미래에는 소음이 음악의 일부가 되어
인간의 감각을 깨울 것이라고 단언했다.

의 음을 크게 증폭하는 것이었지만, 얼마 지나지 않아 사람들은 지글거리는 전기회로의 잡음이 묘하게 매력적이라는 사실을 알게 되었다. 이로써 루솔로가 꿈꾸던 노이즈의 대중적 보급이 일렉트릭 기타 사운드를 타고 본격적으로 시작된다.

대중들의 기호를 파악한 기타 제작사들은 기타에 연결되는 각종 보조 장치를 개발함으로써 더 뒤틀리고 변조된 사운드를 만들어내기 시작한다. 1970년대가 되자 일렉트릭 기타의 파열음은 새로운 음악의 상징이 되면서 이를 추종하는 수많은 하드록 밴드가 등장한다. 롤링스톤스, 비틀스, 클래시, 섹스피스톨스, 레드제플린 같은 전설적 밴드들은 자신들만의 특유한 일렉트릭 노이즈를 브랜드화해 새로운 사운드에 눈뜬 대중을 열광시켰다.

1982년 발매된 클래시의 「Rock the Casbah」를 들어보라. 그 날카로운 금속성 노이즈에는 깨끗한 관현악기에서는 느낄 수 없는 속 후련한 쾌감이 있다. 우리가 꿈꾸는 자유와 일탈이 그 안에 있다.

1877년 독일의 헤르만 헬름홀츠(Hermann Helmholtz)는 세상의 모든 음을 일정한 주파수를 갖는 톤(tone)과 불규칙한 주파수를 갖는 노이즈로 구분했다. 그는 오직 톤만이 의미를 갖는 신호이며, 따라서 음악을 구성하는 사운드가 될 수 있다고 했다. 그의 믿음은 이후 음향 기술이 발전하면서 깨져버렸다. 모든 톤의 첫 부분에는 어택(attack)이라고 부르는 수백 분의 일 초에 해당하는 노이즈가 존재

어택   디케이

〈그림 2〉 음의 주파수 변화
모든 톤에는 음파가 형성되는 '어택'과
음파가 소멸하는 '디케이'가 존재한다.

한다는 것이 밝혀졌기 때문이다.

음의 주파수 그래프를 보면 모든 음은 맨 처음 어택 부분에서 음
파가 형성되고, 안정적인 주파수를 보여주는 중간 영역을 거쳐 마
지막 디케이(decay) 구간에서 소멸한다. 특히 첫 부분의 어택은 소
리마다 고유한 형태를 갖는다. 같은 주파수대의 목소리라도 누구
목소리인지 구분할 수 있는 것은 어택 부분이 사람마다 다르기 때
문이다.

1998년 미국 가수 셰어(Cher)가 부른 「Believe」는 이 어택 부분을
제거하는 독특한 기법을 최초로 시도해 세계적 히트곡이 되었다. 셰
어 효과(Cher effect)라 불리는 이 방법은 오토튠(Auto-Tune)이라는
소프트웨어를 활용하여 높이가 다른 음들의 어택과 디케이 부분을
자른 후 이어 붙이는 기법이다. 결과적으로 인간적 음색은 사라지

고 기계적 음 전환이 이루어져, 마치 사이보그가 노래하는 듯 신비한 분위기를 연출한다.

세상의 소리는 불규칙한 노이즈인 어택 부분이 있기에 각각의 색깔을 갖는다. 노이즈가 없는 세상은 개성 없는 소리만 가득 찬 지루한 곳이 될 것이다. 모든 문화 발전은 주변부 노이즈가 중심부로 진입하면서 만드는 사회 통념의 진보적 변화다. 비주류 낙서였던 그라피티를 그리던 바스키아(Basquiat), 거리 미술가 뱅크시(Banksy), 키치한 일본 애니메이션을 그리던 무라카미 다카시(村上隆) 등이 미술계의 스타가 되면서 주류 예술작품의 기준을 바꿔가는 과정이 이를 잘 보여준다.

노이즈는 음악과 예술뿐만 아니라 사회현상 속에도 존재한다. 우리의 아이덴티티와 개성은 남과 다른 성격, 얼굴, 목소리가 있어 가능하다. 개인의 성향과 가치관이 표준으로부터 멀어질수록 비주류적 성향이 증가하며, 이러한 사람들을 우리는 흔히 아웃사이더라고 부른다. 규범과 관습에 저항하는 이들의 특성은 컴퓨터 프로그램의 에러나 버그처럼 피할 수 없는 노이즈로 모든 시스템 안에 존재한다.

이제는 보편화된 문신과 피어싱도 20세기 중반까지는 대중이 받아들이기 힘든 비주류 서브컬처였다. 우리 몸의 표면에 나타나는 크고 작은 상처와 각종 피부 트러블은 신체의 순수성을 해치는 노이즈로, 치료되고 제거되어야 할 대상이다. 이와 반대로 문신과 피어싱은 완결한 신체에 자발적으로 새겨 넣는 불순물이다. 자연 상태의 순수함을 스스로 파괴하는 이 같은 행위는 남과 다름을 표출하고 싶은 개인 혹은 집단의 공격적이고 선언적인 행위로, 다른 동물과 구별되는 인간의 독특한 행동이다.

문신과 피어싱은 순응하는 삶을 살지 않겠다는, 자유를 향한 선언이다. 영국에서 살면서 신기했던 점은 문신한 대학교수, 피어싱한 공무원을 쉽게 볼 수 있다는 것이었다. 일탈과는 관계없어 보이는 중년을 넘긴 사람들의 몸에 저항의 표식이 새겨져 있는 것이 이상하게 보였다. 1960~90년대의 히피, 펑크, 팝, 얼터너티브 문화를 문신과 피어싱으로 몸에 새겼던 세대가 이제 누군가의 아버지, 어머니, 할아버지, 할머니가 된 것이다.

반면, 같은 기간 산업화, 군사독재, 민주화운동을 거친 한국에서는 이러한 대중문화가 깊이 스며들 여지가 없었다. 1990년대 이후 한류 붐과 세계화를 통해 문화적 국제화가 이루어졌지만, 남과 다름을 기피하고 위계를 중시하는 유교적 보수성 그리고 청결에 집착하는 국민성으로 인해 피부를 뚫거나 물들이는 행위에 대한 부정적 시선은 아직 여전하다. 같은 이유로 성적 다양성과 낙태 문제를 포함한 소수집단의 의견이나 행위는 여전히 공동체를 해치는 불필요한 노이즈로 간주된다.

완벽함을 깨뜨리고 싶은 충동

순수함을 거스르고 싶은, 완벽함을 깨뜨리고 싶은 인간의 욕구는 어디에서 오는 것일까? 왜 어린아이들은 힘들게 쌓아 올린 레고 블록을 무너뜨리고, 영롱한 빛깔의 비눗방울을 쫓아가 터뜨리고, 새로 칠한 하얀 벽에 굳이 낙서를 하는가? 성인이 된 후에도 남아 있는 이 같은 파괴 욕구는 인간의 본성인가? 영화와 소설에 등장하는 사디즘, 마조히즘과 같은 자기파멸적이고 폭력적인 상황을 소비하는 대중의 욕구는 어디에서 오는 것인가?

지그문트 프로이트(Sigmund Freud)에 의하면 인간에게는 생명이 없는 본래의 물질 상태로 돌아가려 하는 '죽음 충동'이 있다.[1] 자신과 대상을 파괴하려는 공격적 욕구를 만드는 죽음 충동은 완전한 파괴로 이어지는 일회성 이벤트로 나타나거나, 사디즘과 같이 반복적 손상을 가하는 지속적 행동으로 나타난다.[2] 그리스어로 죽음을 뜻하는 '타나토스'(Thanatos)로도 표현되는 죽음 충동은, 생존과 재생산을 추구하는 인간의 욕구인 삶 충동 혹은 그리스어 '에로스'(Eros)와 반대되는 개념이다. 이 두 가지 상반되는 충동이 복잡한 심리작용과 행동을 만든다는 것이다.

노이즈에 대한 인간의 욕구를 설명하는 또 다른 방법으로 '대립과정 이론'(Opponent Process Theory)을 들 수 있다. 뇌에 가해지는 모든 자극에는 반드시 반대 방향의 자극이 가해져 생리학적인 항상

성을 유지하도록 한다는 것이 이론의 요지다.[3] 쾌락을 주는 자극이 가해지면 그 반작용으로 불쾌한 자극이 생겨나 쾌락에 의한 흥분과 쾌감을 낮추려고 한다. 반대로 고통스러운 자극을 받으면 쾌락을 주는 신경물질이 분비되면서 고통을 감소시킨다.

대립 과정 이론의 사례로 귀여움에 대한 공격성을 들 수 있다. 아기를 볼 때 느끼는 귀여움을 신경심리학에서는 베이비 스키마(Baby Schema)라고 한다.[4] 아기의 모습을 규정하는 동그란 얼굴, 큰 눈, 작은 코와 입, 좁은 턱, 튀어나온 이마, 포동포동한 볼, 큰 머리통, 통통하고 짧은 몸과 팔다리는 우리 뇌가 귀여움을 느끼게 하는 시각적 신호다.

이러한 형태를 받아들이는 뇌에서는 행복감과 만족감을 주는 화학물질 도파민이 분비되고 상대를 보호하고 싶은 감정을 자극한다. 결과적으로 갓 태어나 미숙하고 취약한 포유류 새끼는 어미를 비롯한 성년 개체들의 보호 본능을 자극해 생존 가능성을 높인다는 것이 진화론적 설명이다.

그런데 이상하게도 사람들은 귀여운 아기나 동물을 보면 보호해주고 싶은 마음과 함께 그 귀여운 감정을 주체하지 못하고 꼬집거나 깨물어주고 싶다고 생각한다. 귀여운 대상에 고통을 가하고 심하게는 파괴하려는 모순된 심리 성향은 문화와 인종을 뛰어넘어 존재한다. 이러한 '큐트 어그레션'(cute aggression)은 도파민이 과도하

게 분비될 때 생기는 감정 과잉을 억제하기 위해 그 반대 감정인 공격성이 나타나는 현상이다.[5]

기쁨이 고조되었을 때 눈물이 나고 처절하게 슬플 때 웃음이 나는 역설적인 현상도 생리적인 평형상태를 유지하려는 감정의 자동제어장치다. 당신이 이런 모순된 감정을 느끼는 것은 건강한 정상인이라는 증거다. 완벽한 균형과 순수함은 시각적 쾌감과 경외감을 주지만, 이러한 감정이 과도하면 정신적 피로를 가져올 수 있다. 마치 피겨스케이팅 선수의 흠 잡을 데 없는 점프 동작이 우리의 탄성을 자아내지만 동시에 마음 졸이는 스트레스를 주는 것과 같다.

완벽한 균형과 절제는 위태로움으로 해석될 수 있고, 이로 인한 숨 막히는 긴장감과 불편함에서 도피하려는 마음이 그 완벽함을 무너뜨리려는 충동으로 이어진다. 아이들은 성인보다 감정적으로 더 몰입하는 성향이 있으므로 이러한 파괴 충동이 더 쉽게 표출된다. 레고로 지은 건물을 무너뜨리고, 비눗방울을 터뜨리고, 흰 벽에 낙서하는 아이들의 행동은 그래서 자연스럽다.

예술에 활용되는 노이즈

노이즈는 예술적 창작의 촉매제다. 우리나라의 단군신화를 포함하여 세계의 다양한 문명에는 인간과 짐승 사이에서 태어난 지도자의 신화가 있다. 반은 인간이고 반은 짐승인 생명체에 대한 신화도 과거와 현재의 모든 문화권에서 글이나 형상으로 만들어져왔다. 상식을 넘어서는 이러한 충격적 설정을 하는 이유는 서로 섞일 수 없는 이질적 개체를 대비시키는 것만큼 우리의 주의를 강렬하게 끄는 장치가 없기 때문이다.

예술가들은 오래전부터 순수한 절제미를 가진 작품 속에 이질적이고 불협화음을 일으키는 노이즈 요소를 삽입하는 방법으로 정서적 고취와 일탈의 쾌감을 동시에 전달해왔다. 이것의 이론적 논의는 18세기 낭만주의 흐름 속에서 '서브라임'(sublime)이라는 용어가 등장하면서 구체화되었다. 1757년 에드먼드 버크(Edmund Burke)는 『숭고와 미의 근원을 찾아서』라는 저작에서, 미학적으로 조화를 이루는 아름다움과 달리 서브라임은 경외감과 공포가 뒤섞인 감정이라고 했다.

임마누엘 칸트도 1790년 저작 『판단력비판』에서 서브라임에 대해 다루면서, 아름다움과 공포라는 반대 감정이 어떻게 우리의 세상에 대한 인식을 확장할 수 있는지 논했다. 즉 서브라임은 광대함, 위대함, 놀라움, 무서움, 두려움 등의 경험이 합쳐진 의미로, 한국어 번역에서 흔히 쓰는 '숭고함'이란 단어로는 그 두렵고 파괴적인 의미를 전달할 수 없다. 한마디로 서브라임은 초월적 아름다움 속에서 느껴지는 공포의 감정으로, 이는 죽음과 파괴에 대한 암시를 내

포한다.

버크에 의하면, 서브라임의 공포스러운 감정이 환희의 감정으로 전환될 수 있는 이유는 우리가 즉각적인 위험에 처하지 않을 만큼의 거리감을 유지하기 때문이다. 즉 일정한 자기 보호의 감정을 가질 수 있을 만큼 떨어진 안락한 위치에서 바라볼 때, 위험과 공포는 더 강렬하고 처연한 아름다움을 느끼게 한다는 것이다. 폭풍우가 몰아치는 대자연의 위압적인 풍경을 안락한 집 안에서 창문 너머로 바라볼 때의 안도감과 경외감이 섞인 감정이 바로 서브라임의 파괴적 희열이다.

정제된 아름다움보다 모순된 감정의 대립과 충돌을 추구하는 서브라임의 낭만주의적 표현 방식은 중세 고딕건축에서 잘 나타난다. 고딕건축의 가고일(Gargoyle)과 그로테스크(Grotesque)는 중세 유럽의 성당과 같은 주요 건축물 외벽에 설치된 괴물 형상의 조각상이다. 가고일은 지붕과 홈통에 고인 빗물이 외벽을 침식하지 않도록 멀리 흘려 보내기 위한 배수 장치고, 그로테스크는 배수 기능이 없는 모든 기괴한 조각상을 통칭한다.

고딕건축 조형미의 절정을 보여주는 대성당에 설치된 괴물상은 혐오와 두려움을 느끼게 하는 파열음이고 불순물이다. 하지만 가고일과 그로테스크라는 노이즈로 인해 고딕 성당의 성스럽고 거룩한 기운은 더욱 고양된다. 초콜릿에 짠맛을 가미해 단맛을 부각하는 것

〈그림 3〉 중세 고딕건축의 조형미
▲ 생나자르 대성당 가고일.
▼ 노트르담 성당 그로테스크.

처럼, 쓰고 진한 커피가 달콤한 케이크의 맛을 더 살려주는 것처럼, 지옥과 혼돈을 암시하는 괴물의 존재는 신이 지배하는 세계의 조화와 질서를 더 찬란하게 드러낸다.

이러한 의도적 배치는 다른 많은 종교건축에서도 볼 수 있는 기법으로, 기괴한 괴물이나 사람의 형태가 악령이나 악귀를 쫓아내고 신성한 공간을 보호한다는 믿음과도 연관되어 있다. 한국의 불교 사찰 입구에서 눈을 부릅뜨고 악귀를 물리치는 사천왕이나 금강역사의 공포스러운 모습도 같은 맥락에서 해석할 수 있다.

서브라임의 모순된 표현은 건축을 포함한 모든 예술 장르에 존재한다. 에곤 실레(Egon Schiele)의 자화상은 전체적인 남성의 모습 안에 여성적 요소를 노이즈로 섞어 넣어 혼돈과 파격을 만들었다. 튀어나온 이마, 강한 턱, 각이 진 신체 관절, 큰 손, 남성 성기를 통해 거친 공격성을 가진 남성의 모습을 전면에 드러내면서도, 작은 코와 입술, 가냘픈 얼굴, 동그랗게 튀어나온 가슴으로 대변되는 여성의 순결함과 아름다움을 그 안에 숨겨 매력과 혐오가 중첩된 이미지를 만들었다.[6]

불완전함을 시스템의 일부로 포용하고 받아들이는 예술적 접근 방법은 동양의 사상과도 맞닿아 있다. 노자『도덕경』에 이런 구절이 있다.

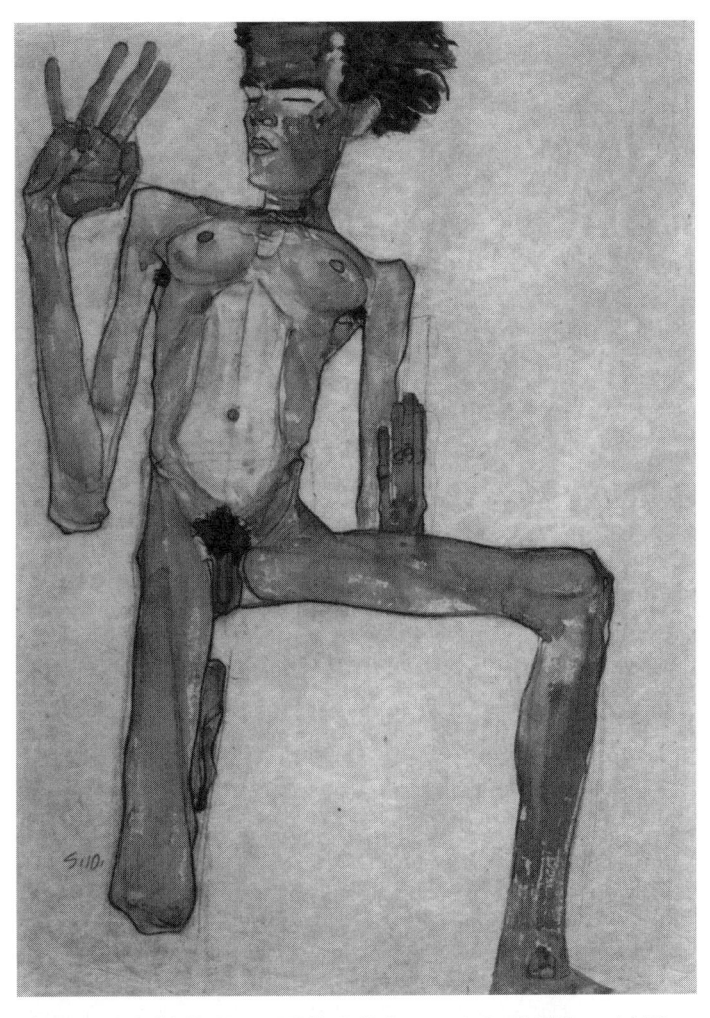

〈그림 5〉 에곤 실레, 「손을 들고 무릎을 꿇은 누드」, 1910, 레오폴드 미술관
남성의 신체적 구조 안에 여성 신체의 요소를
노이즈로 삽입함으로써 매력과 혐오가
중첩된 이미지를 만들었다.

大成若缺(대성약결) 其用不弊(기용불폐): 진정한 완성이나 성취는 겉으로 보기에 완전하지 않거나 결함이 있는 듯하지만, 그 실질적인 효용과 가치는 지속적이고 무한하다.

大直若屈(대직약굴) 大巧若拙(대교약졸) 大辯若訥(대변약눌): 크게 곧은 것은 마치 굽은 것 같고, 크게 교묘한 것은 마치 서툰 것 같으며, 크게 말 잘하는 것은 마치 어눌한 것 같다.

부조화와 결함을 포용하는 것이 더 큰 의미에서의 기술적 성취라는 점을 강조하는 말이다. 킨츠기(金継ぎ)는 일본 전통 기술로, 깨진 도자기를 금가루와 옻칠로 수리하여 새로운 아름다움으로 승화시키는 작업이다. 킨츠기는 단순한 복원이 아닌, 상처와 결함을 존재의 일부로 받아들이고 이를 통해 더 아름다운 가치를 만들어내는 철학을 담고 있다. 다시 말해, 깨지기 전의 순수한 아름다움보다 삶의 과정에서 획득한 불완전함을 지속적으로 받아들이는 한 차원 높은 미의 개념이다. 이는 와비사비(侘び寂び) 철학, 즉 불완전함 속에서 아름다움을 발견하는 일본의 사고방식과 밀접한 관련이 있다.

에메멤(Ememem)은 불완전함의 미를 받아들이는 킨츠기의 철학을 도시 차원에서 구현하는 작가다. 스스로를 보도 외과의사라 부르는 그는 도로포장이 파인 곳을 찾아 예술적인 모자이크로 메우는, 이른바 '플래킹'(Flacking) 연작을 만드는 작가다.[7]

〈그림 6〉 킨츠기와 보도 모자이크
깨진 도자기를 금가루와 옻칠로 수리하는 킨츠기와
깨진 보도를 모자이크로 채워 넣는 에메멤의 거리 예술은
삶의 불완전함 속에서 아름다움을 발견하는 시간의 예술이다.

노이즈는 생명 활동의 필수 요소

많은 사람이 사후에 천국과 지옥이 기다리고 있다고 믿는다. 천국은 고통이 없는 순수한 아름다움의 세계이며, 지옥은 기쁨이 없는 노이즈로 가득 찬 세상이다. 둘 중 한 곳을 가야 한다면 사람들은 당연히 천국행을 택할 것이다.

그냥 편하게 있는 그대로의 세상을 하루하루 아무 걱정 없이 사는 무탈·무난·무해·무욕의 세상은 생각만 해도 지루하다. 하루이틀도 아니고 천년만년을 이렇게 살아야 한다면 사람들은 점점 변화와 자극을 갈망하게 될 것이다. 삶을 고통과 지루함 사이를 오가는 추에 비유한 쇼펜하우어의 해석을 확장한다면, 지옥은 고통이고 천국은 지루함이다.

우리가 살고 싶은 곳은 기쁨과 사랑만으로 가득 찬 세상이 아니라, 고통과 위험이 공존하는 세상이다. 고통과 슬픔을 아는 사람만이 진정한 아름다움의 가치를 느낄 수 있다. 불확실성, 위험, 마찰, 잉여, 운과 같은 삶의 노이즈 없이 효율성만을 기반으로 움직이는 세상은 아름다움, 창의력, 판타지, 쾌락, 영감, 시가 존재하지 않는 메마른 곳이 될 것이다.[8]

노이즈는 생명 유지와 진화를 위한 필수 요건이다. 우리 몸은 호모사피엔스라는 단일 종만 살고 있는 공간이 아니다. 몸은 생명의 노이즈라 할 수 있는 수많은 미생물이 함께 살아가는 거대한 생태계다. 언뜻 우리가 온전히 통제하고 있다고 믿는 우리 몸 안에는 무려 4만 종, 수십조 개체 이상의 미생물이 함께 살아간다. 이중 900종은 콧속에, 800종은 볼 안쪽에, 1,300종은 잇몸에, 입에서 항문으로 이어지는 소화기관을 따라서는 3만 6,000종이 서식하고 있다.[9]

특히 장 내부의 미생물은 소화를 도울 뿐 아니라 뇌와 소통하며 감정과 지각에 영향을 미친다.[10] 항생제를 과용하면 이들의 개체 수가 줄어들어 생태계가 교란되어 중증 대장염이나 패혈증이 생기고, 심한 경우 사망에 이를 수도 있다. 이를 치료하려면 건강한 사람의 변에서 추출한 미생물을 대장 내시경이나 캡슐 복용을 통해 다시 환자의 장으로 투여하는 '미생물 이식'을 해야 한다.[11]

생명체의 존속을 위해 필요한 진화의 메커니즘도 에러와 노이즈를 매개로 작동한다. 진화의 원재료라 일컬어지는 돌연변이는 DNA 복제 오류라는 내부 노이즈와 자연 방사선, 화학물질과 같은 외부 노이즈에 의해 염기서열이 일부 변형되면서 만들어진다. 돌연변이가 없는 생명체는 환경 변화에 적응하지 못하고 멸종한다. 특히 환경적 스트레스를 받을 때, 세포는 돌연변이 비율을 의도적으로 높여 유전적 다양성을 확보하고, 이를 통해 변화된 환경에 더 잘 적응할 수 있는 개체를 만들어내려는 전략을 취한다.[12]

언어에 때 묻지 않은 순수함과 고귀함만이 존재한다면 삶은 지루하고 무미건조할 것이다. 농담, 비평, 풍자가 없는 세상은 재미가 없고 발전도 없다.

욕설은 말의 순수성을 해치는 노이즈다. 우리가 흔히 생각하는 욕설의 기능은 내부 감정을 외부로 폭발시켜 불만과 스트레스를 해소하는 것이지만, 의외로 욕설은 신체적 고통을 감소시키는 기능도 가지고 있다. 영국 킬리 대학의 심리학자들은 얼음이 담긴 찬물에 손을 담그고 얼마나 오래 버틸 수 있는지 실험했다.[13] 참가자들은 손을 담근 채, 처음에는 중립적 단어를 반복적으로 말했고, 두 번째는 욕설을 반복적으로 말했다.

결과는 욕설을 할 때 통증 내성과 심박수가 증가하면서 찬물에서 더 오래 버틸 수 있는 것으로 밝혀졌다. 이는 욕설이 통증에 대한 두려움을 줄여 통증을 덜 느끼게 하기 때문이다. 우리가 순간적으로 심한 고통을 느낄 때 내뱉는 비명이나 욕설에는 이렇게 정신적·육체적 고통을 경감시키려는 긍정적 기능이 숨어 있는 것이다.

노르웨이 어부들이 정어리를 잡아 항구로 돌아올 때, 수조 안에 천적인 메기를 풀어 넣어 정어리 떼가 계속 긴장하고 움직이게 한다는 이야기는 유명하다. 메기라는 노이즈가 존재하지 않는 정어리만의 세상은 걱정과 근심 없는 천국으로 보이겠지만, 곧 나태·무기력·죽음으로 이어질 수밖에 없는 건강하지 않은 환경이다.

우리에게 필요한 것은 순수함과 노이즈의 적절한 균형이다. 독일의 예술가 픽스하우스(Pickshaus)는 완전하지 않은 다양한 요소가 함께 만드는 긴장 상태로부터 이러한 균형이 얻어진다고 했다.[14] 영국의 작가 알랭 드 보통(Alain de Botton)은 우리에게 예술이 필요한 이유는 소박함과 화려함, 안전과 위험, 논리와 상상, 지루함과 쾌락 같은 삶의 두 극단 사이에서 조화로운 황금비를 찾기 위함이라고 말했다.[15] 노이즈는 삶의 필수 요소다. 노이즈가 만드는 긴장은 불편하지만, 바로 그 불편함이 우리를 깨우고, 더 나은 것을 향한 열망을 일으킨다.

5. 낡음
허물어지고 소멸하는 모든 것

촌스러움과 세련됨

현대 문명은 낡고 늙어가는 것을 혐오한다. 늙지 않는 젊음을 준다는 안티에이징 화장품은 불황을 모르고 팔려나가고 방송에서는 매일같이 중년 연예인 얼굴을 보여주며 방부제 미모라고 호들갑을 떤다. 하지만 노화는 어길 수 없는 자연의 법칙이다. 화장, 조명, 보톡스, 성형으로 언뜻 젊어 보이는 얼굴을 연출할 수는 있지만, 세월의 흔적은 당신의 외모 구석구석에 이미 새겨져 있으며 체형, 말투, 표정을 통해 드러난다.

열역학 제2법칙에 의하면 닫힌 시스템 안의 모든 것은 시간이 지남에 따라 엔트로피, 즉 무질서도가 증가하는 방향으로 변해간다. 이에 따라 사람도, 나무도, 돌덩이도, 집도 세월과 함께 낡고 늙고 풍화되며, 결국에는 흩어지고 소멸한다. 낡음은 되돌릴 수 없는 상실과 아쉬움의 여정일 뿐인가?

낡음에서 비롯되는 독특한 감정 중 하나가 촌스러움이다. 이 부정적이면서도 정겨운 감정의 정체는 무엇인가? 우연히 꺼내든 옛 사진은 우리를 추억에 잠기게 하지만, 동시에 '아, 그때는 왜 이리 촌스러웠나' 하는 느낌을 준다. 드라마 「응답하라 1988」에서 따뜻함과 정겨움으로 포장되었던 그 시절 모습은, 사실 의도적으로 연출된 촌스러움이다. 그 시절이라고 세련되게 옷 입은 사람이 왜 없었겠으며, 석유 곤로로 음식을 해 먹는 가구가 얼마나 많았겠냐마는, 연출가들은 더 낡고 뒤처지고 촌스러운 소품으로 과거로의 여행을 더 생생하게 만들었다.

이렇게 완성된 뭔가 어색한 옷 형태와 색, 대충 자른 머리 스타일, 투박한 인테리어와 가재도구가 어우러진 드라마 배경은 강렬한 향수를 불러일으켰고 드라마는 큰 성공을 거뒀다. 드라마를 보면서 눈물을 흘렸던 당신은 그 시절이 그립다고 말하지만, 막상 그 삶의 방식을 현재로 가져와 똑같이 살고 싶지는 않을 것이다. 스타일은 촌스럽고, 삶은 불편하며, 이웃과 가족의 간섭은 성가시기 때문이다.

국립국어원 표준국어대사전은 '촌스럽다'의 의미를 "어울린 맛과 세련됨이 없이 어수룩한 데가 있다"라고 정의한다. 한국어 '촌스럽다'는 글자 그대로 도회지의 멋스러움과 대비되는 시골의 투박함을 함축한다. 따라서 2025년을 살아가는 우리 눈에 비친 1988년의 서울은 시골이다. 마찬가지로 자율주행차, 드론형 택시, 휴머노이드가 거리를 점령한 2050년을 살아갈 사람들이 되돌아볼 2025년 대한민국은 시골이다. 이렇게 기억 속의 과거는 시골이 된다. 촌스럽지만 정이 넘치는.

패션이라는 관점에서 촌스러움이 발생하는 이유는 여러 가지다. 어울리지 않는 색이나 형태의 조합, 허술한 품질을 우선 생각할 수 있다. 하지만 촌스러움을 느끼는 궁극적 이유는 미적 기준의 충돌이다. 내가 구매하고 선택하는 모든 물건의 스타일에는 나의 가치관이 투영되어 있다. 그런데 이 기준은 끊임없이 변하고 업데이트된다. 따라서 지금 내 관점에서 바라보는 과거의 스타일 혹은 남의 스타일은, 그 달라진 기준의 차이만큼 어색하고 옳지 않은 느낌을 준다.

하지만 미적 기준이 다르다고 해서 모든 것이 다 촌스럽고 어색해 보이는 것은 아니다. 예를 들어 1800년대 유럽 도시를 배경으로 정장을 입고 다니는 사람들의 사진을 볼 때 그들이 촌스럽다고 생각하지 않는다. 비단 유럽의 사진뿐만이 아니다. 조선 시대 서민들의 모습을 보더라도 혹은 동시대 아프리카 원주민의 사진을 보더라도, 우리는 촌스럽다는 부정적인 판단을 내리지 않는다. 그 이유는 내가 직접 경험한 세계와 동떨어진, 내 체험의 지평선 너머 다른 세상이기 때문이다.

그곳은 나의 미적 기준과 충돌하지 않는 별개의 세상이다. 우리는

〈그림 1〉 빌헬름 부거가 1869년에 찍은 조선인 형제 사진
내 경험의 세계 바깥에 있는 대상은
미적 판단의 범위 바깥으로 밀려난다.
객관적으로 바라본 대상은 촌스럽다기보다
이국적이고 독특하게 보인다.

그 모습을 멀리서 객관적으로 바라보며 '다르다' '이국적이다' 혹은 '독특하다'고 해석한다. 시대가 변하고 스타일이 다르고 생긴 모습과 헤어스타일이 완전히 달라도 그것이 유행에 뒤떨어진 디자인이라고 생각하는 사람은 없다. 오히려 그 수작업의 공들인 마무리와 뻔하지 않은 스타일이 멋있어 보이기까지 한다. 결국 촌스럽다는 느낌은 그 대상이 내가 구축해온 경험의 세계 안으로 들어왔을 때 만들어지는 주관적 판단이며, 그 세계 바깥의 대상들은 내 판단의 범위 밖으로 밀려난다.

이와는 반대로 20년 전 내 사진은 내가 직접 경험한 세계다. 내가 가진 현재의 미적 기준과 과거의 미적 기준이 내 경험의 세계 안에서 서로 충돌한다. 내 미적 기준은 기술의 발전과 유행의 변화를 따라 천천히 변해왔다. 우연히 꺼내 본 옛 사진을 통해 십수 년간 누적된 큰 변화가 한꺼번에 망막으로 쏟아져 들어온다. 현재의 유행에 젖어 있는 우리에게 긴 세월을 단숨에 뛰어넘는 한 장의 사진은 강렬한 향수와 적응하기 힘든 낯섦을 동시에 전한다.

미국의 역사학자 데이비드 로웬덜(David Lowenthal)은 『과거는 낯선 나라다』에서 손에 잡힐 듯 생생히 각인되어 있다고 믿는 과거는 사실 현재의 내가 만들어낸 일종의 가상 세계이며, '타국'처럼 멀고 낯선 곳이라고 말한다.[1] 실제로 기억은 고정된 사실을 재출력한 것이 아니라, 흩어진 기억의 조각들이 끊임없이 수정되고 재편집되는 동적 과정이다. 내가 기억하는 과거와 사진 속 과거는 일치하지 않을 가능성이 크다.[2] 잘 알고 있다고 생각했던 과거가 눈앞에 낯설게 나타날 때, 그 어색함은 촌스럽다는 판단으로 이어진다.

게다가 기술과 유행이 급변하는 현시대에는 불과 10년 전의 과거도 마치 먼 옛날처럼 느껴질 수 있다. 서랍 속에서 우연히 발견한, 채 10년도 지나지 않은 구형 스마트폰이 마치 타임캡슐을 열어보는 것 같은 감흥을 주는 것도 빠르게 변하는 세상이 만들어낸 착시다.

현대 디자인 산업은 새로움이 낡음으로 바뀌는 기간을 극도로 압축시키는 전략을 취한다. 특히 패스트 패션(fast fashion)이라 불리는 현대 의류산업은 판매량 증대를 위해 유행의 주기를 단축했다. 작년까지 쫄바지라 불리던 스키니진이 유행했는데, 올해는 통 넓은 바지가 매장과 광고를 뒤덮는다. 소비자들은 처음엔 어색하게 느끼지만 광고, TV, 인터넷, SNS가 쏟아내는 거대한 유행의 파도에 휩쓸려 점차 그것을 멋있고 힙한 것으로 받아들인다. 이렇게 어떤 대상에 노출되는 횟수가 많아질수록 그 대상에 대한 호감도가 증가하는 경향을 단순 노출 효과라고 한다. 의류 업체들은 올해 팔리지 않는 제품들을 할인 판매로 소진하거나 폐기해 '작년 유행은 이제 잊어버려!'라고 강요한다.

이렇게 제품의 사용 연한을 의도적으로 단축시켜 소비자들이 지속적으로 새 제품을 구매하도록 유도하는 전략을 '계획적 노후화'

라 부른다.[3] 의류산업뿐 아니라 전자제품과 자동차 같은 첨단산업에서 즐겨 구사하는 이러한 전략에 따라, 업체들은 소비자가 몇 년 안에 새 제품을 다시 구매할 것을 전제로 내구성·성능·디자인을 결정하며, 신상품에 대한 대대적 마케팅을 통해 전년도 모델은 한물간 구식이라는 메시지를 적극적으로 전달한다. 이와 동시에 소비자가 제품을 고쳐 쓰기보다 새로 사는 게 낫다는 인식을 심어주기 위해 부품 조달이나 수선을 의도적으로 어렵게 만들기도 한다.

친환경 순환경제를 가로막는 이런 전략은 트렌드에 뒤지지 않으려는 소비자의 사회적 욕구와 매출을 높이려는 기업의 경제적 욕구가 맞물리면서 거스르기 힘든 현대 자본주의 사회의 보편적 현상으로 자리 잡았다.

고물과 골동품

1921년, 영국의 철학자 버트런드 러셀(Bertrand Russell)은 "지구가 5분 전에 만들어졌을 수도 있다"는 사고실험을 제시한다. 그는 세상이 5분 전에 완전히 허구적인 과거를 기억하는 인류와 함께 생겨났다고 해도 논리적으로 불가능한 일은 아니라고 말했다.[4] 지구의 나이를 고작 5분으로 압축한 러셀의 가정은 누가 들어도 비현실적이지만, 20세기 이전까지 대중은 지구의 나이가 고작 6,000년이라고 생각했다.

아일랜드의 성공회 대주교이자 학자였던 제임스 어셔(James Ussher)는 1650년 『구약 연대기』라는 저작에서 구약성경의 계보와 역사적 기록을 꼼꼼히 분석한 후, 천지창조가 기원전 4004년 10월 23일 저녁에 일어났다고 결론을 내린다. 우주, 지구, 인간의 역사가 지금으로부터 약 6,000년 전 한꺼번에 시작되었다는 그의 이론은 19세기까지 영어권 기독교계에서 광범위하게 받아들여졌다.

18세기 중반까지, 유럽에서 낡은 것을 매력적으로 받아들이는 생각은 보편적이지 않았다.[5] 낡은 것은 부패, 퇴락, 무질서의 징표로 여겨졌다. 물론 17세기 이후 귀족 사회와 예술가들을 중심으로 로마와 이집트 등 사라진 제국의 폐허가 주는 장엄함과 숭고함을 서브라임, 픽처레스크, 노스탤지어의 감정으로 해석하는 낭만주의적 논의가 전개되기도 했다. 그러나 45억 년 지구 역사를 고작 6,000년으로 인식하던 당시 대중에게 현대인들이 느끼는 무한한 시간에 대한 압도적 경외감은 존재하지 않는 감정이었다.

20세기 과학의 발전으로 인류는 우주와 지구와 인류의 나이를 알게 되었고, 무한한 시간 속 찰나를 사는 인간은 너무나 미미한 존재라는 것을 인식하게 되었다. 이것은 시간의 흔적을 드러내는 낡음에 대한 로맨틱한 감정을 대중적으로 확산시켰다. 이렇게 현대인은 낡음을 바라보는 혐오와 동경 두 갈래 관점이 혼재된 세계관을 지니게 되었다.

과거를 바라보는 인식에는 '쇠락'과 '고색창연'이라는 대립적 개념이 공존한다.[6] '쇠락'이 촌스러움이나 성능 저하 같은 고물(古物)의 부정적 의미를 떠올리는 것과 달리, '고색창연'은 시간이 지나면서 매력과 가치가 상승하는 골동품(骨董品)의 긍정적 의미를 담는다. 낡음에서 느끼는 두 감정은 우리가 사물에 덧씌우는 동시대성과 역사성이라는 두 상반된 가치에서 온다.

패션 아이템이나 전자제품처럼 최신 기술과 유행을 따르는 제품들은 동시대적 가치를 얻으려는 대중에게 소비된다. 따라서 오래된 사진 속 과거의 물건들은 동시대적 가치를 잃어버린 구닥다리로 보일 가능성이 크다. 하지만 이제는 구하기 힘든 독특한 디자인이나 공예적 품질을 지닌 물건은 오히려 역사적 가치가 더해지면서 골동품의 지위를 획득한다. 표면의 마모와 흠집마저도 시간의 흔적으로서 의미를 얻고 과거의 향수를 자극하는 매개체가 된다.

역사적 가치를 지향하는 디자인 제품에는 앤티크, 빈티지, 레트로라는 세 가지 유형이 있다. 비슷하게 들리지만, 셋 사이에는 명확한 의미 차이가 있다. 앤티크(Antique)는 옛 프랑스어에서 유래된 단어로 오래됨을 뜻한다. 골동품 업계에서 앤티크라고 불리는 것은 만들어진 지 최소 100년이 넘은 품질 좋은 공예품을 말한다.

앤티크 제품은 생산된 지 한 세기가 넘었기 때문에 남아 있는 수량이 많지 않아 진귀하고 값비싼 수집품으로 여겨진다. 특히 기계

〈그림 2〉 오스트리아 빈의 빈티지 스타일 카페
1980년대에 만들어진 기차 시간 안내판, 기타, 전화기, 가구 등
진짜 빈티지 소품과 함께 의도적으로 부식시킨
빈티지 스타일의 창틀과 테이블을 조합한 세련된 인테리어.

화·자동화에 밀려 과거의 수공예 기법이 사라져버린 경우, 희소성의 가치를 더욱 인정받는다. 앤티크 제품을 팔 때 중요한 것은 족보다. 언제 어디서 생산되었고 누가 그 제품을 소장했는지에 대한 기록이 있어야 고가에 팔 수 있다.

빈티지(Vintage)는 앤티크만큼 오래된 제품은 아니지만 수십 년 이상 시간이 흘러 이전 세대 느낌을 주는 제품이다. 빈티지는 원래 와인이 생산된 연도와 장소를 지칭하는 말이다. 와인을 뜻하는 라틴어 'vinum'에서 유래되었고, 이후 과거의 향수를 부르는 디자인 제품을 일컫는 의미로 확장되었다.

많은 카페가 빈티지 인테리어를 선호한다. 수십 년 된 창문, 조명, 테이블, 의자 등을 사용하기도 하지만, 새 제품을 일부러 부식시키고 상처를 내 빈티지를 흉내 내기도 한다. 리바이스 같은 청바지 브랜드도 옷감을 탈색시키고 흠집을 내 빈티지한 느낌을 만들어낸다. 이들은 실제 빈티지 제품이 아니라 '빈티지 스타일' 제품이라 부르는 것이 정확하다.

레트로(Retro)는 회상을 뜻하는 영단어 'retrospect'의 줄임말로, 보통 1950~80년대 사이 디자인을 현대적으로 재해석하거나 복고적으로 재현한 제품을 일컫는다. 우리나라에서도 인기 있는 이탈리아 주방용품 회사 스메그(SMEG)의 제품들이 레트로의 대표적 사례다. 단순하고 유기적인 곡선을 강조한 1950년대 미드센추리 모던

〈그림 3〉 레트로 스타일로 제작되는 SMEG사 가전제품
폭스바겐 비틀의 둥근 디자인으로 대변되는
1950년대 미드센추리 모던 스타일을 지향한다.

(Mid-century Modern) 스타일을 지향한다. 실제로 오래전에 만들어진 앤티크나 빈티지와 달리, 레트로는 과거 스타일을 차용한 신상품이다.

일반적인 노후화가 기능 저하를 의미한다면 앤티크, 빈티지, 레트로는 시간의 흔적이 미적 가치로 승화된 아우라를 갖는다. 그 의미가 삶을 풍요롭게 하고, 그것을 알아본 구매자의 문화적 자부심을 충족시켜준다. 한 가지 유의할 점은 앤티크, 빈티지, 레트로 제품을 구매했다고 해서 곧바로 멋진 인테리어나 패션이 완성되지 않는다는 점이다. 세상 모든 것이 그렇듯 구색을 맞추는 것, 즉 코디를 잘하는 것이 중요하다.

특히 복고풍의 공예적 질감과 정교한 장식이 매력인 이들 제품을 돋보이게 하기 위해서는 현대적이고 미니멀한 배경이 필요하다. 구매한 제품이 가구라면 현대적이고 세련된 인테리어 공간에 놓아야 그 효과가 극대화된다. 하이테크 미니멀 인테리어에 놓인 빈티지 가죽 소파, 레트로 냉장고, 100년 된 철제 촛대는 그 극명한 대비로 시선을 집중시키는 핫 아이템이 된다. 이렇게 과거와 현재를 크로스오버하는 것, 이것이 낡음 속에서 신선함을 끄집어내는 비결이다.

고가의 SMEG 주방 제품들이 최근 큰 인기를 얻는 것도 미니멀한 주방 인테리어가 확산했기 때문이다. 이런 주방은 SMEG의 우아한 형태를 오브제로 부각시키는 배경이 되었다. 패션에서도 마찬

가지다. 당신이 앤티크 반지와 1950년대 빈티지 시계를 차고 싶다면, 찢어진 청바지에 형광색 점퍼를 걸치기보다는 깔끔한 무채색 정장을 입는 것이 타인의 시선을 액세서리로 자연스럽게 이끈다. 고전적 장식을 간직한 백 년 넘은 건축유산을 리모델링할 때 장식 없는 메탈과 유리 등의 인더스트리얼 재료를 사용하는 것도 같은 맥락의 크로스오버 기법이다.

죽음과 상실의 미학

앤티크, 빈티지, 레트로의 디자인 흐름이 말해주듯 낡음을 대하는 인간의 감정이 반드시 부정적인 것은 아니다. 때로는 표면에 새겨진 세월의 흔적과 상처에서 자연의 생명력과 시간이 빚어낸 아름다움을 느끼기도 한다. 새것이 낡은 것으로 변하는 과정은 가장 자연스러운 상태로 돌아가고자 하는 자연의 법칙이다.

허물어지고 사라져가는 것들은 우주적 시간의 흐름 속 찰나에 불과한 삶의 유한성과 덧없음을 가늠하는 지표로서, 우리에게 장엄한 슬픔과 아름다움을 동시에 느끼게 해준다. 폐허미(Ruin Beauty)라 정의할 수 있는 이러한 감정은 자연미(Natural Beauty)와 예술미(Artistic Beauty) 가운데 어느 한쪽에 속하지 않으면서도 이 두 가지 아름다움의 영역을 아우르는 새로운 미적 가치다.[7] 우리가 노스탤지어라 부르는 과거에 대한 향수가 바로 폐허미의 감정이다.

노스탤지어(Nostalgia)는 그리스어로 귀향을 뜻하는 'nostos'와 고통을 뜻하는 'algos'가 합쳐진 말이다. 이것은 17세기 후반 스위스의 의사 요하네스 호퍼(Johannes Hofer)가 스위스 용병들이 고향을 떠나 외국에서 복무하면서 겪었던 정신적 고통을 설명하기 위해 고안한 단어다.[8] 당시 스위스 용병 중에는 극심한 향수병으로 무기력, 발열, 통증을 겪거나 심지어 목숨을 잃는 경우가 있었고, 호퍼는 이를 일종의 뇌 질환으로 보았다. 이후 노스탤지어의 의미는 고향이나 과거에 대한 그리움, 허물어지고 소멸하는 물질과 생명에 대한 그리움으로 확대되었다.

인간의 삶에 있어 낡음의 마지막 단계는 죽음이다. 우리는 폐허를 바라볼 때와 같은 종류의 장엄미를 죽음에 도달한 인간의 모습에서도 느낀다. 1800년대 중반 빅토리아 여왕 시대 영국에서는 '메멘토 모리 인물 사진'(Memento mori photographic portraiture)이 유행했다. 메멘토 모리는 라틴어로 '당신도 죽는다는 것을 기억하라'는 뜻이다. 콜레라 등의 각종 전염병으로 많은 사람이 죽었던 이 시기, 사람들은 때마침 보급된 사진 기술을 이용해 죽은 자와 함께 가족사진을 찍는 것을 중요한 장례 의식으로 받아들였다.

〈그림 4〉의 ①에서 흰옷을 입은 여자아이는 죽은 상태다. 뒤쪽에 받침대를 세워 몸을 고정하고 살아 있는 손위 형제들과 함께 마지막으로 기념사진을 찍었다. ②에서 부모는 죽은 딸을 가운데 놓고

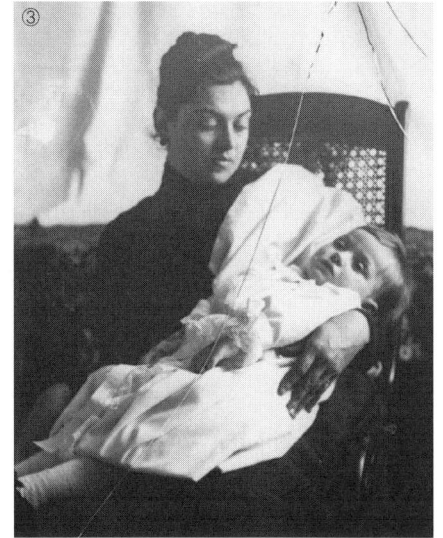

〈그림 4〉 1800년대 중반 영국의 메멘토 모리 인물 사진
당시 영국 사회는 가족 구성원들이 죽은 자의
시신과 함께 포즈를 취하고 기념 사진을 찍는 것을
중요한 장례 의식으로 받아들였다.

함께 포즈를 취했다. 이 시기 카메라의 긴 노출 시간 때문에 움직이지 않는 죽은 자의 얼굴은 선명하게 나오고 반대로 살아 있는 사람의 얼굴은 그 떨림으로 희미하게 나오는 경우가 많았다.[9] 이 때문에 죽은 사람이 오히려 살아 있는 것처럼 생생하게 연출되는 역설적 결과가 만들어졌다. ③은 엄마가 죽은 어린 딸을 안고 있는 기념사진이다.

현대적 관점에서 이들 사진은 매우 기괴하고 심지어 부적절하게 보인다. 어떻게 죽은 시체를 일으켜 세워 옷을 입히고 살아 있는 사람들과 여러 가지 자세로 기념사진을 찍을 생각을 했을까? 이것을 이해하려면 우선 죽음이 갖는 의미가 과거에는 현재와 얼마나 달랐는지를 이해할 필요가 있다.

1580년에서 1800년대 말까지, 영국에서 태어난 아기 1,000명당 150~200명이 12개월 안에 사망했다. 다시 말해 15~20퍼센트가 한 살이 채 되기 전에 죽었다.[10] 메멘토 모리 사진이 한창 유행하던 1800년대 중반, 어린 자식이 죽는 것은 흔한 일이었고 성인도 대부분 50세 전에 사망했다. 1841년 기준 영국인의 평균수명은 남성 40세, 여성 42세에 불과했다.[11] 한마디로 1800년대 말까지 인류에게 죽음은 지금처럼 특별한 일이 아닌 주변에 늘 존재하는 것이었다.

핵가족과 개인주의로 대변되는 현대사회와 달리 대가족과 마을 공동체를 바탕으로 했던 당시의 사회에서 죽음은 일상에 스며 있는, 슬프지만 담담하게 받아들일 수밖에 없는 보편적 경험이었을 것이다. 메멘토 모리 사진은 우리 눈에 기묘하게 비칠지 모르나, 삶의 일부로서 죽음을 아름다운 기억으로 간직하려 했던 빅토리아 시대 사람들의 순수한 마음을 드러낸다.

죽음을 삶의 일부로 받아들이는 마음가짐을 21세기를 살아가는 현대인은 좀처럼 이해하기 힘들다. 의학의 발달과 의료 서비스의 접근성 개선으로 일단 태어난 아기는 대부분 건강하게 자라 성인이 된다. 성인이 된 자녀들은 할아버지나 할머니의 죽음을 경험할 때까지 좀처럼 가까운 사람의 죽음을 겪을 기회가 없다. 게다가 마지막 순간은 대부분 집에서 멀리 떨어진 병원에서 찾아오기 때문에, 죽음에 대한 경험은 일상으로부터 격리된 장례식장이라는 특수한 공간에서의 짧은 조문으로 간단히 마무리된다.

길어진 수명과 함께 여행, 건강, 웰빙이 인생의 최우선 가치가 됐으며, 인터넷을 기반으로 한 OTT, SNS, 게임 등 수많은 종류의 가상 세계가 현실 세계에 더해지면서 삶에 대한 경험은 세분화되고 깊어지고 확장되었다. 이렇게 삶은 길고 다채로운 여정이 되고, 죽음은 먼 곳의 이야기처럼 낯설게 느껴지는 우리에게, 죽음을 삶의 일부로 받아들이고 죽은 자와 함께 다정한 자세로 마지막 기념사진을 찍었던 빅토리아 시대 사람들의 감성은 특별하게 느껴진다.

데이비드 프랭클 감독의 2016년 작 「나는 사랑과 시간과 죽음을 만났다」(Collateral Beauty)에서 에이미(키라 나이틀리)는 딸을 잃은 슬픔으로 방황하는 하워드(윌 스미스)에게 이렇게 말한다.

"고통 속 아름다움을 보지 못한다면, 너는 충분히 깊이 들여다보지 않은 것이다."[12]

모든 아픔 속에 아름다움이 스며 있다는 이 말은 영화의 원제 "Collateral Beauty"의 의미인 '이면의 아름다움'을 잘 설명한다. 죽음이란 내 몸을 이루기 위해 잠시 모여 있던 원자들이 다시 우주로 흩어지는 과정이다. 낡고, 허물어지고, 흩어지고, 마침내 소멸하는 죽음의 과정은 내가 사랑했던 존재들과 이 세상에 잠시 머물렀던 내 삶의 순간들을 더욱 선명한 노스탤지어의 감정으로 새겨준다. 떠나보낸 것들에 대한 기억은 슬프면서도 장엄하고, 그래서 아름답다.

형태 너머의 가치를 찾아서

• 에필로그

런던 웨스트엔드의 아스토리아 극장은 롤링스톤즈, 너바나, 오아시스, 라디오헤드 같은 세계적 밴드들이 공연했던 유서 깊은 공연장이다. 이 건물 지하에는 '민 피들러'라는 작은 보조 공연장이 있는데, 무명 밴드나 전성기가 지난 밴드가 주로 공연했다. 2003년 1월, 이곳에서 영국 웨일즈 출신 밴드 '버지'(Budgie)가 공연했다. 이들은 1970년대에 전성기를 맞았지만 큰 히트곡이 없었다. 하지만 1980년대 한국에서 라디오를 통해 프로그레시브 메탈의 선구자로 소개되면서 「Parents」「Breadfan」 같은 곡으로 매니아들의 큰 호응을 얻었다. 한국에서 신비감을 가지고 접했던 밴드를 직접 볼 수 있다는 생각에, 룸메이트와 들뜬 마음으로 표를 예매했다.

어둠이 내린 공연장 입구, 일찍 도착한 팬들이 줄을 서고 있었다. 그런데 분위기가 보통 사람들과 사뭇 달랐다. 긴 머리에 온몸에 문신을 한, 쇠사슬 장식이 달린 가죽점퍼를 입은, 하지만 주름이 깊은 50대 전후의 남성들. 반항아의 삶을 대변하는 펑크한 복장과 세월에 지친 듯한 그들의 표정은 묘한 대비를 이루었다. 70년대에 밴드와 함께 저항의 젊음을 보냈던 그들이 소수의 컬트 팬으로 남아, 그 시절 복장을 꺼내 입고 이곳에 모인 것이리라. 해방을 꿈꿨던 그 세계로 다시 돌아가기 위해. 공연이 시작되자 그들 사이에서 어색해하던 동양에서 온 두 젊은이도 순식간에 컬트 집단의 일원이 되었다.

「Young is a World」. 노스탤지어를 느낄 때 찾아 듣는 버지의 명곡이다. 노랫말처럼, 젊음은 우리가 종종 찾아가는 하나의 세상이며, 사랑이 없다면 삶은 단 하루를 사는 것처럼 덧없는 찰나일 뿐이다. 우리는 손에 잡히는 것만을 실체로 여기지만, 지난 시절 우리가 만났던 수많은 얼굴, 살던 집, 동네, 학교의 모습 또한 기억과 꿈속에 살아 있는 세상의 모습이다.

형태를 가진 것은 결국 흩어지고 사라진다. 버지를 만났던 아스토리아 극장은 2009년 철거되었고, 버지의 베이시스트이자 보컬인 버크 셸리(Burke Shelley)는 2022년 세상을 떠났다. 하지만 그들의 얼굴과 공연장은 이미 내 세상의 일부가 되었다.

기억은 형체가 없다고 말하기 전에, 눈앞의 형태 또한 허상에 가깝다는 것을 인정해야 한다. 색즉시공(色卽是空) 공즉시색(空卽是色), '형태는 빈 것이고, 그 빈 것이 곧 형태'라는 이 말은 649년 당나라 삼장법사 현장(玄奘)이 인도의 불교 경전 반야경을 번역한『반야심경』(般若心經)의 핵심 구절이다. 이것은 과학적 발견이라기보다 형이상학적 통찰의 결과다. 그런데 놀랍게도 이로부터 1,300년이 지난 1909년, 핵물리학자 어니스트 러더포드(Ernest Rutherford)는 물질의 기본단위인 원자 내부가 실제로 비어 있다는 것을 확인한다.

러더포드의 비유에 의하면, 콘서트홀의 한가운데 떠 있는 각다귀를 원자핵이라고 했을 때, 전자는 콘서트홀을 감싸는 외벽만큼 멀리 떨어져 있다. 원자에서 핵이 차지하는 부피는 대략 1×10^{-15}에 불과하고 전자의 부피는 아예 없다고 봐도 무방하므로, 원자는 사실상 99.9999999999999퍼센트 빈 공간으로 구성되어 있다.

원자의 내부가 텅 비어 있다면, 왜 우리는 유령처럼 벽을 통과할 수 없는가? 과거에 과학자들은 전자가 원자핵 주위를 마치 지구가 태양을 공전하듯 돈다고 생각했다. 하지만 전자는 궤도를 그리지 않는다. 마치 안개처럼 원자핵 주변에 확률 구름으로 흩어져, 그 정확한 위치를 측정할 수 없다. 다시 말해, 원자 내부는 텅 비어 있지만, 동시에 질량과 부피가 없는 전자구름이 희미한 안개처럼 그 안을 채우고 있다. 벽은 그 안의 원자들이 규칙적으로 배열되면서 만들어낸 무수히 많은 전자구름의 집합체다. 그것의 전자기적 반발력 때문에 벽은 딱딱하게 느껴지며 우리 몸은 그 안을 통과할 수 없다.[1]

영화 「앤트맨」(2015)에서 인간을 개미만큼 작게 만드는 방법이 소개된다. 펌 박사가 발견한 펌 입자는 물체를 구성하는 원자들 사이의 간격을 줄이거나 늘려준다. 이를 통해 주인공의 키는 1.27센티미터, 원래 키의 약 140분의 1로 줄어든다. 이 영화적 상상력을 극한으로 밀어붙여보자. 만약 지구를 구성하는 원자 사이의 간격이 줄다 못해 원자핵끼리 서로 다닥다닥 붙어버린다면? 즉, 원자들의 빈 공간을 모두 제거하면 지구는 얼마나 작아질까? 간단한 계산식은 다음과 같다.

구의 부피 공식: $\dfrac{4}{3}\pi r^3$

지구 평균 반지름: 약 6,371,000m

지구 부피 $\approx 1.083 \times 10^{21} m^3$

원자 부피 중 핵이 차지하는 비율: 1×10^{-15}

핵만으로 이루어진 지구 부피: $(1.083 \times 10^{21}) \times (1 \times 10^{-15})$

$$= 1.083 \times 10^6 m^3$$

핵만으로 이루어진 지구의 반지름 $\approx 64.0m$

원자 속 빈 공간을 모두 제거한 지구는 이렇게 반지름 64미터의 공이 된다. 비현실적으로 들리는 이런 압축이 놀랍게도 우주 곳곳에서 실제로 벌어진다. 별들은 내부의 핵융합 연료가 모두 소진되는 순간, 자체 중력을 이기지 못하고 수축을 시작한다. 수축한 별은 백색왜성이 되며, 태양보다 질량이 수십 배 큰 별은 멈추지 않는 중력 붕괴로 중심 부피가 0에 가깝고 중력이 무한대인 블랙홀이 된다.

철학자 칼 포퍼(Karl Popper)는 인간에게 세 개의 세계가 존재한다고 했다.[2] '세계 1'은 있는 그대로의 '물리적 세계'다. '세계 2'는 인간의 뇌가 받아들이는 '주관적 세계'다. '세계 3'은 수학·과학·예술처럼 인간이 만들어낸 '객관적 지식'이다. 세계 1의 객관적 실체는 세계 2에서 왜곡되고 주관적으로 해석된다. 인간 문명의 위대함은 세계 2의 불완전성을 자각하고, 추론과 검증을 통해 세계 3의 지식 체계를 구축한 데 있다. 인간은 이를 도구로 세계 1을 과학적으로 이해하고 통제함으로써 문명의 진보를 이루었다. 이 책의 의도는 세계 1을 바라보는 세계 2의 주관성과 세계 3의 객관성이 만나는 지점에서 형성되는 문화적 맥락을 형태라는 키워드를 통해 찾는 것이었다.

인간은 아직도 세계 2의 왜곡된 모습을 기꺼이 현실로 받아들인다. 지구 표면은 적도 기준 시속 1,669킬로미터로 자전하고 있다. 한국에 살고 있는 당신은 북위 37.5도 기준, 총알보다 빠른 1,324킬로미터로 회전하고 있다. 하지만 중력 때문에 이를 느끼지 못하는 당신은 세상이 정지해 있다고 여긴다. 저 붉은 노을은 개나 고양이의 눈에는 회색으로 보이고, 자외선을 볼 수 있는 새의 눈에는 더 화려한 빛의 조합으로 보인다. 단지 인간의 뇌가 노을의 파장을 붉은 것으로 받아들일 뿐이다.

세상의 실제 모습은 색깔도 없고 소리도 없고 냄새도 없다.[3] 이 무색·무음·무취의 세상을 떠도는 입자들의 파장, 공기의 진동, 떠도는 분자들을 우리 뇌는 다양한 색깔, 소리, 냄새로 해석함으로써 세상을 생생하고 입체적으로 연출한다. 세상의 모습은 뇌가 만들어낸 가상현실이다. 형태는 주관적 해석이며, 속이 텅 비어 있고, 언젠가 사라진다는 과학적 사실은 세상이 찰나의 허상임을 일깨운다.

하지만 존재의 덧없음에 좌절할 필요는 없다. 인간에게는 꿈, 환상, 신화, 예술, 종교와 같은 물질 너머의 가치가 있다. 영화 「콘클라베」(2024)에서 추기경 로렌스는 예수조차 마지막에는 스스로의 믿음을 확신하지 못했다며, 만약 세상에 확신만 있고 의심이 없다면 신비함이 설 자리는 없으며, 이에 따라 신념도 필요치 않을 것이라고 말한다. 삶을 통해 얻은 지혜보다 인공지능이 내린 기계적 판단을 따르기 시작한 최초의 인류 세대인 우리가 새겨야 할 말이다.

인간 사유의 불완전함, 착각과 환상, 오해와 편견에서 비롯되는 모호함과 불확실성을 남김없이 걷어낸 세상은 무미건조하고 삭막한 곳이 될 것이다. 이 책에서 형태의 의미를 과학만이 아닌 문화적 시각으로 바라본 이유다.

'형태란 무엇인가'라는 나의 오래된 궁금증이 자라나 이 책을 구성하는 다양한 주제로 열매를 맺는 과정은 나뭇가지가 뻗어나가는 경험이었다. 돌도끼를 처음 사용했던 인류의 작은 첫걸음이 시행착오와 혁신을 거치면서 수많은 갈래의 물질문화로 확산하는 문명의 흐름도 이러한 분기형 구조를 따른다. 홀로 작업한 글의 초안이 한길사 편집팀의 도움으로 종이에 인쇄되어 독자들에게 퍼져 나가는 과정도 같은 방식을 따른다. 책의 표지는 이처럼 점에서 면으로 확산하는 흐름을 나무로 형상화한 것이다. 지금까지 부족한 글을 읽어준 독자들께 깊은 감사의 마음을 전한다.

주석 및 참고문헌

프롤로그

1) D'Arcy Wentworth Thompson, *On Growth and Form*, Cambridge: Cambridge University Press, 1917.

2) C. Williams, *Origins of Form: The Shape of Natural and Man-made Things*, Plymouth: Taylor Trade Publishing, 2013.

3) "식물의 원형이 없다면 이 모양과 저 모양이 모두 식물의 일종이라는 것을 우리가 어떻게 알 수 있었겠는가?" Johann Wolfgang von Goethe, *The Metamorphosis of Plants*, Cambridge: MIT Press, 2009, p.xvii.

4) 영국 UCL의 건축형태학자 필립 스테드먼(Philip Steadman)은 이것을 "The actual within the Possible"이라고 간단히 표현했다. Philip Steadman, *Architectural Morphology: An Introduction to the Geometry of Building Plans*, Cambridge: Cambridge University Press, 1983, p.207.

5) Philip Steadman, *The Evolution of Design: Biological Analogy in Architecture and the Applied Arts*, Routledge & Cambridge University Press, 1979.

6) Robert A. Wicklund and Peter M. Gollwitzer, *Symbolic Self Completion*, Hillsdale: Lawrence Erlbaum Associates, 1982.

7) Clark and Chalmers, "The extended mind," *Analysis* 58, 1998, pp.7-19.

제1부 몸의 형태

1. 손
다섯 개의 손가락이 만든 디지털 세상

1) M. Gentilucci et al., "Finger Control in the tripod grasp," *Experimental brain research* 149, 2003, pp.351-360, https://doi.org/10.1007/s00221-002-1359-3.

2) Michael H. Morgan and David R. Carrier, "Protective buttressing of the human fist and the evolution of hominin hands," *The Journal of Experimental Biology* 216, 2013, pp.236-244, doi:10.1242/jeb.075713.

3) Alex Bezzerides, *Evolution Gone Wrong*, New York: HarperCollins Publishers, 2021.

4) Akhlaquor Rahman and Adel Al-Jumaily, "Design and Development of a Bilateral Therapeutic Hand Device for Stroke Rehabilitation," *International Journal of Advanced Robotic Systems* 10(405), 2013, doi:10.5772/56809.

5) Michael A. Lombardi, "Why is a minute divided into 60 seconds, and hour into 60 minutes, yet there are only 24 hours in a day?" *Scientific American*, 2007, accessed May 2, 2023, https://www.scientificamerican.com/article/experts-time-division-days-hours-minutes/.

6) Lovejoy, C. Owen, "Reexamining Human Origins in Light of Ardipithecus ramidus," *Science* 326a no.5949, 2009.

7) Michael Coates, "Why do most species have five digits on their hands and feet?" *Scientific American*, 2018, accessed August 17, 2018.

8) 미국 NASA의 자료에 의하면 미국 남성의 평균 손 크기는 가로 8.9센티미터, 세로 19.3센티미터이고 여성 평균 손 크기는 가로 7.8센티미터, 세로 17.2센티미터다. 따라서 가로세로 비율은 남성이 2.17, 여성이 2.19로 정사각형 두

개를 쌓아 올린 것보다 살짝 길다.

9) Michael Imhoff, "The story of baseball's first curveball," December 1, 2018, accessed May 6, 2023, https://www.sbnation.com/2018/12/1/18119682/ the-story-of-baseballs-first-curveball.

10) 런던 버스 안전기준은 핸드레일 직경을 30~35밀리미터로 규정한다. TRL Limited, *The Transport for London (TfL) Bus Safety Standard: Occupant Friendly Interiors*, Published Project Report PPR992, 2022, p.79.

11) Anne-Dominique Gindrat is et al., "Use-Dependent Cortical Processing from Fingertips in Touchscreen Phone Users," *Current Biology* 25, 2015, pp.109-116, http://dx.doi.org/10.1016/j.cub.2014.11.026.

12) 2022년 독일항공우주센터(DLR)는 새도 덱스터러러스 핸드를 활용해 원격으로 수술 도구를 조작하는 실험을 성공적으로 수행했다. 의사가 멀리 떨어진 곳에서 로봇 손을 원격으로 조종하여 정밀한 수술 작업을 수행할 수 있다는 것은 의료 접근성이 낮은 지역에서도 고품질 수술이 가능하다는 잠재력을 보여주는 중요한 사례다.

2. 발
싸움에 끼지 말고 걷기만 하라

1) Peter J. Fernández et al., "Evolution and function of the hominin forefoot," *Proceedings of the National Academy of Sciences*, 2018, doi:10.1073/pnas.180 0818115.

2) Tom Steel, *The Life and Death of St. Kilda: the moving story of a vanished island community*, New York: HarperCollins Publishers, 1975.

3) Ron Pinhasi et al., "First Direct Evidence of Chalcolithic Footwear from the Near Eastern Highlands," 2010, doi: https://doi.org/10.1371/journal.pone. 0010984.g001

4) 1596년 존 해링턴 경(Sir John Harington)이 물탱크를 갖춘 수세식 변기를 고안해 엘리자베스 1세 여왕을 위해 리치먼드궁에 처음 설치했으나 그후 200년 동안 수세식 변기를 만드는 또 다른 시도가 없었다. 1775년 알렉산더 커밍스(Alexander Cummings)에 의해 다시 등장한 수세식 변기가 상류사회에 보급되기 시작했지만 아직 하수도 문제가 남아 있었다. 1847년 영국 정부는 런던에 대형 하수도 시설을 완성한 뒤 모든 분뇨를 하수시설에 방류해야 한다는 법령을 발표하면서 현대식 화장실이 정착하는 계기가 되었다.

5) L. Pratt and L. Woolley, Shoes, London: V&A Publications, 1999.

6) 1712년 존 게이(John Gay)가 쓴 「런던의 거리를 걷는 기술」(The art of walking the streets of London)이라는 긴 서사시에는 "서민들이 패튼을 신고 쩽그랑 소리를 내며 걷는다"는 표현이 나온다. 1,000행에 달하는 이 시의 첫 페이지에는 "어떻게 하면 낮에는 깨끗하게 밤에는 안전하게 거리를 걸을 수 있는가"라는 문장이 등장해 시궁창 같은 런던 거리를 걷기가 쉽지 않았음을 말해준다.

3. 눈

과거와 미래를 들여다보는 창

1) Billy Idol, *Dancing with Myself*, New York: Touchstone Books, 2014.

2) E.H. Hess and J.M. Hess, "Pupil size as related to interest value of visual stimuli," *Science* 132, 1960, pp.349-350.

3) E.H. Hess, "Attitude and pupil size," *Scientific American*, 212:46-54, 1965; E.H. Hess and J.M. Polt, "Changes in pupil size as a measure of taste difference," *Perceptual and Motor Skills* 23, 1966, pp.451-455.

4) S. Sirois and J. Brisson, "Pupilometry," *Wiley Interdisciplinary Review: Cognitive Science* 5(6), 2024, pp.679-692, doi:10.1002/wcs.1323. Epub 2014 Sep 24. PMID:26308873.

5) E.H. Hess, "The role of pupil size in communication," *Scienctific American* 233(5), 1975a, pp.110-119; M.E. Kret and C.K. De Dreu, "The power of pupil size in establishing trust and reciprocity," *Journal of Experimental Psychology: General* 148(8), 2019, p.1299, https://doi.org/10.1037/xge0000 508; N.A. Harrison et al., "Processing of observed pupil size modulates perception of sadness and predicts empathy," *Emotion* 7(4), 2007, p.724, https://doi.org/10.1037/1528-3542.7.4.724.

6) O. Kang and T. Wheatley, "Pupil dilation patterns spontaneously synchronize across individuals during shared attention," *Journal of Experimental Psychology: General* 146(4), 2017, pp.569-576, https://doi.org/10.1037/xge 0000271.

7) M.S. Banks et al., "Why do animal eyes have pupils of different shapes?" *Science Advances* 1(7), 2015, e1500391, https://doi.org/10.1126/sciadv.150 0391.

8) E. Pearce and R. Dunbar, "Latitudinal variation in light levels drives human visual system size," *Biology Letters* 8(1), 2012, pp.90-93, https://doi.org/ 10.1098/rsbl.2011.0570; NBC news, "People from Polar Regions Have Bigger Brains," accessed July 9, 2025, https://www.nbcnews.com/id/wbna 43903718.

9) M. To masello et al., "Reliance on head versus eyes in the gaze following of great apes and human infants: the cooperative eye hypothesis," *Journal of Human Evolution* 52(3), 2007, pp.314-320, https://doi.org/10.1016/j. jhevol.2006.10.001.

10) D.I. Perrett and A.J. Mistlin, "Perception of facial characteristics by monkeys," *Comparative Perception-complex signals*, edited by W.C. Stebbins and M.A. Berkley, New York: John Wiley & Sons, 1990, pp.187-215.

11) P.W. Sherman, "Nepotism and the evolution of alarm call," *Science* 197,

1977, pp.1246-53.

12) 밝은 갈색과 어두운 녹색의 중간색.

13) SWOV Institute for Road Safety Research, *The Impact of the weather,* SWOV *fact sheet,* July 2023, The Hague, p.6.

14) Jim Baggott, *Origins: The Scientific Story of Creation,* Oxford: Oxford University Press, 2015.

15) A.R. Templeton, "Human Races: A Genetic and Evolutionary Perspective," *American Anthropologist* 100(3), pp.632-650.

16) K. Kiranantawat et al., "The Asian eyelid: Relevant anatomy," *Seminars in Plastic Surgery* 29(3), 2015, pp.158-164, https://doi.org/10.1055/s-0035-1556853; P. Saonanon, "Update on Asian eyelid anatomy and clinical relevance," *Current Opinion in Ophthalmology* 25(5), 2014, pp.436-442; S. Jeong et al., "The Asian upper eyelid: An anatomical study with comparison to the Caucasian eyelid," *Archives of Ophthalmology* 117(7), 1999, pp.907-912, https://doi.org/10.1001/archopht.117.7.907.

17) Jack Weatherford, *Genghis Kahn and the Making of the Modern World,* New York: Crown Publishers, 2004.

18) Giovanni da Pian del Carpine, *History of the Mongols,* translated by C. Dawson, in C. Dawson (ed.), *The Mongol Mission: Narratives and Letters of the Franciscan Missionaries in Mongolia and China in the Thirteenth and Fourteenth Centuries,* New York: Sheed and Ward, pp.3-72.

19) 성형수술의 선구자 랄프 밀러드(Ralph Millard)는 1986년 저서『성형수술의 원칙』(*Principlization of Plastic Surgery*)에서 "바람직하고 아름다운 정상성을 알라"(Know the ideal beautiful normal)는 문장으로 의사의 기본 자세를 정의했다. 특히 유념해야 할 것이 바로 '바람직'(ideal)이라는 단어다. 쌍꺼풀이 달린 커다란 눈을 만드는 것보다, 동양인의 안와 구조에 잘 조화되면서

도 환자 개인의 특성을 살리는 자연스러운 눈을 만드는 것이 더 중요하다.

4. 얼굴

눈, 코, 입이 만드는 무한한 세계

1) Margaret Livingstone, *Vision and Art: The Biology of Seeing*, New York: Abrams Books, 2002.

2) Eric Kandel, *The Age of Insight: The Quest to Understanding the Unconscious in Art, Mind and Brain from Vienna 1900 to the Present*, New York: Random House, 2012.

3) Nancy Kanwisher, Josh McDermott and Marvin M. Chun, "The Fusiform Face Area: A Module in Human Extrastriate Cortex Specialized for Face Perception," *Journal of Neuroscience* 17(11), June 1, 1997, pp.4302-11, https://doi.org/10.1523/JNEUROSCI.17-11-04302.1997.

4) A.L. Yarbus, *Eye Movements and Vision*, New York: Plenum Press, 1967.

5) 최초의 스마일 로고는 1963년 미국의 그래픽 디자이너 하비 로스 볼이 보험회사 직원들의 사기를 북돋기 위한 로고를 만들어 달라는 의뢰를 받고 만들었다. 그는 10분에 걸쳐 이 로고를 완성하고 45달러를 받았다. 노란색 바탕을 쓴 이유는 햇빛 비치는 밝은 이미지를 의도한 것이다.

6) 르네 뒤센은 미소의 근육 움직임을 연구하면서 진정한 미소를 정의하고 그 진위 여부를 구별하는 지표를 발견했다. G.B. Duchenne, *The Mechanism of Human Facial Expression*, Cambridge: Cambridge University Press, 1990, originally published in French in 1862 as *De l'Expression des Passions*.

7) Dan Ariely, *Predictably Irrational: The Hidden Forces That Shape Our Decisions*, New York: HarperCollins Publishers, 2008.

8) Doug Jones, "Sexual Selection, Physical Attractiveness, and Facial Neoteny," *Current Anthropology* 36(5), 1995, https://doi.org/10.1086/204427.

9) Eric Kandel, *The Age of Insight: The Quest to Understanding the Unconscious in Art, Mind and Brain from Vienna 1900 to the Present*, New York: Random House Publishing, 2012.

10) T.R. Clarkson et al., "A multivariate analysis of women's mating strategies and sexual selection on men's facial morphology," *Royal Society Open Science* 7(1), 2020, https://doi.org/10.1098/rsos.191209.

11) A.J. Lee and N.K.J. McGuire, "Women's Preferences for Masculinity in Male Faces Are Predicted by Material Scarcity, But Not Time or Psychological Scarcity," *Evolutionary psychology* 21(3), 2023, https://doi.org/10.1177/14747049231175073.

12) L.T. Trujillo et al., "Beauty is in the ease of the beholding: a neurophysiological test of the averageness theory of facial attractiveness," *Cognitive, affective & behavioral neuroscience* 14(3), 2014, pp.1061-76, https://doi.org/10.3758/s13415-013-0230-2.

13) D.I. Perrett et al., "Facial shape and judgements of female attractiveness," *Nature* Vol.368, March 17, 1994.

14) Walter Sorell, *The Other Face: The Mask in the Arts*, London: Thames and Hudson, 1973.

15) 최초의 Resusci Anne이 만들어진 이후 시간이 지나면서 다양한 형태와 얼굴의 훈련용 마네킹이 만들어졌고, 환자의 상태를 묻는 질문도 "Annie, are you okay?" 외에 상황에 따라 다른 이름을 부르거나, 단순히 "can you hear me?"라고 물어보는 등 다양한 방식으로 발전했다. 하지만 Resusci Anne은 아직도 표준으로 여겨지며, 가장 널리 쓰이는 마네킹 중 하나로 남아 있다.

16) Roger Blackley, "The Return of the Heads," *Contemporanea* Vol.20 No.1, 2017, pp.126-131.

17) S.P. Hagenaars et al., "Shared genetic aetiology between cognitive functions

and physical and mental health in UK Biobank (N=112151) and 24 GWAS consortia," *Molecular Psychiatry* Vol.21, 2016, pp.1624-32.

18) 신영복, 『담론』, 2015, 돌베개.

19) 메릭의 글은 시인 아이작 와츠(Isaac Watts)의 시구를 자신의 처지에 맞게 개작한 것으로 필자인 서경욱이 번역했다. 원문: Tis true my form is something odd, But blaming me is blaming God; Could I create myself anew I would not fail in pleasing you. If I could reach from pole to pole, Or grasp the ocean with a span, I would be measured by the soul; The mind's the standard of the man.

5. 웨어
몸에 걸치는 모든 것

1) K.F.E. MacLean et al., "A comparative probabilistic analysis of human and chimpanzee rotator cuff functional capacity," *Journal of Anatomy* 243(3), 2023, pp.431-447.

2) Edward Tenner, *Our Own Device: Past and Future of Body Technology*, New York: Alfred A. Knopf,, 2003, p.224-230.

3) Norbert Elias, *The Civilizing Process: Sociogenetic and Psychogenetic Investigations*, Trans. Edmund Jephcott, Ed. E. Dunning et al., Oxford: Blackwell Publishers, 1994, 2000, p.399.

4) Carolyn Steedman, *Labours Lost: Domestic Service and the Making of Modern England*, Cambridge: Cambridge University Press, 2009.

5) Alanna McKnight, "The Shocking History of Electric Corsets," D. Woodlley et al.(eds), *Wearable Objects and Curative Things*, Palgrave Studies in Fashion and the Body, Berlin: Springer Nature, 2024, https://doi.org/10.1007/978-3-031-40017-9_10.

6) Alison L. Goodrum, "Sitting Pretty: A Dress History of the L-Shaped Frame, the Side-Saddle Habit and the Design of Adaptive Wearables," in D. Woolley et al.(eds.), *Wearable Objects and Curative Things*, Palgrave Studies in Fashion and the Body, Berlin: Springer Nature, 2024.

7) Eve Herold, *Beyond Human: How Cutting-Edge Science is Extending Our Lives*, New York: Thoman Dunne Books, 2016; 휴머니티 플러스 홈페이지: humanityplus.org.

8) 2025년 4월 16일 영국 ITV의 방송 "This Morning"에 출연해 원격으로 의수를 제어하는 장면을 다음 유튜브 주소에서 볼 수 있다. https://www.youtube.com/watch?v=UgC7la_3IIA.

9) A. Ivanov et al., "Augmented Reality in Industrial Wearables," IEEE Transactions on Industrial Informatics, 2025.

6. 크기

작아서 좋은 점, 커서 나쁜 점

1) D'Arcy Wentworth Thomson, *On Growth and Form*, Cambridge: Cambridge University Press, 1963, p.18.

2) 대형 쇼핑몰, 실내체육관, 컨벤션센터 같은 비주거 건축의 경우 20세기 후반부터 기계식 환기와 인공조명, 초대형 트러스 등 공학 기술을 활용해 단일 거대 건축물로 지어지는 사례가 많다. 일반적 자연법칙의 관점에서 볼 때 이런 초대형 건물은 예외적이고 기형적이다.

3) Geoffrey West, *Scale: The Universal Laws of Life and Death in Organisms, Cities and Companies*, London: Weidenfeld & Nicolson, 2017, pp.103-117.

4) Adrian Bejan and J. Peder Zane, *Design in Nature*, New York: Anchor Books, 2013.

5) Laura M. Zahn, "DNA analyses of an early East Asian," *Science*, October 30,

2020.

6) A. Bejan et al., "The evolution of speed in athletics: why the fastest runners are black and swimmers white," *International Journal of Design & Nature and Ecodynamics* Vol.5 no.3, 2010, pp.199-211.

7) Geoffrey West, *Scale: The Universal Laws of Life and Death in Organisms, Cities and Companies*, London: Weidenfeld & Nicolson, 2017, p.26.

8) 같은 책, p.6. 학자에 따라서 다른 견해가 존재하지만 대체로 15억 번에서 30억 번 사이로 수렴한다. 최근 의학의 발전으로 인간 평균 수명이 늘어남에 따라 80세까지 사는 것을 기준으로 하면 30억 번이 더 적당할 수 있다. Herbert J. Levine, "Rest Heart Rate and Life Expectancy," editorial, *Journal of the American College of Cardiology* Vol.30 No.4, October 1997, pp.1104-1106.

9) Roy L. Walford, "The Extension of Maximum Life Span," *Clinics in Geriatric Medicine* 1(1), 1985, pp.29-35.

10) Jessica Tyrrell et al., "Height, body mass index, and socioeconomic status: mendelian randomisation study in UK Biobank," *BMJ* 352: i582, 2016, https://dx.doi.org/10.1136/bmj.i582.

11) J.B.S. Haldane, "On Being the Right Size," March 1926.

12) W.O. Whitney and C.J. Mehlhaff, "High-rise syndrome in cats," *Journal of the American Veterinary Medical Association* 191(11), December 1, 1987, pp.1399-1403; Erratum in *Journal of the American Veterinary Medical Association* 192(4), February 15, 1988, PMID: 3692980.

13) M. Zimova et al., "Body size predicts the rate of contemporary morphological change in birds," *Proceedings of the National Academy of Sciences of the United States of America*, 2023.

제2부 세상의 형태

1. 동그라미와 네모
세상을 지배하는 두 가지 모양

1) D.H. Clements et al., "Young Children's Concepts of Shape," *Journal for Research in Mathmatics Education* 30(2), March 1999, pp.192-212.

2) A. Seidenberg, "The Ritual Origin of the Circle and Square," *Archive for History of Eact Sciences* Vol.25 No.4, 1981, pp.269-327.

3) 같은 책, p.305.

4) 르네상스 시대에는 신의 형상을 본떠 인체가 만들어졌다는 신인동형론이 특히 강조되었고, 건축물과 도시계획 또한 인체의 비례에 따라 설계되어야 한다는 관념이 강했다. 조르조 디 마르티니(Giorgio di Martini) 같은 건축가는 인체의 비례와 정확히 일치하는 성당의 입면과 평면을 디자인하기도 했다.

5) 1882년 독일의 수학자 페르디난트 폰 린데만(Ferdinand von Lindemann)이 원은 원주율을 이용해야 그 면적을 구할 수 있으므로 이것을 같은 면적의 정사각형으로 작도하는 방법은 존재할 수 없음을 증명했다. 하지만 20세기에 수학자들은 원을 유한한 개수의 도형으로 쪼개고 이것을 재조립하는 새로운 규칙으로 해결할 수 있음을 보여주고 있다. https://www.quantamagazine.org/an-ancient-geometry-problem-falls-to-new-mathematical-techniques-20220208/.

6) Catherine Eagleton and Jonathan Williams, *Money: A History*, 2nd edition, London: British Museum Press, 2007, p.18.

7) 같은 책, p.170.

8) 주물 작업이 끝나고 주형을 제거하면 동전 주위에 여분의 금속이 붙어 있다. 동전 중앙 사각형 구멍에 각진 쇠막대를 꽂아 여러 개의 동전을 고정하고 거친 부분을 한꺼번에 갈아낼 수 있다. 동전 여러 개를 줄에 꿰어 보관과 셈을

손쉽게 할 수도 있다.

9) A. Sussman and J.B. Hollander, *Cognitive Architecture: Designing for How We Respond to the Built Environment*, New York and London: Routledge, 2015, p.97.

10) A. Bejan, *International Journal of Design & Nature and Ecodynamics* Vol.4 No.2, 2009, pp.97-104.

2. 집

바닥에 새겨진 한국 주거의 역사

1) "We shape our buildings, thereafter they shape us." 제2차 세계대전 중 독일 공습으로 파괴된 영국 의회 재건 논의 중, 당시 수상이었던 윈스턴 처칠이 했던 연설에 나오는 말을 응용했다.

2) Clifford Geertz, *The Interpretation of Cultures: Selected Essays by Clifford Geertz*, New York: Basic Books, 1973; Pierre Bourdieu, *Outline of a Theory of Practice*, Cambridge: Cambridge University Press, 1977.

3) C.V. Fee, *The Encyclopedia of Malaysia Volume 5: Architecture*, Singapore: Archipelago Press, 1998, p.14. 한반도에서는 4세기 가야의 집 모양 토기에 마루 형태가 나타난다.

4) Kyung Wook Seo, *Making a Home: Architectural features, Routledge Handbook of Families in Asia*, S. Quah(ed.), London: Taylor & Francis, 2015, pp.461-485.

5) Botond Bognar, *Contemporary Japanese Architecture*, New York: Van Nostrand Reinhold Company, 1985.

6) 고려 시대 문인 이인로(1152~1220)의 「공주동정기」에 겨울철을 위한 욱실(燠室)과 여름철을 위한 양청(凉廳)이 한 건물에 있다는 내용이 나온다. 김동욱, 『한국건축 중 국건축 일본건축: 동아시아 속 우리 건축 이야기』, 김영사,

2015, 224쪽.

7) 동남아시아에서도 높은 바닥 위에서 신발을 벗지만 한국이나 일본만큼 모든 높은 바닥의 청결을 유지하기 위해 애쓰지는 않는다. 특히 취침 공간은 부분적으로 바닥을 한 단 더 높이고 물을 쓰는 공간이나 밤에 용변을 보는 공간은 바닥을 한 단 낮추는 등, 높은 바닥 공간 안에서도 더 청결한 곳과 덜 청결한 곳을 다시 나눈다. 즉 높은 바닥에서의 좌식 생활과 청결도 유지는 동아시아의 공통적 특징이지만, 그 정도가 한국과 일본에서 더 큰 이유는 바닥이 들어 올려진 특정 높이에 기인한다고 할 수 있다.

8) Kyung Wook Seo, "DNA of the House: A Hidden Dimension in the Development of Domestic Space in Seoul," *Home Cultures* 9(1), 2012, pp.77-97.

9) B. Rudofsky, *Now I Lay Me Down to Eat: Notes and Footnotes On the Lost Art of Living*, New York: Anchor Books, 1980.

10) M. Douglas, *Purity and danger: An analysis of the concepts of pollution and taboo* (Routledge Classics ed.), Milton Park: Routledge, 2002, Original work published 1966.

11) A. Collis et al., "Global survey on COVID-19 beliefs, behaviours and norms," *Nature Human Behaviour* 6, 2022, pp.1310-17, https://doi.org/10.1038/s41562-022-01347-1.

12) 태안 기름유출 사고로 알려진 허베이 스피리트호 유류오염사고가 발생한 2011년, 세계 재난 역사를 통틀어 유례를 찾아볼 수 없는 120만 명 자원봉사자가 기름 제거 작업에 참여한 것도, 청정 해역이 심각하게 오염됐다는 소식을 한국인들이 더 민감하고 무겁게 받아들였기 때문이었을 것이다.

13) 지면상 단독주택에 대한 분석은 생략한다. 단독주택을 포함한 진화 과정을 통계적이고 수학적으로 분석한 내용을 다음 논문에서 볼 수 있다. Kyung Wook Seo, "DNA of the House: A Hidden Dimension in the Development of Domestic Space in Seoul," *Home Cultures* 9(1), 2012, pp.

77-97.

14) Michael Ann Williams, *Homeplace: The Social Use and Meaning of the Folk Dwelling in Southwestern North Carolina*, Athens: The University of Georgia Press, 1991.

15) 저명한 민속학자 핸리 글래시(Henry Glassie)에 따르면, 기존 질서(balance)가 외부 문화의 유입에 의해 불안정(disequilibrium)해지면, 이를 해소하기 위해 다양한 절충안으로 확대(expansion)되어 시장의 테스트를 통해 합성(synthesis)된 후, 점차 소수의 사회적으로 합의된 결과물로 수렴(new balance)되는 과정을 거친다. Kyung Wook Seo, "Space Puzzle in a concrete box: Finding design competence that generates the modern apartment houses in Seoul," *Environment and Planning B: Planning and Design* Vol.34, 2007, p.1083.

16) 지리적으로 범위를 넓혀보면, 현대 주거 속 입식과 좌식의 중첩과 공존은 한국뿐 아니라 일본과 동남아시아에서 공통적으로 나타난다. 현대식 주거 공간 안에 잠재한 과거의 거주방식은 동아시아인의 주생활을 보다 융통성 있고 적응성 있게 만든다.

3. 길
오솔길, 도로, 철도는 어떻게 생겨났나

1) T. Ingold, *Being Alive: Essays on Movement, Knowledge and Description*, Abingdon: Routledge, 2011, p.148. 원문: "[life] unfolds not in places but along paths."

2) M.G. Lay, *Ways of the World: A History of the World's Roads and of the Vehicles that Used Them*, New Brunswick: Rutgers University Press, 1999, p.5.

3) 북아메리카 뉴잉글랜드에서 발견된 인디언들의 홀러웨이는 깊이 30센티미터에 폭 1.5미터였다. 같은 책, p.10.

4) George Kingsley Zipf, *Human Behavior and the Principle of Least Effort*, Boston: Addison-Wesley Press, 1949.

5) 집으로 돌아오도록 훈련된 비둘기에 GPS 장치를 달아 추적한 결과, 자동차 도로를 따라 날고 교차로에서 방향을 바꾸는 등 마치 운전자처럼 행동하는 것을 관찰했다. T. Guilford and D. Biro, "Route following and the pigeon' s familiar area map," *Journal of Experimental Biology* 217(2), 2014, pp.169-179, https://doi.org/10.1242/jeb.092908.

6) M.G. Lay, *Ways of the World: A History of the World's Roads and of the Vehicles that Used Them*, New Brunswick: Rutgers University Press, 1999, p.9.

7) 북아메리카 초원에 처음 발을 디딘 유럽인들은 한 사람이 지나갈 만한 60센티미터 폭의 여러 갈래 길을 발견했다. M.G. Lay, 1999, p.7.

8) Kyung Wook Seo and S. Lee, "Oxcart Route in the City," *Sustainability* 11(7), 2153, 2019, doi:10.3390/su11072153.

9) The Bank of Korea, "Estimation of the Land Asset Value of Korea Through the Chronological Analysis; Discussion Paper Series," *BOKDP* No.2015-6, Seoul: Bank of Korea, 2015.

10) Konstantinos Tzanakakis, *The Railway Track and Its Long Term Behaviour*, New YorK: Springer, 2013.

11) 튼튼한 수레를 만드는 기술이 부족했던 옛날, 바닥에 판 홈은 수레가 망가지거나 도로에서 이탈하는 것을 방지해주었을 것이다. 럿웨이는 이후 나무로 만든 레일(rail)을 거쳐 철로 만든 현대적 레일로 발전하게 된다. 영어 레일웨이(railway)는 철을 포함한 다양한 재료로 만들어진 레일을 따라가는 운송 방식을 총칭하지만 한국어로는 '철도'라는 한정적인 의미로 번역되는 한계가 있다.

12) Gladys Pike, "Pre-Roman Land Transport in the Western Mediterranean Region," *Man* Vol.2 No.4, December 1967, pp.593-605.

13) Douglas J. Puffert, *Tracks Across Continents Paths through History*, Chicago: University of Chicago Press, 2009, p.13.

14) Miles Herman, "The "Evil" of Railway Gauge Breaks: A Study of Causes in Britain, India, Japan, and Manchuria," *History Honors Theses* 12, 2023, p.18.

15) 1846년 기차법 전문: https://www.irishstatutebook.ie/eli/1846/act/57/enacted/en/print.html.

16) 전 세계 궤간 분포도: https://commons.wikimedia.org/wiki/File:World_RR_Gauge_Map.agr.png.

17) Steven J. Ericson, *The Sound of the Whistle: Railroad and the State in Meiji Japan*, Cambridge: Council on East Asian Studies, Harvard University, 1996, p.396.

18) Miles Herman, 2023, pp.46-57.

19) 일반적으로 윤거는 차량 폭의 85-90퍼센트이므로, 이 버스의 윤거는 1,890밀리미터 정도로 추정된다. London Transport Museum, accessed May 4, 2025, https://www.ltmuseum.co.uk/collections/collections-online/vehicles/item/1981-525.

20) London Transport Museum, accessed May 4, 2025, https://www.ltmuseum.co.uk/collections/stories/transport/public-transport-victorian-london-surface.

21) Road Vehicles (Construction and Use) Regulations 1986; Administered and enforced by the UK Department for Transport (DfT); https://compliancehub.co.uk/construction-and-use/length-width-and-height/.

22) 물론 도시 외곽이나 신설된 도로망을 이용하는 광역형 버스와 트램은 수송량 증가를 위해 폭을 더 넓히기도 하고, 기차의 경우 주행 안정성이 높아 궤간에 비해 차체 폭이 더욱 늘어난다. 영국 기차 폭은 최대 2.82미터로 유럽에서 가장 좁은데, 세계 최초로 기차 운행을 시작할 때 만들었던 좁은

터널들을 그대로 사용하기 때문이다. 다른 유럽 국가들의 기차 폭은 대략 2.8~3.3미터이고 다른 주요 국가들의 기차 폭은 3미터가 넘는다. 한국의 KTX 2세대는 3.15미터, 미국의 앰트랙(Amtrak)은 3.3미터, 일본 신칸센은 3.38미터, 중국의 CRH도 3.38미터다. 세계에서 가장 큰 폭을 자랑하는 러시아 기차는 최대 3.75미터 폭이다.

23) 기차의 경우 개별 객차 길이는 대략 25미터 내외, 객차 여러 대가 연결된 기차의 전체 길이는 플랫폼 길이와 기술적 고려사항을 고려하여 400미터 이내로 만들어지는 경우가 많다.

4. 고개

산은 다가갈수록 완만해진다

1) Z. Li and F.H. Durgin, "Depth compression based on mis-scaling of binocular disparity may contribute to angular expansion in perceived optical slant," *Journal of Vision* 13(12):3, 2013, pp.1-18.

2) Z. Li and F.H. Durgin, "A comparison of two theories of perceived distance on the ground plane: The angular expansion hypothesis and the intrinsic bias hypothesis," *i-Perception* Vol.3, 2012, pp.368-383.

3) E.K. Sadalla, and S.G. Magel, "The perception of traversed distance," *Environment and Behavior* 12, 1980, pp.65-79; E.K. Sadalla and L.J. Staplin, "The perception of traversed distance: Intersections," *Environment and Behavior* 12, 1980, pp.167-182; J.F. Coeterier, "Cues for the perception of size of space in landscape," *Journal of environmental management* 42, 1994, pp.333-347; J.L. Nasar, "Environmental factors, perceived distance and spatial behaviour," *Environment and Planning B* 10, 1983, pp.275-281.

4) Kyung Wook Seo, H.-S. Lee, and J.Y. Kim, "Spatial Compression in Memory: How Repeated Walks on Familiar Routes Shorten Perceived Distance,"

Behavioral Sciences 15(4), 2025, p.404. https://doi.org/10.3390/bs15040404.

5) I. Silverman et al., "The Hunter-Gatherer Theory of Sex Differences in Spatial Abilities: Data from 40 Countries," *Archives of Sexual Behavior* 36(2), 2007, pp.261 – 268, doi: 10.1007/s10508-006-9168-6.

6) 물론 진화심리학적 견해가 모든 현상을 설명하지는 못한다. 수렵채집 시대의 성역할에 대한 다른 견해도 존재하며, 그밖에 다양한 영향 요인이 인지능력의 발달에 복합적으로 작용했을 가능성이 늘 존재한다. 또한 통계적 경향은 다양한 개인차를 설명하지 못한다.

7) A. Koutsoumpis et al., "Helmholtz Versus Haute Couture: How Horizontal Stripes and Dark Clothes Make You Look Thinner," *Perception*, 2021, https://doi.org/10.1177/03010066211038158.

8) "Our innate measure of space is a function of topological size, because it is in part based on counting, that is, on estimating the number of places in a space which may be occupied, either in reality or in our imagination." Source: Andrew Crompton, "The Fractal Nature of the Everyday Environment," *Environment and Planning B* Vol.28, 2001, p.244.

5. 껍데기와 알맹이

겉과 속에 관한 다양한 관점

1) 생선, 가금류, 육류 등을 구워 먹을 때, 껍데기에서 쫄깃한 식감을 느끼는 이유는 그 안에 함유된 단백질인 콜라겐 때문이다. 콜라겐은 높은 강도와 유연성, 우수한 치유와 재생 능력을 통해 껍데기의 주요 기능인 생체 조직 보호와 손상으로부터의 회복을 돕는다.

2) Anonymous, " 'It's alive!' – Notes on Giovanni Aldini's experiments with galvanic fluid," *The Bulletin of the Royal College of Surgeons of England* 104 (7), 2022, https://publishing.rcseng.ac.uk/doi/10.1308/rcsbull.2022.136.

3) Plate IV in J. Aldini, "Essai théorique et expérimental sur le galvanisme,"

Paris: Fournier Fils, 1804.

4) A.B. Brawley, "A logical absurdity: Jeremy Bentham and the auto-icon," *Episteme* 17(1), 2006, https://digitalcommons.denison.edu/episteme/vol17/iss1/4/.

5) https://www.ucl.ac.uk/laws/research/research-projects/bentham-project/about-jeremy-bentham/auto-icon.

6) 대기권에는 새나 곤충이 날아다니고 미생물 포자가 발견되는 지면으로부터 약 10킬로미터 내외의 영역이 포함되고, 수권의 경우 가장 깊은 11킬로미터의 해구를 포함하는 대부분 영역이 포함되며, 지권의 경우 식물이 뿌리를 내리는 토양층과 지하 미생물이 서식하는 영역을 포함한다.

7) 바다를 제외하더라도 마을과 도시를 포함한 주거 영역은 전체 땅 면적 1억 4,800제곱킬로미터의 1~3퍼센트에 불과할 것으로 추정된다. UN News, "UN agency launches new global land cover database," March 17, 2014, https://news.un.org/en/story/2014/03/464072.

8) A.L. Goodrum, *Sitting Pretty: A Dress History of the L-Shaped Frame, the Side-Saddle Habit and the Design of Adaptive Wearables*, in D. Woolley et al.(Eds.), *Wearable objects and curative things: Materialist approaches to the intersections of fashion, art, health and medicine*, New York: Springer International Publishing AG, 2023.

9) 『중앙일보』, "교수는 욕조 목욕, 학생은 성관계 … 대학 비대면 수업 '요지경'", 2021, https://www.joongang.co.kr/article/25019459.

10) "Vulnerability is the birthplace of courage and creativity." B. Brown, "The power of vulnerability," TEDxHouston, June 2010, accessed October 4, 2025, https://www.ted.com/talks/brene_brown_the_power_of_vulnerability.

11) 입구 홀이나 복도는 사회적으로 닫힌 평면을 만들며, 방문객을 거주 공간으로 바로 들이기보다 일단 비거주 공간에서 걸러내기 위한 사회적 잠금

장치다. 일본인과 비슷한 성향을 가진 영국인들의 주택에도 대부분 밀폐된 입구 홀이 있다. Michael Ann Williams, *Homeplace: The Social Use and Meaning of the Folk Dwelling in Southwestern North Carolina*, Athens: The University of Georgia Press, 1991, p.93.

12) J. Ruskin, *The Seven Lamps of Architecture*, London: Smith, elder & Co., 1849, pp.178-183.

제3부 문화의 형태

1. 배열
가지런함과 뒤죽박죽에 대한 고찰

1) Wallace, 1983; recited from Rapopport, 1990, p.390.

2) 한국에서는 고급 호텔마다 뷔페가 있지만 유럽의 경우 조식 뷔페를 제외하면 고급 호텔에서 뷔페를 찾아보기 어렵다. 뷔페는 다수가 동시에 식사할 때 서빙의 편의를 위한, 셀프서비스 성격을 가미한 캐주얼하고 대중적인 식사이지 격식 있는 식사는 아니라는 인식이 있기 때문이다. 여러 음식이 한꺼번에 상 위에 놓이는 한국의 상차림은 기본적으로 뷔페 형식에 가깝다.

3) 주영하, 『음식인문학: 음식으로 본 한국의 역사와 문화』, 휴머니스트, 2011.

4) 13세기 독일의 시인 탄호이저(Tannhäuser)가 쓴 기사도와 도덕에 대한 시에서 이러한 식사 예절에 대한 유럽의 관점을 엿볼 수 있다.

5) 『조선왕조실록』, 세종 1년 기해(1419) 3월 9일, 충청도 관찰사 이맹균이 굶주린 백성을 진휼하는 방식에 대해 아뢰다, 원전 2집 308쪽, 한국고전종합DB, http://db.itkc.or.kr/inLink?DCI=ITKC_JR_D0_A01_03A_09A_00060_2023_002_XML(2024년 11월 3일 접속).

6) 『조선일보』, 이규태, 「하루 밥 두 공기」, 2005년 1월 23일, https://www.chosun.

com/site/data/html_dir/2005/01/23/2005012370260.html(2024년 11월 2일 접속).

7) William E. Griffith, *Corea: Hermit Nation*, New York: Charles Scribner's Sons, 1911(초판: 1882).

8) Basil Bernstein, *Class Codes and Control*, Milton Park: Routledge & Kegan Paul Ltd., 1971.

9) 번스타인은 같은 책의 부록, "A note on the coding of objects and modalities of control"에서 교육학적 이론을 공간과 사물의 이해로 확장한다. 그는 분류방식(C)과 실행방식(F)을 다음의 함수로 정의했다. $f(c, r, C(x, y), F(p))$ 여기서 c는 주어진 맥락(context), r은 배열의 표현된 상태(realization), x는 배열의 규모, y는 배열의 가변성, p는 실행방식이 강한지 약한지 여부다.

10) David Burkus, *Under New Management: How Leading Organisations Are Upending Business as Usual*, London: Macmillan, On Demand edition, 2016.

2. 짝퉁
카피와 오리지널의 차이

1) J. Darke, "The primary generator and the design process, "*Developments in Design Methodology*, Ed. N. Cross, New York: John Wiley, 1984, pp.175-188; B. Hillier et al., "Knowledge and design," *Developments in Design Methodology*, Ed. N. Cross, New York: John Wiley, 1984, pp.245-264.

2) Joseph Giovannini, "Architectural Imitation: Is it plagiarism?" *The New York Times*, March 17, 1983.

3) Steve Jobs, "Apple's One-Dollar-a-Year Man," CNN Money/Fortune, January 24, 2000.

4) Clare Thorp, "Vermeer's secrets: Why we're fascinated by art fakes," BBC, December 1, 2022, accessed December 26, 2024, https://www.bbc.com/

culture/article/20221130-vermeers-secrets-why-were-fascinated-by-art-
fakes.

5) BBC One, "Fake or Fortune?: Han Van Meegeren," 2024, https://www.
bbc.co.uk/programmes/profiles/2r60JJtpKg07SzyZ9FTpSZP/han-van-
meegeren-1889-1947?utm.

6) J. Asmus and V. Parfenov, "Analysis of paintings "Mona Lisa" and Earlier
Mona Lisa created by Leonardo Da Vinci by means of luminosity histograms
of digitized images, in Proceedings of the Ilya Repin Lenigrad Institute for
Painting," *Sculpture and Architecture of Russian Academy of Fine Arts* Vol. 42,
2017, pp.221-235.

7) https://monalisa.org/2012/09/09/giorgio-vasari/.

8) Giorgio Vasari, *Le Vite de' più eccellenti pittori, scultori e architettori*, Firenze:
Lorenzo Torrentino, 1550, pp.563-564.

9) S. Lorusso, "Is the Louvre Mona Lisa Leonardo's second version?" Rome-
Bristol: L'Erma di Bretschneider, 2022.

10) Christi's, "The curious case of the Hekking Mona Lisa," June 4, 2021,
https://www.christies.com/en/stories/the-curious-case-of-the-hekking-
mona-lisa-0981167e22aa482d9ce08b1fbb88cc4b.

11) 크리스티 사이트에서 그림과 경매 결과를 볼 수 있다. https://onlineonly.
christies.com/s/hekking-mona-lisa/ecole-italienne-du-debut-du-xviie-
siecle-suiveur-de-leonard-de-vinci-1/121283.

12) W. Benjamin, "The work of art in the age of mechanical reproduction," In
H. Arendt(Ed.), Illuminations(pp.217-252), New York: Schocken Books,
1968 (Original work published 1936).

13) Title 17, U.S. Code, Section 107 - Limitations on exclusive rights: Fair use,
https://www.govinfo.gov/app/details/USCODE-2010-title17/USCODE-

2010-title17-chap1-sec107/summary.

3. 첫인상
사물은 최초의 이미지로 각인된다

1) K.Q. Chan et al., "What do love and jealousy taste like?" *Emotion* Vol.13 Issue 6, 2013, pp.1142-49.

2) E. Emanuele et al., "Raised plasma nerve growth factor levels associated with early-stage romantic love," *Psychoneuroendocrinology* Vol.31 Issue 3, 2006, pp.288-294.

3) Brian Lawson, *The Language of Space*, 2001, Oxford: Reed Educational and Professional Publishing Ltd.

4) Juhani Pallasmaa, *The Eyes of the Skin: Architecture and the Senses*, Hoboken: Wiley-Academy, 2005, p.59.

5) Janine Willis and Alexander Todorov, "First Impressions: Making Up Your Mind After a 100-Ms Exposure to a Face," *Psychology & Counseling* Vol.17 (7), 2006, https://doi.org/10.1111/j.1467-9280.2006.0175.

6) Juergen Goller et al., "Anchoring Effects in Facial Attractiveness," *Perception* Vol.47 Issue 10-11, 2018, pp.1043-53, https://doi.org/10.1177/03010066 18802696.

7) N.O. Rule et al., "Accuracy and consensus in judgments of trustworthiness from faces: Behavioral and neural correlates," *Journal of Personality and Social Psychology* Vol.104(3), 2013, pp.409-426, DOI:10.1037/a0031050.

8) Eyal Ert et al., "Trust and reputation in the sharing economy: The role of personal photos in Airbnb," *Tourism Management* Vol.55, 2016, https://doi.org/10.1016/j.tourman.2016.01.013.

9) John Paul Wilson and Nicholas O. Rule, "Facial Trustworthiness Predicts

Extreme Criminal-Sentencing Outcomes," *Psychological Science* Vol.26(8), 2015, pp.1325-31, https://doi.org/10.1177/0956797615590992.

10) Albert Mehrabian and Susan R. Ferris, "Inference of Attitudes from Nonverbal Communication in Two Channels," *Journal of Consulting Psychology* Vol.31 No.3, 1967, pp.248-252.

11) Victor Avigdor Hurowitz, "The Woman of Valor and A Woman Large of Head: Matchmaking in the Ancient Near East," in Ronald L. Troxel et al.(eds.), 2005; *Seeking Out the Wisdom of the Ancients: Essays Offered to Honor Michael V. Fox on the Occasion of His Sixty-Fifth Birthday*, Penn State University Park: Eisenbrauns. 2005, pp.222-228.

12) John Caspar Lavater, *Essays on Physiognomy: Knowledge and the Love of Mankind*, English translation by Thomas Holcroft, William Tegg & Co., 1797, p.60(German 1st edition in 1783).

13) Ezequiel A. Di Paolo, "Arti cial Life and Historical Processes," in J. Kelemen and P. Sosík(Eds.), in ECAL 2001, *LNAI* 2159, Berlin: Springer-Verlag, 2001, pp.649-658.

14) Marvin B. Lieberman and David B. Montgomery, "First-Mover Advantages," *Strategic Management Journal* Vol. 9, 1988, pp.41-58, https://doi.org/10.1002/smj.4250090706.

15) Edward Tenner, *Out Own Devices,* New York: Alfred A. Knopf, 2003, p.203.

16) R.M. Cook, "A Note on the Origin of the Triglyph," *The Annual of the British School at Athens*, 1951, pp.46, 50-52, doi:10.1017/S0068245400018293; Oliver M. Washburn, "The Origin of the Triglyph Frieze," *American Journal of Archaeology* Vol.23 No.1, 1919, pp.33-49.

17) 이 주장이 처음 등장한 것은 로마 시대의 건축가 비트루비우스(Vitruvius) 가 쓴 『건축십서』 제4권이다. 그는 트리글리프가 목조건축에서 보이던 들

보의 끝을 석조건축에서 장식적으로 형상화한 것이라고 썼다.

18) 애플 수석 디자이너 조니 아이브는 다음과 같이 말했다. "When we sat down last November (to work on iOS 7), we understood that people had already become comfortable with touching glass, they didn't need physical buttons, they understood the benefits," says Ive. "So there was an incredible liberty in not having to reference the physical world so literally. We were trying to create an environment that was less specific. It got design out of the way." 출처: Marco della Cava, "Jony Ive: The man behind Apple's magic curtain," *USA TODAY TECH*, 2013, https://eu.usatoday.com/story/tech/2013/09/19/apple-jony-ive-craig-federighi/2834575/.

4. 노이즈
순수함을 망치고 싶은 욕구

1) Sigmund Freud, *Beyond the Pleasure Principle*, 1920, Original German title: *Jenseits des Lustprinzips*.

2) David L. Bell, "The death drive: Phenomenological perspectives in contemporary Kleinian theory," *The International Journal of Psychology* 96, 2015, pp.411-423, https://doi.org/10.1111/1745-8315.12212.

3) R.L. Solomon and J.D. Corbit, "An opponent-process theory of motivation: I. Temporal dynamics of affect," *Psychological Review* 81(2), 1974, pp.119-145, https://doi.org/10.1037/h0036128.

4) K. Lorenz, "Die angeborenen Formen moeglicher Erfahrung," *Zeitschrift für Tierpsychologie* 5, 1943, pp.235-409.

5) Katherine K.M. Stavropoulos and Laura A. Alba, ""It's so Cute I Could Crush It!": Understanding Neural Mechanisms of Cute Aggression," *Frontiers in Behavioural Neuroscience*, December 4, 2018.

6) Eric R. Kandel, *The Age of Insight*, New York: Random House, 2012.

7) https://www.ememem-flacking.com/homeenglishversion.

8) W. McDonough and M. Braungart, *Cradle to cradle*, New York: North Point Press, 2002, p.65.

9) Bill Bryson, *The Body: A Guide for Occupants*, New York: Doubleday, 2019, p.31.

10) R. Kearns, "Gut-Brain Axis and Neuroinflammation: The Role of Gut Permeability and the Kynurenine Pathway in Neurological Disorders," *Cell Mol Neurobiol* 44:64, 2024, https://doi.org/10.1007/s10571-024-01496-z.

11) D. Mougiou et al., "Insights into the Interaction Between Clostridioides difficile and the Gut Microbiome," *Journal of Personalized Medicine* 28, 15(3): 94, February 28, 2025, doi: 10.3390/jpm15030094, PMID: 4013741 1; PMCID: PMC11943401.

12) Joel L. Carlin, "Mutations Are the Raw Materials of Evolution," *Nature Education Knowledge* 3(10):10, 2011.

13) R. Stephens et al., "Swearing as a Response to Pain," *NeuroReport* 20, 2009, pp.1056-60, doi: 10.1097/WNR.0b013e32832e64b1.

14) Roy Boyne, "Fractured Subjectivity," *Visual Culture*, ed. Chris Jenks, London and New York: Routledge, 1995, Peter Moritz(1990: 32-3)의 원문 재인용.

15) Alain de Botton, *The Architecture of Happiness: The Secret Art of furnishing Your Life*, London: Penguin Books, 2006, p.157.

5. 낡음

허물어지고 소멸하는 모든 것

1) David Lowenthal, *The Past is a Foreign Country*, Cambridge: Cambridge University Press, 1985.

2) D.L. Schacter, *The seven sins of memory: How the mind forgets and remembers*, Boston: Houghton Mifflin and Company, 2001.

3) Bernard London, "Ending the Depression through Planned Obsolescence," Library of the University of Wisconsin, 1932, p.7.

4) B. Russell, *The Analysis of Mind*, London: George Allen & Unwin, 1921.

5) David Lowenthal, 1985, p.156.

6) 같은 책, pp.125-126.

7) F. Hetzler, "The Aesthetics of Ruins: A New Category of Being," *The Journal of Aesthetic Education* 16(2), 1982, pp.105-108.

8) F. Fuentenebro de Diego, C. Valiente Ots, "Nostalgia: a conceptual history," *History of Psychiatry* 25(4), December 2014, pp.404-411, doi: 10.1177/095 7154X14545290, PMID: 25395438.

9) Bethan Bell, "Taken from life: the unsettling art of death photography," BBC News, June 5, 2016, accessed January 6, 2024, https://www.bbc.co.uk/news/uk-england-36389581.

10) 19세기 말부터 보급되기 시작한 백신, 항생제 등 의약품 개발 및 공중보건의 향상으로 1901년 1,000명당 151명이었던 유아 사망률은 2000년 6명으로 한 세기 만에 96퍼센트 감소했으며, 이에 따라 영국인 평균수명도 1901년 50세에서 2001년 78세로 56퍼센트 상승했다. Office of National Statistics, *How Has Life Expectancy Changed over Time*, 2015, accessed April 2025, https://www.ons.gov.uk/peoplepopulationandcommunity/birthsdeathsandmarriages/lifeexpectancies/articles/howhaslifeexpectancychangedovertime/2015-09-09.

11) 같은 자료.

12) "If you do not see the beauty in your pain, then you are not looking hard enough."

에필로그

1) Stefan Klein, *On the Edge of Infinity: Encounters with the beauty of the universe*, 2018, London: Octopus Publishing Group.

2) K.R. Popper, *Objective knowledge: An evolutionary approach*, 1972, Oxford: Oxford University Press.

3) D. Eagleman, *The Brain, The Story of You*, 2015, Edinburgh: Canongate Books, p.64.

지은이 서경욱徐京煜

고려대학교 건축공학 학사, 미국 조지아텍 건축학 석사,
영국 UCL 바틀렛 건축형태학 박사를 취득하고
경기대학교 건축학과 교수를 거쳐
현재 영국 노섬브리아 대학 교수로 재직 중이다.
서울, 쿠알라룸푸르, 버펄로, 런던에서
건축 디자이너로 일했으며, 영국 정부지원
말레이시아 저소득층 주거개발 연구책임자,
LH 제3기 신도시 가이드라인 해외 연구책임자,
일본 과학진흥재단 초청 간사이 관광네트워크 활성화
연구책임자 등 다양한 국제 프로젝트를 수행했고,
현재 일본 국제 관광영화제 심사위원장을 맡고 있다.
동서양 주거 및 도시의 형태적 진화에 대한 다수의 논문을 썼으며,
저서로『건축적 상상력과 스토리텔링』이 있고
번역서로『건축물은 어떻게 완성되는가』등이 있다.

형태의 문화사
사물의 생김새로 읽는 인간과 문명 이야기

지은이 서경욱
펴낸이 김언호

펴낸곳 (주)도서출판 한길사
등록 1976년 12월 24일
주소 10881 경기도 파주시 광인사길 37
홈페이지 www.hangilsa.co.kr
전자우편 hangilsa@hangilsa.co.kr
전화 031-955-2000~3 팩스 031-955-2005

부사장 박관순 총괄이사 김서영 관리이사 곽명호
경영이사 김관영 편집주간 백은숙
편집 박홍민 노유연 배소현 임진영
관리 이희문 이진아 고지수 마케팅 이영은
디자인 창포 031-955-2097
CTP출력·인쇄 예림 제책 예림원색

제1판 제1쇄 2026년 1월 12일
제1판 제2쇄 2026년 2월 19일

값 25,000원

ISBN 978-89-356-7914-0 03900